教育信息化改革创新示范教材

高等院校通识教育"十三五"规划教材

大学生 社交与礼仪

慕课版

⊕ 通识教育规划教材编写组 编

⊕ 韩旭 主编 ⊕ 宋立峰 陈翔 副主编 ⊕ 刘晓琳 主讲

人民邮电出版社

北京

图书在版编目（ＣＩＰ）数据

大学生社交与礼仪：慕课版 / 通识教育规划教材编写组编. -- 北京：人民邮电出版社，2017.8（2021.7重印）
高等院校通识教育"十三五"规划教材
ISBN 978-7-115-45308-2

Ⅰ．①大… Ⅱ．①通… Ⅲ．①大学生—心理交往—礼仪—高等学校—教材 Ⅳ．①G645.5

中国版本图书馆CIP数据核字(2017)第065391号

内 容 提 要

本书是人邮学院慕课"社交与礼仪"的配套教程，全书共分13章，全面介绍了日常生活与职场中的礼仪知识及使用规范，主要内容包括：礼仪概述、仪容仪表礼仪、仪态礼仪、服饰礼仪、交往礼仪、语言沟通礼仪、馈赠礼仪、公共场所礼仪、餐饮礼仪、求职礼仪、办公室礼仪、通信礼仪、涉外礼仪等内容。书中既有深入的理论阐述，又有相应的能力训练和操作方法，对礼仪使用应注意的问题也进行了详尽的讲述。本书内容精练，突出实用，书中的"阅读材料"和"重要提示"有很强的启迪性。

本书可作为高等院校社交礼仪课程的教材，也适合读者自学使用。

♦ 编　　　　通识教育规划教材编写组
　主　编　韩　旭
　副 主 编　宋立峰　陈　翔
　责任编辑　王　平
　责任印制　沈　蓉
♦ 人民邮电出版社出版发行　　北京市丰台区成寿寺路 11 号
　邮编　100164　电子邮件　315@ptpress.com.cn
　网址　http://www.ptpress.com.cn
　山东百润本色印刷有限公司印刷
♦ 开本：787×1092　1/16
　印张：13.25　　　　　　　2017 年 8 月第 1 版
　字数：282 千字　　　　　　2021 年 7 月山东第 8 次印刷

定价：39.80 元
读者服务热线：(010)81055256　印装质量热线：(010)81055316
反盗版热线：(010)81055315

前言

Preface

礼仪是中华传统美德宝库中的一颗璀璨明珠，是中国古代文化的精髓。身居礼仪之邦，应为礼仪之民。知书达理，待人以礼，应当是现代公民的基本素养之一。

当前，我国推行素质教育，而礼仪教育是素质教育的重要内容。礼仪教育有利于强化人们的文明行为，提高文明素养，形成良好的人际关系，造就礼让、和谐的社会风气，建立规范、有序的社会秩序。

本书结合当前文明礼仪教育实际需求，系统全面地讲述了现代公民应当掌握的礼仪知识和技能。

本书是基于目前高等院校开设相关课程的教学需要及社会对社交礼仪的培训需求而编写的，特点如下。

（1）在理念上，本书紧密围绕"想读者所想，写读者所用，答读者所疑"的理念，使读者在本书中获取更多、更实用的知识。

（2）在框架上，本书从对礼仪进行概述，到对个人仪表仪态等礼仪知识进行详解，内容由浅入深，目的是首先使读者能对礼仪有初步认识，在头脑中形成基本概念，然后再进行相对较深知识的学习。

（3）在内容上，本书紧紧围绕日常礼仪应用场景编写，突出学以致用。

（4）在资源上，本书引入二维码微课，扫描二维码就可随时访问相关知识点视频，方便学习者自主学习。

（5）在课程上，本书配有名师同步视频教学课程，通过老师在线视频讲解来学习与巩固所学知识，增加了学习的途径，也更利于大学生接受和理解知识，提高了学习的效率。（可以登录人邮学院进行在线学习 http://www.rymooc.com/）

本书由韩旭任主编，宋立峰、陈翔任副主编。在本书的编写过程中，参考和使用了有关资料，在此谨向这些资料的作者致以诚挚的谢意。

本书为配套"慕课版"教材，配套慕课由资深礼仪培训专家、资深礼仪督导师刘晓琳主讲。

由于时间仓促和作者水平有限，书中难免存在不足之处，欢迎广大读者给予批评指正。

编　者

2017 年 1 月

目录

Contents

Contents

Contents

Contents

Contents

Contents

Chapter 01

第1章

礼仪概述

本章简要介绍礼仪的含义及其发展历程，并在此基础上探讨现代礼仪的特点；针对当前社会中人们的礼仪现状，指出加强礼仪知识学习的重要性和必要性。

1.1  礼仪概述

礼仪作为人类历史发展中形成的一种丰厚的文化形式，不仅是社会生活的需要，而且是个人乃至民族文明程度的体现。我国自古就是一个讲究礼仪的国家，礼仪文化源远流长，素有"礼仪之邦"的美称。

礼仪作为人类交际的表现形式之一，同绘画、文字等其他文明表现形式一样，是人类不断摆脱愚昧、野蛮，逐渐走向文明、开化的标志和见证。因此，了解礼仪的概念和含义有助于我们对人类文明的发展有一个清晰的认识。

礼仪的概述

1.1.1 礼仪的概念

礼仪是指人们在社会交往中受历史传统、风俗习惯、宗教信仰、时代潮流等因素影响而形成的，既为人们所认同，又为人们所遵守，以建立和谐关系为目的的各种符合交往要求的行为准则和规范的总和。简而言之，礼仪就是人们在社会交往活动中应共同遵守的行为规范和准则。

从个人修养的角度来看，礼仪可以说是一个人的内在思想水平、文化修养及交际能力等的外在表现。

从交际的角度来看，礼仪可以说是适用于人际交往的一种艺术，是一种交际方式或方法。礼仪是人际交往中约定俗成的示人以尊重、友好的习惯做法。

从传播的角度来看，礼仪可以说是人们在人际交往中进行相互沟通的重要技巧。

1.1.2 礼仪的含义

自辛亥革命彻底推翻了几千年的封建制度之后，伴随着社会价值观的根本改变，礼仪也被赋予了全新的现代意义。那些旨在维护森严的封建等级制度的礼仪制度，尤其是那些落后的繁文缛节，新的社会制度和价值体系非但无法接纳，而且必须坚决予以抛弃。

如果说传统意义上的礼仪是一种涵盖一切制度、法律和道德的社会行为规范的话，那么今天的礼仪则仅仅是礼貌、礼节等相关活动的表现形式。

礼仪属于道德范畴，是礼节和仪式的总称，是在人际交往中，以一定的、约定俗成的程序、方式来表现的律己、敬人的过程。礼仪的本质就是通过规范化的行为来表达人际间的相互尊重、友善和包容。

！重要提示

礼仪学涉及穿着、交往、沟通、情商等内容，可大致分为社交礼仪、政务礼仪、商务礼仪、服务礼仪、涉外礼仪五大分支。礼仪学是综合性的学科，所谓五大分支，仅是相对而言，各分支礼仪的内容实质上都是相互交融的。

阅 读 材 料

高明的《礼学新探》提出礼的意义

高明的《礼学新探》提出礼的意义有以下三个方面。

1. 礼"是宜乎履行的"。如《说文解字》将之释为"履"，荀子云："礼者，人之所履也"（《荀子·大略》）。这可用当代西方哲学所谓的实践一词来理解。

2. 礼"是合乎道理的"。如《礼记·仲尼燕居》中说："礼也者，理也……君子无理不动。"《礼记·乐记》中说："礼也者，理之不可易者也。"这是指礼的实践是依于普遍道理而行，这一普遍道理从当代西方哲学的观点来看，可通过哈贝马斯的"共识论"来理解。

3. 礼"是合乎人情的"。如《礼记·坊记》中说："礼者，因人之情，而为之节文，以为民坊者也。"《礼记·礼运》中说："故圣人之所以治人七情……舍礼何以治之？"这是指礼是调节人生各种情怀的表现，可通过西方哲学如舍勒的"情感现象学"及孔汉斯的全球伦理观来理解。

1.1.3 礼仪的内容

礼仪主要由四部分组成，即礼仪的主体、礼仪的客体、礼仪的媒体和礼仪的环境。

礼仪的主体是指礼仪活动中的操作者和实施者，既可以是个人，又可以是组织。如果没有礼仪的主体，礼仪活动就无法实施。

礼仪的客体也叫礼仪的对象，是指礼仪活动的指向者和承受者。礼仪的对象范围广泛，可以是人，也可以是物；可以是物质的，也可以是精神的；可以是具体的，也可以是抽象的；可以是有形的，也可以是无形的。

礼仪的媒体是指礼仪活动所依托的一定的媒介，礼仪的主体需要通过礼仪的媒体对礼仪的客体实施礼仪行为。

礼仪的环境是指礼仪活动得以进行的特定的时空条件，大体上分为礼仪的自然环境和礼仪的社会环境。礼仪的环境经常制约着礼仪的实施，不仅实施何种礼仪由其决定，而且具体礼仪的实施方法也由其决定。

1.2 礼仪的起源与发展

礼仪作为社会生活的行为规范，是与人类社会同时产生、同步发展的。人类社会发展的每个阶段都会形成与之相适应的礼仪。每种礼仪形式都有一个从无到有、从低级到高级、从局部到整体的演变过程。

礼仪的起源与发展

1.2.1 礼仪的起源

对于礼仪的起源，研究者们有各种观点，综合起来，可大致归纳为以下几种。

第一种观点认为，礼仪起源于祭祀。东汉许慎的《说文解字》对"礼"字的解释是这样的："履也，所以事神致福也。"意思是实践约定的事情，用来给神灵看，以求得赐福。"礼"字是会意字，"履"（发 jī 音）指祭祀时盛祭品的器皿，从中可以分析出，"礼"字与古代祭祀神灵的仪式有关。古时祭祀活动不是随意进行的，而是严格地按照一定的程序、一定的方式进行的。郭沫若在《十批判书》中也指出："礼之起，起于祀神，其后扩展而为人，更其后而为吉、凶、军、宾、嘉等多种仪制。"这里讲到了礼仪的起源以及礼仪的发展过程。

第二种观点认为，礼仪起源于法庭的规定。在西方，"礼仪"一词源于法语的"etiquette"，原意是"法庭上的通行证"。古代法国为了保证法庭中活动的秩序，将印有法庭纪律的说明文件发给进入法庭的每个人，作为其必须遵守的规矩和行为准则。后来，"etiquette"一词进入英文，演变为"礼仪"的含义，成为人们交往中应遵循的规矩和准则。

第三种观点认为，礼仪起源于风俗习惯。人是不能离开社会和群体生活的，人与人在长期的交往活动中，渐渐地产生了一些约定俗成的习惯，久而久之这些习惯成为人与人交际的规范。这些交往习惯以文字的形式被记录并同时被人们自觉地共同遵守后，就逐渐成为人们交际交往中固定的礼仪。遵守礼仪，不仅使人们的社会交往活动变得有序、有章可循，同时也能使人与人在交往中更具有亲和力。1922 年，美国学者伊丽莎白·波斯特的《西方礼仪集萃》一书问世，该书在开篇中这样写道："表面上礼仪有无数的清规戒律，但其根本目的在于使世界成为一个充满生活乐趣的地方，使人变得平易近人。"

从礼仪的起源可以看出，礼仪是在人们的社会活动中，为了维护一种稳定的秩序，为了保持一种交际的和谐而产生的。一直到今天，礼仪依然体现着这种本质特点与独特的功能。了解礼仪的起源，有利于认识礼仪的本质，自觉地按照礼仪的规范要求进行社交活动。

1.2.2 我国礼仪的发展

1. 萌芽

我国素有"礼仪之邦"的美誉，礼仪文化源远流长。"礼"最早出现在金文里面。在人类发展的初期，人们对火山、地震、电闪雷鸣等自然现象无法解释，从而认为天地间有神的力量，有鬼的存在。出于对天地鬼神的惧怕、敬仰，人们就会举行一些仪式，用物品来祭拜，这就是礼的萌芽。这从"礼"字的繁体"禮"可以看出（见图 1-1）。北京的天坛和地坛就是古代国君用来祭天祭地的场所。

图 1-1 "礼"的繁体

2. 发展

古代尧舜时期，已经有了成文的礼仪制度，即"五礼"：祭祀之事为吉礼，冠婚之事为嘉礼，宾客之事为宾礼，军旅之事为军礼，丧葬之事为凶礼。

尧舜时期制定的礼仪经过夏、商、周这三个时代 1 000 余年的总结、推广而日趋完善。周朝前期历经文王、武王、成王三个君主，重新"兴正礼乐，度制于是改，而民和睦，颂声兴"，周公还在朝廷设置礼官，专门掌管天下礼仪，使礼制臻于完备。在这个时期，礼仪被打上了阶级的烙印。为了维护自己的统治地位，奴隶主开始将原始的宗教礼仪发展为符合奴隶社会政治需要的"礼制"，并将礼仪制度化，形成了典章制度和刑典法律。

春秋战国时期，诸子百家争鸣，礼仪也产生了分化。礼仪制度成为国礼，民众交往的礼俗也逐渐成为家礼。《管子·牧民》中有"大礼"和"小礼"之说，注释为"礼之大者在国家典章制度，其小者在平民日用居处行为之间"。后来以孔子、孟子为主的儒家学派系统地阐述了礼制的起源、本质和功能，第一次在理论上全面而深刻地论述了社会等级秩序的划分及其意义。

纵观封建社会的发展历程，可以说历代统治者都十分重视礼仪，自秦汉以后的历代统治者都推崇儒家的"社治"。汉武帝时期，"废黜百家，独尊儒术"的治国方略确定之后，礼仪作为社会道德、行为标准、精神支柱，其重要性提升到了前所未有的高度。统治者根据自己的统治需要，在演习周礼的基础上，不断对礼制加以修改、补充、完善。"导之以德，齐之以礼"，让人们以"礼"为准绳，不得逾越。统治者还在朝廷设置掌管天下礼仪的官僚机构，如汉代的大鸿胪、尚书礼曹，魏晋时的祠部（北魏又称仪曹），隋唐以后的礼部尚书（清末改为典礼院）等。这种"以礼治国"的做法，对稳定当时的社会秩序起到了重要作用。

封建社会礼仪的内容大致涉及国家政治礼制和家庭伦理两类。礼制的核心思想已从奴隶社会的"尊君"观念发展为"君权神授"的理论体系，所以"天不变，道亦不变"。这里的"道"指的就是封建社会的"三纲五常"（"三纲"即"君为臣纲，父为子纲，夫为妻纲"，"五常"即"仁、义、礼、智、信"），形成了完整的封建礼仪道德规范。到了宋代，封建礼制有了进一步的发展，产生了封建理学理论，并把道德和行为规范作为封建礼制的中心，"三从四德"就是这一时期女子道德礼仪的标准。封建礼仪中的"君权神授"夸大、神化了帝王的权力，"三纲五常""三从四德"压抑了人们的个性发展，限制了人们之间的平等交往。

近代以来，随着西方侵略者的入侵，我国在进入半殖民地半封建社会的同时，也受到了西方政治、经济、文化以及资本主义道德礼仪的影响，一些西方的文明和文化对我国传统伦理秩序产生了巨大的冲击，客观上促进了我国与世界各国礼仪道德文化之间的交流。

3. 新生

新中国成立后，我国逐渐确立了以平等相处、友好往来、相互帮助、团结友爱为主要原则的具有中国特色的新型社会关系和人际关系。改革开放以来，随着我国与外部世界的交往日趋频繁，西方一些礼仪、礼节陆续传入我国，同我国的传统礼仪一道融入社会生活的各个方面，构成了社会主义礼仪的基本框架。许多礼仪从内容到形式都在不断变革，人们对传统礼仪文化的扬弃从未中断，现代礼仪的发展进入了全新的时期。"五讲四美三热爱"作为 20 世纪 80 年代的经典口号，在社会主义精神文明建设方面发挥了巨大作用。中共中央在 2001 年 9 月 20 日印发了《公民道德建设实施纲要》，包括如图 1-2 所示的内容。2013 年 12 月中央办公厅印发《关于培育和践行社会主义核心价值观》的意见，将 24 字核心价值观分成 3 个层面，如图 1-3 所示。今后，随着社会的进步、科技的发展和国际交往的增多，礼仪必将不断完善，得到新的发展。

爱国守法
明礼诚信
团结友善
勤俭自强
敬业奉献

爱岗敬业
诚实守信
办事公道
服务群众
奉献社会

文明礼貌
助人为乐
爱护公物
保护环境
遵纪守法

尊老爱幼
男女平等
夫妻和睦
勤俭持家
邻里团结

图 1-2 《公民道德建设实施纲要》的部分内容

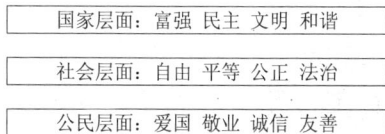

国家层面：富强 民主 文明 和谐

社会层面：自由 平等 公正 法治

公民层面：爱国 敬业 诚信 友善

图 1-3 24 字核心价值观

1.3 现代礼仪的特征与原则

礼仪发展演变至今，成为现代交际礼仪，归属道德范畴。现代礼仪具有道德的一般特点，但作为道德的一个特殊方面，其又有着自身的特点和原则。

现代礼仪的特征与原则

1.3.1 现代礼仪的特征

1. 规范性

礼仪、道德和法律一起被称为人类社会的三大规范。礼仪规范是约定俗成、相沿成习的，其对人们在交际场所的约束性，使人们自觉不自觉地遵守着礼仪规范，人们也都在用礼仪规范来衡量和判断他人，所以礼仪的规范性是客观存在的。

2. 共同性

礼仪的共同性是指全社会约定俗成的，是全社会共同认可、普遍遵守的准则。一般来说，礼仪代表一个国家、一个民族、一个地区的文化习俗特征，但不少礼仪也是全世界通用的，具有全人类的共同性。例如，礼貌用语等大多是全世界通用的。礼仪的共同性，主要源于共同的经济生活和文化生活，现代生活的快节奏、高效率，使得现代礼仪向着简洁、务实的方向发展。

3. 传承性

礼仪的形成和完善，是历史发展的产物，任何国家的现代礼仪都是本国古代礼仪的继承和发展。礼仪经历不同的发展阶段，经过不同时期的"过滤"，逐渐形成相对固定的内容，而且一旦形成，通常会世代相传、经久不衰。礼仪的继承性是选择性的继承，任何礼仪的形成与发展都不是食古不化、全盘沿用的，而是取其精华、去其糟粕的继承发展。

4. 差异性

"十里不同风，百里不同俗"。不同的国家和民族，因为历史与文化背景的不同，其礼仪的表现形式和思想观念也各不相同。这种民族差异性使得不同国家、不同民族的礼仪文化各具特色、丰富多彩，如东方民族的含蓄、深沉，西方社会的坦率、开放。东方人见面习惯拱手、鞠躬、握手（见

图 1-4　握手

图 1-4），西方人见面习惯亲吻和拥抱。

5. 时代性

世界上任何事物都是发展变化的，礼仪虽然有较强的相对独立性和稳定性，但也毫不例外地随着时代的发展而发生变化。礼仪具有时代性，同一国家、同一民族的礼仪文化在不同时代的发展过程中，都会被打上鲜明的时代烙印，随着社会交往的扩大，各国礼仪文化之间互相渗透。

1.3.2 现代礼仪的基本原则

1. 遵守

在社会生活中，每个人都必须自觉、自愿地遵守礼仪，用礼仪去规范自己在交际活动中的一言一行、一举一动。遵守原则是对我们每个人提出的基本要求，更是我们人格素质的基本体现。遵守礼仪规范，才能赢得他人的尊重，确保交际活动达到预期的效果。

2. 尊重

尊重是礼仪的情感基础，人与人之间彼此尊重，才能保持和谐愉快的人际关系。尊重是指在自尊自爱的基础上，尊重他人的人格、劳动、价值和感情。"礼者，敬人也"，所谓尊重，就是要求人们在交际活动中与交往对象要互谦互让、互尊互敬、友好相待、和睦共处，更要将对交往对象的重视、恭敬、友好放在第一位。怎样对待他人比如何要求自己更为重要，而对待他人的诸多要求中最重要的一条就是要常存敬人之心，处处不可失敬于人，不可伤害他人的个人尊严，更不能侮辱对方的人格。

3. 真诚

真诚是对人对事的一种实事求是的态度，是待人真心实意的友善表现。真诚表现在人与人之间信息传递、情感交流、思想沟通的交际过程中，如诚信无欺、言行一致、表里如一、待人以诚、不说谎、不虚伪、不骗人、不侮辱人等。

4. 平等

平等是人与人交往时建立情感的基础，是保持良好的人际关系的重要保证。现代礼仪是在平等的基础上形成的，是一种平等的、彼此间相互对等关系的体现，即对任何交往对象，都必须以礼相待，一视同仁，给予同等程度的礼遇。表现为不骄狂，不我行我素，不自以为是，不厚此薄彼，不傲视一切，不目空一切，更不以貌取人，或以职业、地位、权势压人，而应时时处处平等谦虚待人。

5. 适度

礼仪是一种程序规定，而程序自身就是一种"度"，没有"度"，礼仪就可能进入误区。交往应把握礼仪分寸，得体适度，根据具体情况、具体情境而以相应的礼仪行事。如在与人交往时，既要彬彬有礼，又不能低三下四；既要热情大方，又不能轻浮谄谀；要自尊但不能自负；要坦诚但不能粗鲁；要信人但不能轻信；要谦虚但不能拘谨；要成熟稳重，但又不能圆滑世故。

6. 宽容

宽容是要求人们在交际活动中时，既要严于律己，更要宽以待人。要多容忍他人、体谅他人、理解他人，而不能求全责备、斤斤计较、过分苛求、咄咄逼人。在人际交往中，要允许他人有个人行动和独立进行自我判断的自由。对不同于己、不同于众的行为耐心容忍，不要求其他人处处效法自身，与自己完全保持一致，实际上也是尊重对方的一种表现。

7. 从俗

从俗就是指交往各方都应尊重相互之间的风俗、习惯，了解并尊重各自的禁忌。由于国情、民族、文化背景等的不同，在人际交往中，实际上存在着非常大的文化差异。我们对这一客观现实要有正确的认识，而不能唯我独尊，简单否定其他人不同于己的做法。要尽量入乡随俗，与绝大多数人的习惯做法保持一致，切勿随意批评、否定其他人。遵守从俗原则会使礼仪的应用更加得心应手，从而更加有助于人际交往的顺利进行。

总而言之，讲究礼仪，遵从礼仪规范，可以有效地展现一个人的教养、风度与魅力，可以更好地体现出一个人对他人和社会的认知水平和尊重程度，从而使个人的学识、修养和价值得到社会的认可和尊重。适度、恰当的礼仪不仅能给人以可亲可敬、可合作、可交往的信任，而且会使与别人的合作过程充满和谐并最终促成成功。

礼仪是人类文明进步的重要标志，是适应时代发展、促进个人进步和成功的重要因素之一。我国历来是"礼仪之邦"，但从当今人们礼仪素质的现状来看，仍存在着一些不尽如人意的地方，因此必须重视和加强礼仪教育。

小 结

本章共讲述了三个方面的内容。开篇的礼仪概述可以给读者一个初步的印象，使大家对念与含义有一个基本的了解；第二部分内容，介绍了礼仪的起源与发展，目的是通过介绍礼仪的一步步演变使读者加深对礼仪的理解；最后一部分现代礼仪的特征与原则则是以现代礼仪为重点，介绍了现代礼仪的重要性及学习礼仪知识的意义，使得读者在学习过程中有目标、有动力。

❓ 思考与练习

（1）你是如何看待礼仪随时代发展而变化的特点的？
（2）礼仪对构建和谐社会有哪些作用？
（3）现代礼仪的特征有哪些？

👤 活动与探索

（1）与身边的朋友展开讨论，主题是"如何做一名'知书达理'的文明公民"。
（2）搜集一两则关于中国古代礼仪的佳话，并向大家宣讲。

Chapter 02

第 2 章

仪容仪表礼仪

仪容是人的容貌；仪表是人的外表，它包括人的形体、健康状况、姿态、服饰、风度等方面，是人举止风度的外在体现。一个人的仪容美和仪表美体现了对他人和社会的尊重，表现出一个人的精神状态和对生活的热爱。仪容美和仪表美是自然美与社会美、静态美与动态美协调统一的整体美。

2.1 个人礼仪

2.1.1 个人礼仪的含义

个人礼仪是有关个人社交形象的设计、塑造与维护的具体规范，是每个社交参与者都应该注意的问题。个人礼仪又称私人礼仪，关注的内容基本上为私人的事务。

礼仪是自我修养的外在表现，每个人都需要十分注意。做好个人礼仪，也是在为做好自己的外在形象做铺垫。在社交场合，第一印象至关重要。第一印象是指某人在同陌生人的交往中所得到对方的最初印象。第一印象通常 55% 来自于仪表，38% 来自于语言，7% 来自于修正空间。

2.1.2 个人礼仪的基本原则

在学习个人礼仪时，要掌握以下两条基本原则。

1. 三应原则

三应，指的是应事、应己、应制。应事是指适应具体所处的场合；应己是指个人形象要适应个人特点；应制是指要适应约定俗成的各种规范。

2. 修饰避人原则

修饰避人原则是指塑造、维护个人形象应当避免在大庭广众之下进行，尤其是在陌生人和异性面前进行修饰是十分不礼貌的行为。

2.2 仪容礼仪

仪容修饰的基本要求是貌美、发美、肌肤美。美好的仪容能让人感觉到五官的和谐和表情的丰富到位；发质健康、发型适合则让人感觉其英俊潇洒、容光焕发；肌肤健美则令人感受到其充满生机和活力，给人以健康自然、鲜明和谐、富于个性的深刻印象。每个人的先天容貌是无法改变的，每一个人都应愉悦地接纳自己。后天的修饰可以弥补不足，使一个长相普通的人变得楚楚动人，使一个五官平凡的人变得气质出众。我们可以通过努力学习，不断提高个人的文化、艺术素养和思想、道德水准，培养出自己高雅的气质与美丽的心灵，这不仅是个人对美的追求，也是满足社会交往的需要。仪容的基本要求是整洁、自然和端庄。

仪容礼仪

1. 整洁

整洁是仪容的首要要求。一个人即使面容姣好、穿着高档，但如若汗臭扑鼻、头发肮脏，也会令人反感。整洁，即整齐洁净、清爽。要做到整洁就要勤洗澡，每日洗脸、洗脚、脖颈、手、指甲都应干干净净；指甲要常剪，头发按时理，并经常注意去除眼角、口角及鼻孔的分泌物；要经常剃须、修剪鼻毛与耳毛、遮掩腋毛和腿毛；要勤换衣袜，消除身休异味；要注意口腔卫生，早晚刷牙，饭后漱口，吃过大葱、蒜、韭菜等异味食物后应立即去除异味，必要时可以含一点茶叶或嚼口香糖。

2. 自然

几千年以来，随着时代的变迁、文明礼仪和文化的进步，人类对美的向往与追求不断前行，但自然依然是美的最高境界。自然美原意是指不用修饰、自然而然的美，是事物本质的外观呈现。而如今，高超的化妆技术也可以使人看起来像没有经过修饰一样，自然散发出个人的气质和个性。自然美是一种感觉，健康的皮肤，带笑的脸庞，清爽的发型，干净、整洁等具有亲和力的感觉，都是自然美的体现。自然美离不开心灵美。美要发自内心，不标新立异，不矫揉造作。

3. 端庄

端庄指端平正直，庄严大方。端庄是神气充足、道德淳厚而显露于外的自然气质，是美的一种特殊表现。端庄不是简单的仪容修饰，而是修养和气质的自然流露，端庄的修养必须从行为上做起，如待人要忠厚宽容、襟怀坦白，心口如一、言而有信，做人光明正大等。

仪容庄重大方、斯文雅气，不仅会给人以美感，而且易于使自己赢得他人的信任和尊重。

社交礼仪对个人仪容的首要要求是仪容美，仪容美具体表现在以下三个方面。

① 仪容自然美：不仅体现了个人的先天容貌，更要求美的表现形式自然。

② 仪容修饰美：根据三应原则对仪容进行必要的修饰。

③ 仪容内在美：是一个人文化艺术素养和思想道德水平的综合表现。

真正的仪容美，是以上三个方面的高度统一。自然美和修饰美较易实现，而内在美则是一个需要长期学习和积累的过程。

修饰仪容时，应注意头发、面容、手臂、腿部、化妆及皮肤护理等。

2.2.1 头发

人们在观察他人时，一般会按从上到下的顺序，所以，修饰仪容通常应当"从头做起"。

1. 头发修饰注意事项

修饰头发，应注意以下四个方面的内容。

（1）勤于梳洗，清除异味和异物

不论有无交际应酬活动，平日都要对自己的头发勤于梳洗。有重要的交际应酬时，应认真进行洗发和梳理。

（2）长短适中

影响头发长度的因素主要有性别、身高、年龄和职业。

■ 性别因素

女士可以留长发，也可以留短发，但不宜过短；男士可以留短发，也可以稍长，但不宜过长。

■ 身高因素

头发的长度应与身高成比例。

■ 年龄因素

人有长幼之分，头发的长度、发型和发色也要适合年龄段的特征。

■ 职业因素

不同的职业环境对发型有不同的要求。在政商界，男士一般前发不及眉、侧发不掩耳、后发不及领，即前发不触及额头，侧发不触及耳朵，后发不触及衬衫领口；女士头发不宜长过肩部等。

（3）发型得体

发型的选择要考虑个人条件和所处场合。其中，脸型对发型的选择影响最大，选择发型时，要遵守适合自己的原则。

（4）美化自然

可运用某些技术手段对头发进行美化，但美发要大方自然。

2. 发型

美的发型能衬托出人的气质和个性，美的发型能使人增强自信，扮靓生活。发型可表现出庄重、喜庆、活泼、典雅等不同感觉，每个人可根据自身的爱好、脸型、年龄和职业选择适合的发型。

（1）头发的清洁与保养

美丽的发型离不开发质的周到护理。有光泽、秀美的头发，不仅是身体健康的体现，而且会使人充满自信。生活中，由于头发上常有灰尘和汗水，细菌就会借体温的影响而繁殖，不仅破坏毛囊，也影响头发的寿命。洗头能够将头皮屑和污垢有效地清除，给头发一个健康的生长环境。洗头的频率因发质和具体情况而异，油性发质或运动量大的人，最好天天清洗头发；发质干而运动量小的人，可两到三天清洗一次。头发洗得太勤，会将皮脂腺分泌的滋润头发的油脂完全洗掉，这不仅不利于护发，反而会使头发发黄、变干，失去自然的光泽。洗头最重要的是选好洗发和护发用品，要综合考虑头发的粗细、软硬、形态、性质和条件，是属中性、干性还是油性等因素。有时，头发也会因气温、污染、情绪、染发、烫伤等影响而受损，这时就要做特别的护理。

阅读材料

洗头的学问

梳理：洗头应先梳理头发，以梳掉头发表面的灰尘和头皮屑，同时把凌乱的头发理顺，以便清洗。

水温：洗头的水温以 40℃～45℃为宜。水温低，不易把油脂等污物洗掉；而水温高，又会造成头皮表层细胞的坏死，使得头屑增多，卷发变直。

预洗：用温水将头发完全浸透，然后以冲洗的方式冲掉头发表面的脏物。如果头发很脏，就需要多冲几次，以便发挥洗发剂的作用。

清洗：将洗发剂倒在手上，然后均匀地抹在头上。要注意一是用量不宜过多，二是要边抹边做环形按摩，以利于洗发剂起泡，发挥洁力。之后，一定要将头发彻底冲洗干净。如果头发较脏还需二次清洗，洗发剂的用量只需首次的一半，边洗边按摩，再次将头发彻底冲干净。洗头时要用指腹轻轻揉搓，而不是用手指甲或梳齿用力梳头，以免伤及头发和头皮，造成毛囊发炎、脱发等现象，另外不要用碱性较强的肥皂、洗衣粉等强碱性洗涤剂洗头，以免损伤头发的角质蛋白，使其变硬、变脆、易折断，增加头皮屑。

护理：先用毛巾吸去头发上的水分，然后用适量的护发素抹于发上，停留片刻，最后用清水清洗干净。

擦干：要及时将头发擦干或吹干，可用毛巾包裹头发，以吸收水分，但不能用力搓。如使用吹风机，切忌让风筒靠得太近，这样会把头发吹焦并造成头皮的轻度烫伤。

（2）发型与脸型

■ 长脸型［见图 2-1（a）］

长脸型需要用优雅可爱的发式来缓解由于脸长而形成的严肃感。在发型的轮廓上，要压抑顶发的丰隆，顶部应平伏，前发宜下垂，使脸部显得圆一些。同时，还要使两侧的发容量增加，以弥补脸颊欠丰满的不足。对于脸型狭长的女性来说，将头发做成卷曲波浪式，可增加优雅的气质，因而应选择松动而飘逸、整齐中带点凌乱的发型。

■ 圆脸型［见图 2-1（b）］

圆脸型应增加发顶的高度，使脸型稍稍拉长，给人以协调、自然的美感。在梳妆时要避免面颊两侧的头发隆起，否则会使颧骨部位显得更宽。圆脸宜侧分头缝，梳理垂直向下的发型，直发的纵向线条可以在视觉上减弱圆脸的宽度。

■ 方脸型［见图 2-1（c）］

方脸型的梳妆要点是以圆破方，以柔克刚，使脸型的不足得到弥补。可将头发编成发辫盘在脑后，使人们由于线条的圆润而减弱对脸部方正线条的注意。前额不宜留齐整的刘海儿，也不宜暴露整个额部，可以用不对称的刘海儿修饰宽直的前额边缘线，增加纵长感。两耳边的头发不要有太大的变化，避免留至腮帮的齐直短发。

■ 菱形脸型［见图 2-1（d）］

菱形脸型是整个脸型的上半部为正三角形形状，下半部为倒三角形形状的一种脸型。用发型矫正这种脸型时，上半部可按正三角脸型的方法处理，下半部则按倒三角脸型的方法处理。一般将额上部的头发拉宽，额下部的头发逐步紧缩，靠近颧骨处可设计一种大弯形的卷曲或波浪式发束，以遮盖其凸出的缺点。

■ 三角形脸型［见图 2-1（e）］

根据发型与脸型的比例关系，梳理时要将耳朵以上部分的发丝蓬松起来，用发胶或定型剂可以达到这种效果，这样能增加额部的宽度，从而使两腮的视觉宽度相应减弱。

■ 倒三角形脸型［见图 2-1（f）］

倒三角形脸型在梳理时只要注意扬长避短，便可达到整洁、美观、大方的效果。该种脸型适合选择侧分头缝的不对称发式，以露出饱满的前额为宜。

■ 椭圆形脸型［见图 2-1（g）］

椭圆形脸型是女性最完美的脸，采用长发型和短发型都可以，但应注意尽可能把脸显现出来，突出这种脸型协调的美感，而不宜用头发把脸遮盖过多。

(a) 长脸型　　　　(b) 圆脸型　　　　(c) 方脸型

图 2-1　脸型

（d）菱形脸型　　　　　　　（e）三角形脸型　　　　　　　（f）倒三角形脸型

（g）椭圆形脸型

图 2-1　脸型（续）

（3）选择发型的原则

任何一个人在选择适合自己的发型时，都要考虑自身的发质、年龄、身材、职业、场合等因素，综合平衡后做出选择。一般情况下，男性选择发型首要的原则是简洁和清爽，不宜留长发；女性首要的原则是端庄，不宜选择过于华丽和美艳的发型。对学生而言，无论男女，发型都应简洁、利落，显示出青春活力；公务员、教师等应选择稳重大方的发型；建筑工、纺织工、车工、医生、厨师、食品营业员等职业，出于安全生产和工作的需要，应戴工作帽，这就要求选择较短的发型或将头发全部梳起；经常进行露天作业的人，其发型应简单，头发也应短一些，这样能够方便梳洗。

2.2.2 面容

仪容主要指人的面容，面容的修饰在仪容修饰中举足轻重。修饰面容不仅指化妆，还包括头、面部的修饰和整理。修饰面容时，不同的部位有不同的要求。

1. 眼

眼睛部位的修饰应注意以下几个方面。

① 保洁。主要是指眼部的分泌物要及时清除。

② 眼镜。若有必要，可佩戴眼镜，但应注意眼镜的完整度，眼镜上的油污要及时清理。在社交场合不应戴太阳镜，否则易产生距离感和违和感。

2．耳

在洗澡、洗头和洗脸时应清洗一下耳部，以保持耳部的清洁、卫生。

3．鼻

① 清洁。要保持鼻腔清洁，公共场合不要随便吸鼻涕、擦鼻涕和挖鼻孔。

② 鼻毛。鼻毛应及时进行修剪，避免鼻毛长出鼻孔之外。

4．口

① 清洁护理。牙齿洁白，口腔无异味，是口腔护理的基本要求。

② 不雅之声。社交场合应避免人体内发出的声音，如咳嗽声、哈欠声、喷嚏声等。

2.2.3 手臂

手臂是人际交往中使用最频繁、动作最多的身体部分，其动作被附加了多种多样的含义，但其重要性往往被忽略。修饰手臂时应注意手部、肩臂和汗毛三个方面。

1．手部

手部是诸多手臂动作的中心部分，也是与外界接触最频繁的地方。

① 清洁。应勤洗手，当手部较脏时应避免与他人握手。

② 指甲。指甲应定期修剪，除职业需要外，不宜留过长的指甲。

③ 伤残。若手部的皮肤出现破损、红肿和皲裂等情况，需要及时进行护理和治疗，此时应避免手部与他人接触。

2．肩臂

在正式的政务、商务、学术和外交活动中，人的手臂，尤其是肩部，不应裸露在衣服之外，不宜穿半袖装或无袖装。

3．汗毛

因个人生理条件不同，有些人的汗毛比较浓密。在正常情况下，手臂上的汗毛可以不做处理，但对于腋下这类人体私密部位，汗毛外露是不雅观的表现。

2.2.4 腿部

腿部的修饰要注意脚部、腿部和汗毛三个方面。

1．脚部

① 裸露。严格来说，正式场合不允许光脚穿鞋，一些使脚部过于裸露的鞋子，如拖鞋、凉鞋，也不宜穿。

② 清洁。每天洗脚，勤洗勤换鞋子和袜子，这样才能保持脚部的卫生。不穿残破和有异味的袜子和鞋子。不要在他人面前脱下鞋子。

③ 脚趾甲。脚趾甲应勤修剪，注意保持清洁和美观。

2. 腿部

在正式场合，男士的着装不应暴露腿部，即不允许穿短裤。女士可以穿长裤、裙子，但不能穿短裤或超短裙。女士不宜穿着露出大腿的裙子，应着长裙、穿丝袜，不宜暴露腿部。

3. 汗毛

关于腿部汗毛，男士一般没有太多要求，但男士在正式场合不允许穿短裤或是卷起裤管。女士如果露出腿部，汗毛要脱去或剃除，也可以通过穿深色丝袜进行掩盖。

2.2.5 化妆

化妆是指运用化妆品和化妆工具，采取合乎规则的步骤和技巧，对人的面部、五官及其他部位进行渲染、描画和整理，增强立体印象，调整脸色，掩饰缺陷，表现神采，从而达到美容的目的。化妆是一种历史悠久的女性美容术，在古代早有记载，现代的化妆因其实用而兴起，成为满足女性追求自身美的一种手段。化妆能表现出女性独有的天然丽质，为其增添魅力。成功的化妆能唤起女性心理和生理上的潜在活力，增强其自信心，使其焕发神采，还有助于消除疲劳、延缓衰老。

1. 化妆的分类

化妆可分为基础化妆和重点化妆。基础化妆是指整个脸部的基础敷色，包括清洁、滋润、收敛、打底与扑粉等，具有护肤的功用。重点化妆是指眼、睫、眉、颊、唇等部位的细部化妆，包括描眼影、画眼线、刷睫毛膏、涂鼻影、擦胭脂与涂唇膏等，能增加容颜的秀丽并使容颜呈现立体感。化妆因场合不同也有不同，有晚宴妆、舞会妆、新娘妆等分类。

化妆的方法有日常的一般化妆法，适应特定场合需要的特殊化妆法，以及简捷的速成化妆法等。

人体最全面的化妆分为皮肤、毛发、指甲、牙齿、眼睛五个部分的化妆，其中皮肤包括嘴唇，毛发包括睫毛。

2. 常用化妆品分类

（1）润肤类化妆品

润肤类化妆品的主要功能是护理面部、手臂、腿部及身体其他部位的皮肤，使之更加滋润、柔嫩。常见的有乳液、润肤蜜、雪花膏等。

（2）美发类化妆品

美发类化妆品的主要功能是保护头发，起到滋润、去屑、止痒、柔顺、造型等作用，如发蜡、生发油、发乳、香波、摩丝、冷烫液等。

（3）修饰类化妆品

修饰类化妆品在化妆时用在适当部位起到着色、突出、晕染、修饰等作用，使得妆容更加自然协调、明艳动人，包括眼影、眉笔、睫毛膏、唇膏、指甲油、蜜粉等。

（4）芳香类化妆品

芳香类化妆品通过本身的香气去除异味、增添芬芳，包括香水、花露水、香精、爽身粉等。

（5）药物类化妆品

它具有各种不同疗效，可以预防、消除美容缺陷，如粉刺霜、雀斑霜、减皱霜、人参霜等。

3. 化妆步骤

化妆的内容和程序都有一定的规范，不同的妆容又有各自的要点，下面介绍一般化妆的简单步骤。

（1）洁面

化妆前首先要将脸洗净，用温水配合洗面奶去除脸部和颈部的汗水、油垢和灰尘。

（2）润肤

洁面后用化妆棉涂抹爽肤水或化妆水，然后涂抹润肤霜或是润肤露。这一步很关键，好的润肤霜在滋润皮肤的同时能在涂粉底之前为化妆过程打下一个好的基础，使皮肤免受其他化妆品的刺激，而且可以使皮肤看上去晶莹剔透。

（3）用隔离

使用隔离霜是保护皮肤、保护妆容的重要步骤，省略这一步的做法是错误的。使用隔离霜就是为了给皮肤提供一个清洁温和的环境，形成一个抵御外界侵袭的防备"前线"。如果不使用隔离霜就涂粉底，则粉底会堵住毛孔伤害皮肤，也容易产生俗称"吃粉"的粉底化妆品脱落现象。

隔离霜的涂抹方法很简单，取用豆粒大小的隔离霜点在脸上，涂抹均匀即可，隔离霜不必用多。隔离霜有多种颜色，通常绿色和蓝色的隔离有好的遮盖作用，适合脸部有斑点或其他瑕疵的人用；紫色则比较适合东方人偏黄的皮肤；白色的比较适合透明妆使用。

（4）打粉底

粉底可改善肤色、修饰脸型，是一种重要的化妆品。在底色的型号与质地的选择上要接近个人肤色而不留痕迹，再利用底色的色彩差别打出立体感而不留界限。

图2-2 打粉底

打粉底（见图2-2）时，取比隔离霜多一倍的量均匀地涂抹在脸部。此外，要注意眼部、头发与额头的交界处一定要涂抹均匀。

针对脸上的斑点或痘痘，可在粉底的基础上使用遮瑕霜或者遮瑕液。用小刷子轻轻地刷在瑕疵及其周围区域，这样粉底不用打得太厚也可以盖住斑点、痘痘。

（5）扑粉饼或散粉

根据肤质或妆容选择粉饼或散粉，要用粉扑轻轻拍打或用粉刷扫匀，注意脸与颈部的交界处要不留痕迹，达到提亮与定妆的效果。

（6）眼睛

首先是眉毛的修剪。按照脸型和个人喜好修剪出满意的眉形，必要时再用眉刷和眉粉修饰。眉型的塑造也不宜高挑、过于纤细，而应顺着眉毛自然的走向稍加修整，恰到好处地展现出个人率真的个性。

妆色的重点凝结在眼部。如何在平淡中捕捉光影、在生活中体现韵味，眼妆起着举足轻重的作用。用眼线笔或眼线液沿睫毛线内侧边缘轻轻画好眼线，可使眼睛看上去更加立体、有神。

眼影要根据不同的妆容和服装选择搭配。眼影的色彩使用是由浅到深渐变，暗色与亮色的晕染要衔接自然，明暗过渡合理。比如粉红色的眼影，就要先将整个眼眶都涂上一层淡粉，然后在接近睫毛的地方加深。完妆后要在眉骨鼻梁上扫一层白色的散粉，这样做可以达到突出立体感的效果。东方人面部较平，可在眼线内侧涂上较深的眼影，以衬托出鼻子的线条。

涂抹睫毛膏时，蘸取适量睫毛膏从睫毛根部轻轻向外刷，必要时可多刷几遍。不同睫毛膏具有防水、加长、加粗等不同功能，可根据场合和自身情况选取。

（7）腮红

腮红能使整个脸部显得柔美自然，也能使颧骨显得突出。用刷子在颧骨处打圈往上画，向着太阳穴的位置，然后再用同色胭脂粉轻扫太阳穴部位，便可使面部色彩显得浓淡和谐。

（8）唇部

先用一块小化妆海绵蘸少量粉底遮盖住原来的嘴唇轮廓，并涂在唇上，这样可以使唇膏上得更均匀，并能更持久。用唇线笔勾画出理想的唇线，再用唇刷将颜色涂在整个唇部。画完以后，用化妆纸吸干油脂，重复画一次会使唇妆比较持久。在整个唇部化妆的过程中，应保持唇部放松，做微笑状。

更简单的方法是用唇膏或唇彩沿唇部轮廓内侧涂抹均匀，如果是非正式的化妆，也可在唇正中点上唇彩，再抿一下嘴唇即可。

（9）修正

最后要检查化妆的效果，进行必要的修正、补充和矫正。还可根据场合喷洒合适的香水，化妆完成。

2.2.6 护肤

1. 皮肤分类

护肤首先要从了解我们的皮肤开始。目前，一般将皮肤分为干性、油性、中性、混合性和敏感性五类。

皮肤的护理1

（1）干性皮肤

表现特征：皮肤水分、油分均不正常，干燥、粗糙，缺乏弹性，皮肤的 pH 不正常，毛孔细小，脸部皮肤较薄，易敏感；面部肌肤黯淡、没有光泽，易破裂、起皮屑、长斑，不易上妆，但外观比较干净，皮丘平坦，皮沟呈直线走向；皮肤松弛、容易产生皱纹和老化现象。干性皮肤又可分为缺油性和缺水性两种。

保养重点：多喝水，多吃水果、蔬菜，多做按摩护理，促进血液循环，注意使用滋润、美白、活性的修护霜和营养霜。要注意补充肌肤的水分与营养成分，调节水油平衡。

护肤品选择：不要过于频繁地沐浴及过度使用洁面乳，注意每周护理及使用保持营养型的产品，选择非泡沫型、碱性度较低的清洁产品，以及具有较好的保湿效果的化妆水等。

（2）油性皮肤

表现特征：油脂分泌旺盛，T 部位油光明显、毛孔粗大、触摸有黑头、皮质厚硬不光滑、皮纹较深；外观暗黄，肤色较深，皮肤偏碱性，弹性较佳，不容易起皱纹、衰老，对外界刺激不敏感；皮肤易吸收紫外线，容易变黑，易脱妆，易产生粉刺、暗疮。

保养重点：随时保持皮肤洁净清爽，少吃糖、咖啡等刺激性食物，多补充维生素 B_2 或维生素 B_6 以增加肌肤抵抗力，注意补水及皮肤的深层清洁，控制油脂的过度分泌，调节皮肤的平衡。

护肤品选择：使用油分较少、清爽型、抑制皮脂分泌、收敛作用较强的护肤品。白天用温水洗面，选用适合油性皮肤的洗面奶，保持毛孔的畅通和皮肤清洁。暗疮处不可以用化妆品，不可使用油性护肤品。化妆用具应该经常清洗或更换。

（3）中性皮肤

表现特征：水分、油分适中，皮肤酸碱度适中，皮肤光滑细嫩柔软、富于弹性、红润而有光泽，毛孔细小，无任何瑕疵，纹路排列整齐，皮沟纵横走向，是最理想的皮肤。中性皮肤多数出现在小孩当中，通常以 14 岁以下发育前的少女为多，青春期过后仍保持中性皮肤的很少。这种皮肤一般炎夏易偏油，冬季易偏干。

保养重点：注意清洁、爽肤、润肤及按摩的周护理；注意补水、调节水油平衡的日护理。

护肤品选择：依据皮肤年龄、季节进行选择，夏天选亲水性产品，冬天选滋润性产品，选择范围较广。

（4）混合性皮肤

表现特征：一种皮肤呈现出两种或两种以上的外观（同时具有油性和干性皮肤的特征）。多见为面孔 T 区部位易出油，其余部分则干燥，并时有粉刺发生，男性约 80% 是混合性皮肤。混合性皮肤多发生于 20 岁～35 岁人群的身上。

皮肤的护理 2

保养重点：按偏油性、偏干性、偏中性皮肤分别侧重护理。在使用护肤品时，首先要滋润较干的部位，再在其他部位用剩余量擦拭。注意适时补水、补充营养成分、调节皮肤平衡。

护肤品选择：夏天可参考油性皮肤进行选择，冬天可参考干性皮肤进行选择。

（5）敏感性皮肤

表现特征：皮肤较敏感，皮脂膜薄，皮肤自身保护能力较弱，皮肤易出现红、肿、刺、痒、痛、脱皮和脱水现象。

保养重点：经常对皮肤进行保养。洗脸时水不可以过热或过冷，要使用温和的洗面奶洗脸。早晨可选用防晒霜，以避免日光伤害皮肤；晚间可用营养型化妆水增加皮肤的水分。在饮食方面要特别注意忌食易引起过敏的食物。皮肤出现过敏现象后，要立即停止使用所有化妆品，并对皮肤进行观察和保养护理。

护肤品选择：应先进行适应性试验，在无反应的情况下方可使用。切忌使用劣质化妆品或同时使用多种化妆品，并注意不要频繁更换化妆品。另外，含香料过多及过酸过碱的护肤品不能用，而应选择适用于敏感性皮肤的较温和的化妆品。

阅读材料

皮肤颜色反应肝脏状况

（1）黄色。中国最早的医书《黄帝内经》描述的"湿热相交，民病疸也"，即今天所谓的肝炎及胆囊炎的症状。

传统中医学还将黄疸分为阳黄和阴黄。阳黄指黄色鲜明如橘子色，病程较短，属于热证、实证；阴黄则指黄色晦暗，病程较长者，属于寒证、虚证。不同的黄色揭示了疾病的不同阶段并应采用不同的治疗方法。从未患过肝炎的人，在畏寒、发热、恶心、呕吐、肝痛、极度乏力后，忽然出现眼睛和皮肤发黄，表明患了急性黄疸型肝炎。慢性肝炎患者若出现黄疸，则表明病情加重，肝炎处于活动期，这时肝功能和转氨酶一般都会不正常，肝细胞损害严重。病人这时一定要积极治疗、充分休息和注意营养。

（2）红色。人体产生的雌激素主要由肝脏灭活。雌激素有扩张血管的作用。体内雌激素积蓄，严重时可使皮肤上出现形状像蜘蛛的红色血管痣。部分慢性肝炎和肝硬化患者的面、颈、肩、胸和背部会出现成片的毛细血管扩张，使这些部位泛出丝丝红色。还有些慢性肝炎和肝硬化患者手掌和脚掌出现红色的斑点和斑块，医学上称为"肝掌"，这也是体内雌激素积蓄的结果。肝炎患者肤色变红，表明肝脏功能长期受到严重损害。

（3）黑色。皮肤颜色黝黑，眼睛周围发黑，是慢性肝炎、肝硬化和肝癌患者肝功能严重损害的一个重要特征。

2. 一般护肤程序

护肤包括深层护肤和表层护肤两种，这两种方式的护肤品功效是不一样的。前者的主要功能是为皮肤提供营养，其重点在于让皮肤吸收营养。后者的主要功能是为皮肤增加一层保护膜，防止外界不良环境对皮肤的侵害，因此对营养吸收的要求比较少。正确的护肤方法是先进行深层洁肤，保证肌肤能够吸收充足的营养，接着涂上具有保湿、滋润效果的护肤品，然后再做外部保护。

在使用护肤品时要注意遵循分子越小越先用的原则，如爽肤水、精华液、眼霜、乳液、乳霜、膏状护肤品，质地越清爽、越稀越先用，这样更有利于各种营养的充分吸收。

下面介绍一般护肤的步骤（见图2-3）。

（1）清洁

每天早晚各一次的清洁工作，可以温和并彻底卸除脸上的化妆品、表面油脂及污垢（见图2-4）。

如果白天用过隔离或防晒产品，则首先要卸妆。其方法是在面部涂适量卸妆产品，待其与表面污垢充分接触，然后用化妆棉轻轻拭去。眼部和唇部格外娇嫩，需要先用专门的眼部和唇部卸妆产品清除眼线、睫毛膏、唇膏等。卸妆后要使用洗面奶清洗面部，并用指腹由内往外轻揉清洗，但不要用力搓，最后用温水冲净。

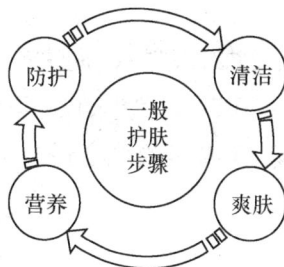

图 2-3　一般护肤步骤　　　　　　　　　图 2-4　清洁

阅读材料

洁面的注意事项

1. 洁面产品的好坏，主要取决于"清洁成分"本身，而不是那些添加物。例如，某洗面奶成分写的仅是"高效保湿因子，维生素E"，则基本上无法从这两种成分判断这支洗面奶的好坏。

2. 表面活性剂决定了洗面奶的好坏。氨基酸表面活性剂以天然成分为原料制造，成分本身可调为弱酸性，所以对皮肤刺激性很小，亲肤性也特别好。它是目前高级洗面奶清洁成分的主流，价格也较为昂贵。即使是长期使用，也不会对皮肤造成伤害。

3. 不少洗面奶都倡虚肤，抗衰老必须用氨基酸洗面奶。最关键的是其温和，同时不但对皮肤没有刺激，对眼睛也没有刺激。另外，洁面产品不仅需要清洁能力强，还要容易洗干净，残留极少，而且要保证残留物对皮肤没有伤害。

4. 好的洁面产品除了肤感舒适，涂抹轻柔，泡沫细软，没有拉丝和啫喱状的感觉之外，还要有营养和保湿的功效，清洗后皮肤清爽而不紧绷。

5. 使用洗面奶或洁面凝露时一般应使用温水洗脸，水温应在37℃左右。因为当皮肤有一定温度和湿度时，护肤品的吸收最好。用冷水清洁皮肤后，护肤品吸收会变慢，而用过热的水清洁皮肤则会造成一定的损伤。

6. 自来水含氯气，容易伤害皮肤。清洁时建议用纯净水或蒸馏水。油性皮肤、有黑头、痤疮皮肤建议用洗面奶按摩1分钟左右。有红血丝的皮肤洗脸时注意水温不要过高，否则会使血丝加重。

7. 选择纯净水或蒸馏水清洁皮肤费用不菲。简易方法是将自来水静置8小时以上，或者将自来水烧开5分钟后再放凉，这两种方法均可以有效去除水中的氯气。

8. 不要频繁地更换所用的洗面奶品牌，除非你觉得正在使用的洗面奶并不适合你。因为各种品牌洗面奶的酸碱值不同，每换一次，皮肤就必须经历一个适应期，如果酸碱度反差太大，甚至会出现皮肤疼痛或脱皮的现象。

（2）爽肤

爽肤的过程可再次清洁肌肤。爽肤的作用在于软化角质，平衡 pH，帮助收缩毛孔，增加肌肤的柔软感。用化妆棉蘸取爽肤水或柔肤水，轻拍脸部及颈部，重复擦拭，直到化妆棉上没有污垢及残留化妆的痕迹为止。需注意的是，爽肤的过程一定要避开眼部。

（3）营养

应针对皮肤的类别和特点，选用适合自己的护肤产品。例如，润肤水、润肤乳、润肤液、润肤霜、精华液等，给皮肤补充必需的水分和养分，充分滋润皮肤，保持皮肤的柔润光滑。为达到最佳效果，使用护肤品时一定要用指腹轻轻地以朝上和朝外的方式涂抹。眼部的护理一般应使用眼部专用护肤品，如眼霜、眼部精华液等。

（4）防护

如果省略防护步骤，则空气中许多有害物质会附着在皮肤表面。为保护皮肤免受环境中有害物质的伤害，通常可使用隔离霜、防护霜等保护皮肤，并可调整肤色，为彩妆打下基础。使用时用指腹或海绵轻轻地将隔离霜、防护霜向外推开、推匀。要特别注意的是，下巴、发际等交界处要做到颜色融合。夜间不需要进行皮肤防护。

阅读材料

日常习惯护好肤

1. 补充水分

秋天到来后，由于空气开始变得非常干燥，加之早晚温差大，天气逐渐变冷，引起皮肤毛孔收缩，皮肤表面的皮脂腺与汗腺分泌减少，从而使得皮肤表面很容易丧失水分。水分不足，加之秋季皮肤新陈代谢缓慢，所以秋风一起，许多人的脸上便起了皱纹或色斑、粉刺。原有的蝴蝶斑、褐斑也会加深，皮肤变得干燥，皮下脂肪增厚，皮肤紧绷，甚至起皮掉屑。因此，秋季护养肌肤要注意合理饮水，弥补夏季丧失的水分，并预防秋燥对体液的消耗。每天饮用足够的水，可以使之渗透于组织细胞间，维持人体的酸碱平衡，保证机体新陈代谢的正常运行，并能有效地将人体废物排出体外，从而保持皮肤的清洁与活力。饮水可饮白开水、果汁、矿泉水等。其中白开水是最好的"天然饮料"，应该首选。中国人喜饮的绿茶有清热泻火的作用，经常饮用，能够预防某些皮肤疾病（如青春痘、粉刺等）的发生。一般来说，每天饮6～8杯水，能满足皮肤内部的需要。

2. 均衡营养

营养不良会使人的皮肤干、粗、皱、硬。如果过多地摄取动物脂肪，则皮肤会表现出油亮或脱屑，这样易引发痤疮等皮肤病。因此，平时应注意饮食的多样性、营养的合理性，多食能转化皮肤角质层、使皮肤光滑的维生素 A（动物的肝、肾、心、瘦肉等），多吃新鲜的蔬菜、水果，少吃含饱和脂肪酸较高的动物性食物。

3. 注重洁肤

秋季空气中的污染物极易堵塞毛孔，从而引起皮肤疾病。另外，入秋后，角质层大量脱落，不及时清洁皮肤也会造成严重干燥、粗糙。所以，不论化妆与否，每天早晚用洗面奶仔细清除污垢，应是一项必做的工作。洁肤应选用杀菌力强、清洁效果好的洗面奶。此外，在洗脸、洗浴水中加入适量食醋，也能达到清洁的效果。

4. 睡前护肤

睡前护肤十分重要，因为面部细胞的分裂次数比白天高得多（10倍以上），新生的细胞需要更加细腻的呵护。秋天气候干燥，应经常使用滋润乳液，同时用化妆水擦拭额头、鼻翼、下巴等皮脂分泌旺盛的部位。

5. 特殊护理

（1）去角质（见图 2-5）

我们的肌肤每天都会自行新陈代谢，由基底层产生的细胞会慢慢地到达肌肤的表面，然后转化为角质层，一般也称为角化。皮肤的角化周期通常约为28天。如果新陈代谢正常，老旧的角质细胞就会自然脱落。不过由于环境、季节、紫外线、作息不正常等因素，有时新陈代谢会变得缓慢。所以我们的皮肤表面角质层越堆越厚，角质过度堆积，就容易使肌肤没有透明感，也失去了原本的弹性，所以定期且适当地去角质，可以将皮屑去除，让肌肤更晶莹剔透。去角质可到专业的美容院，更方便的方法是购买适合自己的去角质产品，在家自行护理。

（2）保湿

水是生命的重要组成部分。我们的皮肤有天然保湿系统，在理想的状态下，这种天然保湿系统可以给皮肤提供足够的水分。但风吹、日晒、空调吹这些外界因素都会加快皮肤水分的流失，在这些因素的影响下肌肤自身的保湿系统就不能完全满足肌肤对水分的需求。很多问题皮肤的最主要成因就是缺水，所以补水保湿是解决这些问题的关键。每天给肌肤提供足够的水分能增强肌肤对外界的抵御能力。保湿的重要内容包括使体内保有足够的水分，多吃水果和蔬菜，使用适合自己的保湿产品，定期做保湿面膜，避免风吹日晒，不用过热的水洗脸等。

（3）防晒（见图 2-6）

当皮肤接受紫外线过度暴晒后，会损伤表皮细胞，活化酪胺酸酶，加速色素合成，破坏皮肤的保湿功能，使皮肤变得干燥，让真皮层中的弹力纤维受损，使细纹产生。强烈阳光的照射还会造成肌肤发炎、灼伤。有异常情形时，甚至会导致色素性的皮肤癌等。所以，防晒在我们的生活中必不可少。伞、帽子、墨镜、衣服是必不可少的防晒物品，它们都属于物理防晒品。防晒霜有物理防晒和化学防晒两种。使用防晒霜要确保 SPF ≥ 15，并且能同时抵抗 UVA 和 UVB。出门时，不要以为戴着帽子或置身于阴凉处就能避开紫外线，反射光中还有超过 1/3 的部分为紫外线。同样，冬天和阴天也要做好防晒工作，因为露天环境的光线中还有超过 1/3 的部分为紫外线。在夏日早 10 时至午后 4 时阳光最强的时候，要尽量避免在室外活动和工作。如果外出时间在 10～13 时，面部裸晒达半个小时以上，则应该重新洗面、洁面，涂抹防晒霜。

用透明去角质膏轻柔在脸上涂抹并揉搓，帮助皮肤清爽呼吸，不要选泥质去角质膏，对皮肤的伤害比较大。

图 2-5　去角质

图 2-6　防晒

阅读材料

UVA　UVB　UVC

　　人们口中的"紫外线"实际上还可细分为长波长的 UVA、中波长的 UVB 及短波长的 UVC。其中，UVC 在进入大气层时已在臭氧层的防护下被隔离，能辐射到地面的只剩 UVA 和 UVB 了。UVB 又称"户外紫外线"，只要适当地遮掩即可隔离，它是引起皮肤泛红、发炎及晒伤的主因；UVA 会折射进室内，又称为"室内紫外线"，能深入真皮层，会对胶原、弹力纤维甚至纤维母细胞进行破坏，所以 UVA 不但会激发色素合成而使肤色"变黑"，更是造成皮肤"老化"及细纹产生的罪魁祸首。

2.3　仪表礼仪

　　通常，在讲到仪表礼仪时，仪容礼仪和仪表礼仪会一起讲解，简称仪容仪表礼仪，但这两者不是完全相同的概念，虽然两者之间有交集，不过仍然各有所指。仪容礼仪主要介绍的是人的容貌，仪表礼仪讲的则是人的表情，所以也叫表情礼仪。在人际交往中，表情真实可信地反映了人们的思想、情感和心理活动。

　　美国心理学家艾伯特·梅拉比安在一系列研究的基础上得出了一个公式：信息的总效果 =7% 言辞 +38% 语调 +55% 面部表情。由此可见，面部表情在信息传达中起着非常重要的作用。面部表情指的是通过面部表情来交流情感、传递信息的语言，它主要包括眼神、眉语、微笑等。能够巧妙使用面部表情的人，才是善于塑造自我交际形象的人。

2.3.1 眼神

"眉目传情""瞠目结舌""暗送秋波""眉开眼笑"这些成语都是用来描写眼睛和眼神的，眼神又称目光语，是人们在交往中通过视线接触所传递的信息。眼睛是心灵的窗户，人的内心世界可通过眼神表达，目光的方向、眨眼的频率、眼球的转动都有其特定含义。眼神大致由时间、角度、部位和方式构成。

1. 注视的时间

有关调查研究显示，人们在交谈时，视线接触对方脸部的时间占全部谈话时间的30%～60%，超过这一范围，可认为对谈话者本人比对谈话内容更感兴趣；低于这一范围，则表示对谈话内容和谈话者本人都不怎么感兴趣。在整个交谈过程中，与对方目光接触时间应该累计达到全部交谈过程的50%～70%，其余30%～50%的时间可注视对方脸部以外5～10米处，这样比较自然、有礼貌。在社交过程中，与朋友会面或被介绍认识时，可凝视对方稍久一些，这既表示自信，又表示对对方的尊重。当然，必须考虑到文化背景，不同国家、民族的人常为多看几眼、少看几眼而引起误解。如在南欧，注视对方可能会被视为冒犯；与黑人交谈时应避免直视对方的眼睛，而白人则认为不看他的眼睛是对自己的话题不感兴趣的表示；大多数朝鲜人在向对方提出请求时总是看着对方的眼睛来知悉对方的真实想法，这样在遭拒绝时就不会羞愧；而日本人却认为直视对方的眼睛是不礼貌的。

2. 视线的角度

人们在社会交往中，根据场合和对象的不同，目光所及之处也是有差别的，有视线向上的，有视线向下的，有视线水平的等，如图2-7所示。有的人在与陌生人打交道时，往往因为不知把目光怎样安置而窘迫不安；已被人注视而将视线移开的人，大多怀有相形见绌之感；仰视一般体现"尊敬、信任"的含义；斜视一般表示轻蔑等。双方交谈时，应注视对方的眼鼻之间，表示重视对方及对其发言感兴趣。当双方缄默不语时，就不要再看着对方，以免加剧因无话题本来就显得冷漠、不安的尴尬局面。当别人说了错话或显得拘谨时，应马上转移视线，以免对方把自己的眼光误认为是对其的嘲笑和讽刺。如果你参加辩论赛，并希望在争辩中获胜，那在双方对视中就千万不要移开目光，而应坚持对视，直到对方眼神转移为止。

（a）视线向上　　　　（b）视线向下　　　　（c）视线水平

图 2-7　视线角度

3. 注视的部位

注视的部位不同，不仅说明自己的态度不同，也表达了双方关系所处的程度，如图 2-8 所示。与他人相处时，不宜注视头顶、大腿、脚部与手部，或是"目中无人"。对异性而言，不应注视其肩部以下。

场合不同，注视的部位也有所不同。一般分为公务凝视、社交凝视和亲密凝视。

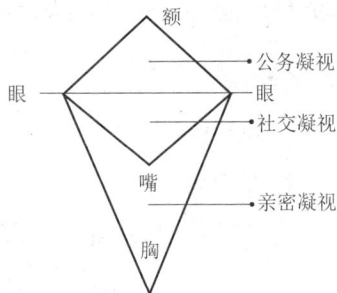

图 2-8 注视部位

①公务凝视区域：在洽谈、磋商、谈判等严肃场合中，目光要严肃认真，注视的部位应在以两眼为底线、额中为顶角所形成的三角区域内。

②社交凝视区域：这是指在各种社交场合使用的注视方式。注视的位置应在以两眼为上线、唇心为下顶角所形成的倒三角区域内。

③亲密凝视区域：这是亲人之间、恋人之间、家庭成员之间使用的注视方式。凝视的位置在对方双眼到胸部区域之间。

4. 注视的方式

无论是使用公务凝视、社交凝视，还是亲密凝视，都要注意不可将视线长时间固定在所要注视的位置上。这是因为人本能地认为，过分地被人凝视是在窥视自己内心深处的隐私。所以，双方交谈时，应适当地将视线从固定的位置向上移动片刻。这样能使对方心理放松，感觉平等，易于交往。

当与人说话时，目光要集中注视对方；听人说话时，要看着对方眼睛，这是一种既讲礼貌又不易疲劳的方法。如果表示对谈话感兴趣，就要用柔和友善的目光正视对方的眼区；如果想要中断与对方的谈话，则可以有意识地将目光稍稍转向他处。

眼睛转动的幅度与快慢都必须遵循一个"度"，不要太快或太慢，眼睛转动稍快表示聪明、有活力，但如果太快则表示不诚实、不成熟，给人轻浮、不庄重的印象，如"挤眉弄眼""贼眉鼠眼"指的就是这种情况。但是，眼睛也不能转得太慢，显得木讷迟钝。眼睛转动的范围也要适度，范围过大给人以白眼多的感觉；过小则显得拘谨、木讷。

2.3.2 笑容

笑容，即人们在笑的时候所呈现出的面部表情，有时伴以声音。笑容是人际交往的润滑剂，适时的笑容不仅可以打破交际障碍、创造良好氛围，还可以健身养性。

笑容、面容、首语

1. 笑容的分类

下面介绍几种合乎礼仪的笑容。

① 含笑：不出声，不露齿，仅是面含笑意。表达了一种对对方接受和友善的态度，使用范围较广。

② 微笑：是比含笑更深的笑。面部已有明显变化，基本上不出声，是一种典型的自得其乐、充实满足的笑容，也是用来表示发自内心的友好的笑。

③ 轻笑：比微笑更深，嘴微微张开，稍微露出牙齿，仍然不发出声响。多用于会见亲友、和熟人打招呼或遇上喜庆的事情，表达的是一种欣喜、愉快的感情。

④ 大笑：面容变化十分明显并伴有很明显的笑声，表达的是一种高昂的欢乐情绪。

以上介绍的是经常会用到的合乎礼仪的笑容，其中微笑（见图2-9）最自然大方，最真诚友善，受到世界各民族的认同，被称为社交的通行证，在各个领域都有较广泛的应用。

2. 微笑的内涵

（1）微笑是自信的象征

现实生活是丰富多彩的，既有风和日丽、鲜花盛开的坦途，也同样可能有风雪交加、百花凋谢的坎坷。但是，只要脸上充满微笑，我们就能够从容面对。一个对自己和对未来均充满了自信的人，能够充分认识到自身存在的价值，重视强化自我形象，微笑常在。

（2）微笑是修养的展现

一个有知识、重礼仪、懂礼貌的人，必然十分尊重别人。即使是陌路相逢，也能做到毫不吝啬地把微笑当作礼物，慷慨地奉献给别人。

（3）微笑是心理健康的标志

一个心理健康的人，一定能够将美好的情操、愉快的心境、温暖的情谊、善良的心地化作由心底涌出的自然流露，最美好的微笑。

微笑是最美妙的语言，它超越了民族和国界，超越了种族和文化，能够消除隔阂，表达善意，沟通心灵，是世界通用的体态语言。

著名画家达·芬奇的杰作《蒙娜丽莎》是欧洲文艺复兴时期最出色的肖像作品之一，画中的微笑给人以美的享受，使人们充满对真善美的渴望，几百年来让人回味无穷（见图2-10）。2008年北京奥运会开幕式展示了来自世界各地2008个孩子的笑脸，在美丽的夜空下，一张张笑脸竞相绽放，给人以心灵的感动和震撼（见图2-11）。

图2-9 微笑　　　　图2-10 蒙娜丽莎的微笑　　　　图2-11 2008年北京奥运会开幕式上孩子的笑脸

今天你微笑了吗？

全球旅馆大王希尔顿有一句名言："今天你微笑了吗？"

希尔顿于1887年生于美国新墨西哥州，其父去世时，只给年轻的希尔顿留下了2000美元遗产。希尔顿加上自己的3000美元，只身去得克萨斯州买下了他的第一家旅馆。凭借着精准的眼光与良好的管理，很快，希尔顿的资产就由5000美元奇迹般地扩增到5100万美元。他欣喜而又自豪地把这个好消息告诉了自己的母亲，可是，他的母亲却意味深长地对希尔顿说："照我看，你跟从前根本就没有什么两样，不同的只是你已把领带弄脏了一些而已。事实上，你必须把握比5100万美元更值钱的东西，除了对顾客诚实之外，还要想办法使每一个住进希尔顿旅馆的人住过了还想再来住。你要想出一种简单、容易、不花本钱而行之可久的办法去吸引顾客，这样你的旅馆才有前途！"

母亲的话让希尔顿猛然醒悟，自己的旅店确实面临着这样的问题，那么如何更好地吸引顾客呢？到底什么东西比5100万美元更值钱呢？

希尔顿想了又想，始终没有想到一个好的答案。于是，他每天都到商店和旅店里参观，以顾客的身份来感受一切，他终于得到了一个答案：微笑服务，只有微笑满足简单、容易、不花本钱而行之可久这4个要求，也只有微笑才能发挥如此大的影响力。

于是，希尔顿规定了他经营旅馆的4大信条：微笑、信心、辛勤、眼光。他要求员工照此信条实践，他要求员工即使非常辛劳也必须对旅客保持微笑，就连他自己都随时保持微笑的姿态。

每天他至少要到一家希尔顿饭店与饭店的服务人员接触，向各级人员（从总经理到服务员）问的最多的一句话，必定是："你今天对客人微笑了没有？"1930年是美国经济萧条最严重的一年，全美国的旅馆倒闭了80%，希尔顿的旅馆也是一家接着一家地亏损，负债一度高达50万美元。但希尔顿并不灰心，他召集每一家旅馆的员工并说："我请各位记住，希尔顿的礼仪万万不能忘。无论旅馆本身遭遇的困难如何之大，希尔顿旅馆服务员脸上的微笑永远是属于顾客的。"

经济萧条刚过，希尔顿旅馆系统就领先进入了新的繁荣期，1919～1976年，希尔顿旅馆从1家扩展到70家，遍布世界五大洲的各大城市，成为全球规模最大的旅馆之一。

3. 微笑的训练

（1）对镜微笑训练法

这是一种常见、有效且最具形象趣味的训练方法。端坐镜前，衣装整洁，以轻松愉快的心情，调整呼吸静心3秒，开始微笑，使嘴角微微翘起，面部肌肉舒展开来，同时注意眼神的配合，使之达到眉目舒展的微笑面容，如此反复多次。自我对镜微笑训练的时间长度随意。为了增强效果，可在训练时播放背景音乐。

（2）手势微笑练习法

顾名思义，手势微笑需要手和脸部的配合。首先将两手拇指和食指伸出，其余手指并拢弯曲，食指指尖对接，放在嘴前 15 ～ 20cm 处。然后让两食指尖以缓慢匀速分别向左右移动，使之拉开 5 ～ 10cm 的距离。同时嘴唇随两食指移动速度而同步加大唇角的展开度，并在意念中形成美丽的微笑。让微笑停留数秒，两食指再缓慢匀速地向中间靠拢，直至两食指尖相接，同时，微笑的唇角以两指移动的速度同步缓缓收回。需要提示的是，训练微笑缓缓收住很重要，切记不能让微笑突然停止（图2-12）。可如此反复开合训练 20 ～ 30 次。

（a）手势微笑 1　　　　　　　　　　　　　　（b）手势微笑 2

图 2-12　手势微笑练习法

（3）部分练习法

取一张厚纸遮住眼睛以下的部位，对着镜子，心里想着高兴的事情，使整个面部露出自然的微笑，让眼睛周围的肌肉也处于微笑的状态，这就是眼形笑。

用厚纸遮住眼睛，面部肌肉、嘴角两端向上略微提起，这就是脸形笑（图2-13）。

（4）含箸法

这是日式训练法。选用一根洁净、光滑的圆柱形筷子（不宜用一次性的简易木筷，以防划破嘴唇），横放在嘴中，用牙轻轻咬住，露出 8 颗牙齿（图2-14）。

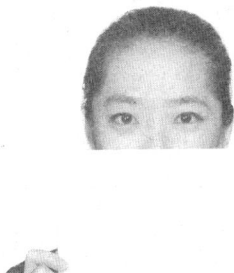

（a）眼形笑　　　　　　　　（b）脸形笑　　　　　　　　　　　　

图 2-13　部分练习法　　　　　　　　　　图 2-14　含箸微笑练习法

无论哪种训练方法，都要牢记微笑要由心而生、表里如一才能具有丰富而有力度的内涵，才能感染人、打动人。

2.3.3 面容表情

面容是人们面部所显示出的综合性表情，既可以对眼神、笑容发挥辅助作用，也可以自成一体地表达独特的含义。

通过面容所显示的表情，具有两重性特征：其一，变化迅速，很少凝固不变；其二，彼此配合，时常进行合作。面容所显示的表情，有局部显示的，也有综合显示的。面容表情是内心世界的真实映照，在面容表情中眉毛的表现力最强，其次是嘴部，最后是鼻子、下巴和耳朵。它们组合在一起时可以显示为特定的表情，如快乐、兴奋、感兴趣、爱慕、敌意、发怒、观察、严肃、无所谓及安静等。

2.3.4 首语

首语从字面上看指的是头首的语言，但实际上是跟头部相关的，配合语言、表情及肢体动作来体现内心感受的副语言。如点头表示知道、认可，摇头则相反；收起下巴表示隐忍和驯服，突出下巴则多表示攻击，用下巴指人表现出了一种骄横；侧耳倾听表示关注或者没听清楚，耸耳表示吃惊，双手捂耳表示拒绝等。由此可见，首语的语言也是千变万化的，真正了解这些社交礼仪对于我们进行良好的社交活动具有重要的指导意义。

小结

本章内容分为个人礼仪、仪容礼仪和仪表礼仪三个部分，个人礼仪部分讲述了个人礼仪的含义和基本原则；仪容礼仪部分主要从头发、面容、手臂、腿部、化妆和护肤这几个方面进行讲解，对护肤和化妆两个方面进行了详细讲述；仪表礼仪部分主要从眼神、笑容、面容和首语四个方面讲述了仪表礼仪的基本内容和需要注意的问题。其中眼神和笑容部分作为仪表礼仪的重要内容进行了重点讲述和分析。在笑容礼仪中，重点介绍了微笑礼仪，包括微笑的内涵和微笑的训练方法。

通过本章的学习，读者应提高仪容仪表礼仪水平，在各类社交场合中时刻注意自己的仪容仪表，以达到良好的交际效果。

❓ 思考与练习

（1）怎样理解仪容的基本要求？

（2）微笑的训练方法都有哪些？

🔍 活动与探索

（1）试举例说明如何在日常的社交礼仪中注意自己的仪表礼仪。

（2）回顾练习微笑的几种方式，与同学们一起练习微笑。

第3章

仪态礼仪

仪态是指人在行为中的姿势和风度。姿势是指身体所呈现的样子，风度则属于内在气质的外在表现。每个人总是以一定的仪态出现在别人面前，一个人的仪态包括他的所有行为举止：一举一动、一颦一笑、站立的姿势、走路的步态及面部的表情等。良好的仪态是一种修养，是人内在品质、知识和能力的真实流露。

名言警句

步从容，立端正，揖深圆，拜恭敬；勿践阈，勿跛倚，勿箕踞，勿摇髀；缓揭帘，勿有声，宽转弯，勿触棱。

——《弟子规》

3.1 仪态礼仪的功能和特点

3.1.1 仪态礼仪的功能

仪态语言也叫体态语。达·芬奇曾说："从仪态了解人的内心世界，把握人的本来面目，往往具有相当的准确性与可靠性。"由此可见，仪态语言在人们的人际交往中作用非常大。具体来说，其功能主要有以下五个方面。

- 表露功能：仪态语言可以表达口语难以表达的信息。
- 替代功能：仪态语言可以替代口语，直接与对方交流、沟通。
- 辅助功能：仪态语言辅助口语，使人"言行一致"，思想得以强化。
- 适应功能：仪态语言随着使用人群的不同，会适应本人的生理和心理需要。
- 调节功能：仪态语言发出暗示，调节双方关系，使对方做出积极反应。

以上是仪态语言的五种功能，在日常生活中，仪态语言时刻都在表露着人的思想、情感及对外界的反应。

3.1.2 仪态礼仪的特点

仪态语言作为人类的第二语言，在日常的使用中表现出诸多特点，最主要的有以下三个方面。

- 连续性：即仪态语言的表达过程连续不断，不可分割。
- 多样性：即在传达同一个信息时，可以多种仪态并列进行。
- 可靠性：即仪态语作为一种无声的语言，表现得较为真实，相对于口语而言，体态语言表达的是一种无意识性，因而对于人内心世界的反映更加可信。

以上是仪态语言的功能和特点，大家需要加强对其重要性的认识。礼仪行为并不是刻意为之，而是一种潜移默化的自觉表达。

3.2 手势

手势，是运用手指、手掌、拳头和手臂的动作变化，表达思想感情的一种体态语言。在社会交往中，手势有着不可低估的作用，生动形象的有声语言再配合准确、精彩的手势动作，会使表达者更富有感染力、说服力和影响力。

手势由进行的速度、活动的范围和空间轨迹三个部分构成。

3.2.1 手势的活动范围

手势的活动范围，分为上、中、下三个区域。肩部以上称为上区，一般用来表达激烈的情绪，比如胜利的喜悦、高度的赞扬、热切的盼望、深情的呼唤、愤怒的谴责等。肩部以下腰部以上称为中区，一般用来表达平和、平静的心绪，如指示、介绍、鼓掌等，一般不带有浓厚的感情色彩。腰部以下称为下区，一般用来表达负面的情感，如厌恶、否定等。

3.2.2 手势的分类与常用手势

1. 情意性手势

情意性手势主要用于表达带有强烈感情色彩的内容，表现方式极为丰富，感染力极强。例如，双手合起高于胸前表示隆重的谢意、承让等；右手放于左胸前表示忠诚、信念等；鼓掌表示欢迎、喝彩、友好等含义；握拳振臂表示强烈的信念、必胜的信心、喜悦的欢呼等。

2. 指示性手势

指示性手势主要用于指示具体的事物、数量和位置等，特点是动作简单、表达专一，一般不带有感情色彩。

（1）引领指示

各种交往场合都离不开引领指示手势，这是一种手与臂的协调动作，更是一种礼仪，主要有以下几种形式。

① 横摆式五指伸直并拢，手臂向外侧横向摆动，与地面呈 45°角，手心向斜上方，指尖指向被引导或指示的方向，如图 3-1 所示。

② 直臂式五指伸直并拢，掌心朝上，手臂伸直在一条直线上与肩平齐，指尖指向物品或方向，如图 3-2 所示。用直臂式为他人指引方向后，手臂不可马上放下，要保持手势顺势送出几步，以表示对他人的尊敬和关怀。

③ 曲臂式五指伸直并拢，手臂从身体的侧前方抬起，以肘关节为轴，由体侧向体前摆动，手与身体相距 20cm 处停止，手臂高度保持在胸部以下，如图 3-3 所示。

④ 斜臂式五指伸直并拢，手臂抬起，以肘关节为轴，手臂由上向下摆动，适用于请人入座，如图 3-4 所示。

图 3-1　横摆式　　　　图 3-2　直臂式　　　　图 3-3　曲臂式　　　　图 3-4　斜臂式

（2）挥手道别

大臂抬至与肩同高或高于肩部的位置，小臂与大臂呈约 90°角，指尖朝上，掌心向着对方，手指自然伸直并拢，手腕晃动，如图 3-5 所示。

（3）递接物品

递接物品时要用双手，不方便用双手时应用右手，单用左手通常被视为无礼的表现。如果双方距离较远，应起身走近对方；递送物品应直接递到对方手中，并要方便对方接取；如有文字、图案、正反面物品时，要正面朝上并朝向对方，如图 3-6 所示；接取物品时要稳而缓；递送带尖、带刃或其他易伤人物品时，要将危险一侧朝向自己或他处，切不可朝向对方，如图 3-7、图 3-8、图 3-9 所示。

3．象征性手势

用来表达一些比较复杂的情感或抽象的概念，从而引起对方的思考和联想。

图 3-5　挥手道别

图 3-6　递接物品

图 3-7　递送危险物品 1

图 3-8　递送危险物品 2

图 3-9　递送危险物品 3

（1）翘拇指手势

拇指向上，在中国表示棒、一流、赞同的意思，如图 3-10 所示；在英联邦国家多表示搭车；在日本表示男人、父亲。拇指向下，在中国表示轻蔑等含义；在英联邦国家，多表示坏、下等人之意。

（2）"OK"的手势

拇指和食指合成圈状，其余 3 根手指自然伸开，如图 3-11 所示。在美国表示赞扬、顺利、好；在法国表示零、一钱不值；在日本、缅甸、韩国表示金钱；在印度表示正确；在中国则表示"0"或"3"两个数字。

（3）"V"形手势

伸出食指和中指，掌心朝外，其余手指弯曲合拢，如图 3-12 所示，表示胜利，有时也表示数字"2"。"V"是英语单词 Victory（胜利）的第一个字母。传说，"V"形手势是第二次世界大战期间由一位名叫维克多·德拉维利的比利时人发明的。他在 1940 年年底的一次广播讲话中，号召同胞们奋起抵抗德国侵略军，并动员人们到处写"V"字，以表示胜利的信心。从此，"V"形手势广范传播开来。尤其是当时英国首相丘吉尔在一次游行检阅中使用了这一"V"形手势后，使这个手势迅速地流传开来。做这一手势切记掌心要向外，因为如果掌心向内在西欧表示侮辱之意。

（4）捻指作响手势

用拇指和食指弹出响声，表示高兴、赞同、兴奋，也表示无聊。应尽量少用这一手势，尤其对异性更不能使用，以免令对方反感，让人觉得没有教养或是轻浮、挑衅。

4. 模拟性手势

主要用来模拟事物的形状、大小、高矮和长短等特征，给人以明确的印象。例如，两手模拟心的形状，如图 3-13 所示。

图 3-10　翘拇指手势　　图 3-11　"OK" 的手势　　图 3-12　"V" 形手势　　图 3-13　手势模拟心的形状

阅读材料

手势的地域性

手势有着很强的地域性，同样的手势在不同的国家和地区有着截然不同的含义。在我国和一些国家，伸出大拇指是称赞、夸奖的意思；但在澳大利亚则认为竖起拇指，尤其是横向伸出大拇指是一种侮辱；英国翘起大拇指是拦车，要求搭车的意思。由此不难看出，每种文化都有自己的手势语言。世界各国和各地区习俗迥异，手势不可乱用，要遵守"入乡随俗"的原则。

3.2.3　手势的原则

手势是无声的语言，如果表达不当会适得其反。手势的运用要注意以下几个原则。

① 应简约明快，不宜过多，以免让人感觉眼花缭乱或者喧宾夺主。

② 要文雅自然，避免指指点点、摆弄手指等不良手势，不要让不良的手势降低身份、影响形象。

③ 手势的运用应是内心情感的流露，应协调、和谐，要与全身协调、与情感协调、与语言协调。

④ 手势应因人而异，富有个性的手势也能成为个人的标志和象征，而不能要求每个人都千篇一律地做相同的手势。

3.3 姿态

姿态存在于每个人举手投足之间，优雅的姿态是人有教养、充满自信的完美表达。美好的姿态，会使你看起来年轻、有朝气，也会使你身上的衣服显得更漂亮。善于用良好的形体语言与别人交流，一定会让你受益匪浅。

3.3.1 站姿

站姿是人们站立时的姿势与体态，它是仪态美的基础。俗话说"站如松"，良好的站姿能衬托美好的气质和风度，能体现一个人积极乐观的健康精神，同时也是自信心的表现。

站姿礼仪

1. 站姿标准

标准的站姿，从正面看，全身笔直，精神饱满，两眼正视，两肩平齐，两臂自然下垂，两脚跟并拢，两脚尖张开45°~60°，身体重心落于两腿正中；从侧面看，两眼平视，下颌微收，挺胸收腹，腰背挺直，手中指贴裤缝，整个身体庄重挺拔。

要避免身躯歪斜、弯腰驼背、全身乱动、趴伏倚靠等不良站姿。

2. 站姿种类

以脚位为依据，站姿可分为以下几类。

（1）扇形站姿

扇形站姿又称为标准站姿，这是男士、女士皆适用的站姿。要领是两脚跟并拢，脚尖张开45°~60°，身体重心落于两腿正中，如图3-14所示。

（2）正步站姿

正步站姿是男士、女士皆适用的站姿。要领是在标准站姿的基础上，两脚并拢，两膝贴紧，如图3-15所示。正步站姿通常适用于庄严肃穆的场合，如升国旗、奏国歌、接受接见时等。

（3）丁字步站姿

丁字步站姿一般是女士采用的站姿。要领是在标准站姿的基础上，一只脚前移将脚跟靠于另一只脚的内侧中间位置，两脚尖打开，膝盖靠紧，重心可在两脚上，也可在一只脚上。双手可自然下垂，也可交叉放于腹前，如图3-16所示。

（4）分腿站姿

分腿站姿是男士采用的站姿。要领是在标准站姿的基础上，将两脚打开与肩同宽或小于肩宽，双手交叉可置于腹前也可放于背后，如图3-17所示。

图3-14　扇形站姿　　　　图3-15　正步站姿　　　图3-16　丁字步站姿　　图3-17　分腿站姿

3. 错误站姿举例

① 全身不够端正。站立的基本要求是"站如松",站立时身体要端正。站立时不要出现头歪、肩斜、腹凸、背弓等姿态。

② 两腿分开过大。站立过久,可采用稍息的姿势,双腿可以适当叉开一些,但切勿叉开过大,女士尤其应当谨记。

③ 双脚随意乱动。人在站立时,双脚不应乱动。

④ 表现得自由散漫。在站立时随意扶、拉、倚、靠等,会显得无精打采、自由散漫。

3.3.2 坐姿

坐姿是人在就座后身体所保持的一种姿势和体态,是人们在人际交往中采用最多的姿态,俗话说"坐如钟",良好的坐姿给人一种端庄、稳重的美感。

正确的姿势,要兼顾角度、深浅和舒展三个方面的问题。即坐定之后上身与大腿、大腿与小腿所形成的角度。

坐姿礼仪

1. 坐姿标准

落座时要坚持尊者为先的原则,不要争抢,通常侧身走进座椅,从椅子的左侧就座。如果背对座椅,要保持站立的标准姿态,右腿后退一点,用小腿准确确定椅子的位置,然后上身保持正直,目视前方,轻轻坐下,动作要缓,声音要轻。女士穿裙装落座时要从后向前双手顺裙摆,不可落座后再整理衣裙。

坐立时,通常只坐椅子的 1/2 ~ 2/3,上身正直而稍向前倾,头、肩平正,下颌微收,腹部内收。女士膝盖靠紧,两腿并拢,双手交叉放于两腿之上;男士膝盖可自然分开,但不能超过肩宽,双手掌心朝下放于膝盖上。

一般情况下离座同样需遵从尊者为先的原则,在其他场合离座时,要先以语言或动作向周围人示意,方可站起,突然跃起会让周围的人受到惊扰。起身时右脚后撤一小步,慢慢站起,站好后从左侧离座。

坐姿要求端正、大方、舒展,切不可将双腿分得过大、脚尖翘起或是双腿不停抖动。

2. 坐姿种类

以脚位为依据,坐姿可分为以下几类。

(1)垂直式坐姿

垂直式坐姿对男士、女士均适用,就是通常所说的"正襟危坐",在正规的场合使用。要领是上身与大腿、大腿与小腿、小腿与脚都呈直角,小腿垂直于地面,双膝、双腿完全并拢,男士双手掌心朝下,自然放于膝盖,女士双手交叉放于双腿上,如图 3-18、图 3-19 所示。

(2)标准式坐姿

标准式坐姿适用于多种场合。要领是在垂直坐姿的基础上,男士两脚自然分开 45°,女士两脚保持小丁字步,如图 3-20 所示。

（3）曲直式坐姿

曲直式坐姿是女士一种优雅的坐姿，通常在稍微矮一些的椅子上更为适用。要领是大腿与膝盖靠紧，一脚伸向前，另一脚向后，两脚前脚掌居中并保持在一条直线上，如图3-21、图3-22所示。

图3-18　垂直式坐姿1　　　图3-19　垂直式坐姿2　　　图3-20　标准式坐姿

（4）伸式坐姿

伸式坐姿是女士采用的坐姿。要领是在垂直式坐姿的基础上，双脚伸出约一脚的距离，按方向可分为正前、左侧和右侧，双脚可以并拢也可在脚踝处交叉，但脚尖不能翘起，如图3-23所示。

（5）后曲式坐姿

后曲式坐姿适用于多种场合，以女士为主。要领是在垂直式坐姿的基础上两小腿向后收，脚尖着地，如图3-24所示。

（6）分膝式坐姿

分膝式坐姿是一种男士坐姿。要领是在垂直式坐姿的基础上，两膝打开，但不能超过肩宽，脚尖朝向正前方，两手自然放于大腿上，如图3-25所示。

图3-21　曲直式　　　图3-22　曲直式　　　图3-23　伸式坐姿　图3-24　后曲式坐姿　图3-25　分膝式
　　　　坐姿1　　　　　　　　坐姿2　　　　　　　　　　　　　　　　　　　　　　　　　　　　坐姿

3. 坐姿的注意事项

①头正目平。仰头靠在座背上、低头注视地面、左顾右盼、摇头晃脑，均不可取。

②上身直立。不要出现上身前倾、后仰、歪向一侧的现象。

③手臂放置适当。手臂放松置于腿上或者两侧扶手上，双手减少不必要的动作。

④ 腿部和脚部放置得当。男性双腿不可以分开过大，女性的双腿始终并拢，膝盖保持夹紧的姿态。

3.3.3 行姿

行姿，是指一个人在行走之时所采取的具体姿势。它是以站姿为基础，处于动态之中的体态，体现了人类的运动之美和精神风貌。

行姿礼仪

1. 行姿标准

标准的行姿，上身要保持站立的标准姿态，两眼平视，挺胸收腹，腰背笔直，下颌微收。两臂以身体为中心，前后自然摆动，前摆约 35°，后摆约 15°，掌心朝向体内，脚尖向正前方迈出，跨步均匀，两脚之间相距一只脚到一只半脚，沿直线前进。起步时身体稍向前倾，身体重心落于前脚掌，行走中身体的重心要随着移动的脚步不断向前过渡，而不要让重心停留在后脚，并注意在前脚着地和后脚离地时伸直膝部。

行走时，上体的稳定与下肢的运动形成和谐对比，动作干净利落，鲜明均匀。男士两步之间的距离要大于自己的脚长，适宜步速为每分钟 108 ~ 110 步，且要刚健有力、豪迈稳重、有阳刚之气；女士穿裙装时两步之间距离要小于自己的脚长，适宜步速为每分钟 118 ~ 120 步，力求轻盈自如、含蓄飘逸、有窈窕之美，如图 3-26、图 3-27 所示。

图 3-26　男士行姿　　　　　　图 3-27　女士行姿

在日常生活中行姿应步伐稳健、步履自然，避免身体前俯后仰、左冲右突、抢道先行、步子太大或太小、双手反背于身后、外八字步或内八字步、制造噪声等，这些都会给人一种不雅观的感觉。

2. 行姿种类

（1）前行式行姿

前行式行姿是常用的行姿，如果行进中与人打招呼，可同时伴随头部和上身的转动，只转动头部或用眼睛斜视都是不礼貌的。

（2）后退式行姿

当与他人告别时，特别是与长者告别时，扭头就走是不礼貌的。应该采用后退式行姿，先后退两三步，再转身离去。后退时步幅要小，两腿之间距离不能太大，不能用脚掌去摩擦地面，并应先转身再转头。

（3）侧行式行姿

当引导他人前行或在狭窄的走廊、楼道与他人相遇时，要采用侧行式行姿。引导时，要走在来宾的左侧，身体稍向右转，左肩稍前，身体朝向来宾，保持两步左右的距离。

3. 行姿的注意事项

① 姿态。行姿应注意体势语的潜台词。如行色匆匆的人会给人紧张感，乃至慌乱的感觉。这些姿态会给他人在无意之中透露出来行为人的某种状态，因此需要时刻注意。

② 与他人配合。在行姿中需要注意同他人的配合及给他人带来的感受。例如，在对客人进行指引的时候，请客人开始行进时应面向客人，稍许欠身等。

3.3.4 蹲姿

蹲姿是人的身体在低处拾取物品、整理物品时所呈现的身体的姿势与体态。俗话说"蹲要雅"，蹲姿是静态美和动态美的结合。

蹲姿礼仪

1. 蹲姿标准

在站立的基础上右脚后撤一小步，慢慢下蹲，左脚全脚掌着地，大腿靠紧，腰腹收紧。下蹲时要直腰，起立时也要先直起腰部，使头、上身和腰在同一条直线上，再稳稳站起。蹲姿讲究方位：如要捡拾物品，可走到物品的左侧；如面前有他人，要侧身相向；当整理鞋袜时可面朝前方。

2. 蹲姿种类

（1）高低式蹲姿

高低式蹲姿是常用的蹲姿。要领是在标准站立姿态的基础上，右脚后撤一小步，大腿靠紧向下蹲，左小腿垂直于地面，全脚掌着地，右脚前脚掌着地，脚跟提起。右膝要低于左膝，右腿可靠于左腿内侧，臀部向下。男士两腿之间可有适当的距离，如图 3-28、图 3-29 所示。

图 3-28　高低式蹲姿 1　　　　　　图 3-29　高低式蹲姿 2

（2）单膝点地式蹲姿

单膝点地式蹲姿是男士采用的一种蹲姿，其特征是两腿一蹲一跪。要领是在高低式蹲姿的基础上，右膝点地，臀部坐在右脚跟上，如图 3-30 所示。

（3）交叉式蹲姿

交叉式蹲姿优美典雅，适用于女士，特征是两腿交叉在一起。要领是下蹲后，左脚在上、在前，右脚在下、在后；左小腿垂直于地面，全脚掌着地，右脚跟抬起，前脚掌着地；两腿靠紧，合力支撑身体；上身略向前倾，臀部向下，如图 3-31 所示。

图 3-30　单膝点地式蹲姿　　　　　　　图 3-31　交叉式蹲姿

3. 蹲姿的注意事项

① 不可突然下蹲。在下蹲的时候速度不能过快，尤其是在行进时。

② 注意与周围的人保持距离。与周围的人保持距离，一方面注意不要给他人造成不便，另一方面也要避免撞到他人，或发生其他误会。

③ 注意方位。在他人身边下蹲时，最好与他人侧身相向，正面或者背面朝向他人都不符合礼仪规范。

④ 不要毫无遮掩。在大庭广众下蹲时，要注意避免走光，尤其是女性。

⑤ 不要蹲在高处。在公共场合不得蹲在座椅等公共设施上面，也要避免他人仰视时而出现的走光现象。

3.4 举止

日常举止是优美仪态的重要组成部分，它体现在日常生活的方方面面和点点滴滴，行为文明、动作规范是良好素养的表现，能给人以信赖和尊重。反之，不良举止和不受欢迎的坏习惯应该努力戒除。

下面列举了日常生活中经常遇到的 10 种不受欢迎的行为习惯，大家一定要注意。

1. 不当使用手机

手机是现代人日常生活中不可缺少的通信工具，如何通过使用这些现代化的通信工具来展示现代文明，是生活中不可忽视的问题。如果事务繁忙，不得不将手机带到社交场合，那么你至少要做到以下几点：将铃声降低，以免惊动他人；铃响时，找安静、人少的地方接听，并控制自己说话的音量；如果在车里、餐桌上、会议室、电梯中等地方通话，尽量使你的谈话简短，以免干扰别人；在手机响起的时候，如果有同行者在旁，你必须道歉说："对不起，请原谅"。然后走到一个不会影响他人的地方，通话完毕再入座；如果有些场合不方便通话，就告诉来电者稍后你会回电话，不要勉强接听而影响别人。

2. 随地吐痰

吐痰是最容易直接传播细菌的途径，随地吐痰是非常没有礼貌而且影响环境、影响我们身体健康的行为。如果你要吐痰，应把痰吐在纸巾里，丢进垃圾箱，或去洗手间吐痰，但不要忘了清理痰迹和洗手。

3. 随手扔垃圾

随手扔垃圾是应当受到谴责的最不文明的举止之一。随手扔垃圾不仅涉及环境卫生问题，更是人们道德素质的反映。在乱扔垃圾的同时，也丢下了一连串不文明的音符。要知道，顺手捡起的是一片纸，纯洁的是自己的精神；有意擦去的一块污渍，净化的是自己的灵魂。

4. 当众嚼口香糖

有些人必须通过嚼口香糖以保持口腔卫生，那但嚼口香糖这时应当注意自己的形象。咀嚼的时候闭上嘴，不能发出声音。嚼过的口香糖应用纸包起来，扔到垃圾箱。

5. 当众挖鼻孔或掏耳朵

有些人习惯用小指、钥匙、牙签、发夹等当众挖鼻孔或者掏耳朵，这是一个很不好的习惯。尤其是在餐厅或茶楼，别人正在进餐或饮茶时，这种不雅的小动作往往令旁观者感到非常恶心。

6. 当众挠头皮

有些头皮屑多的人，往往在公众场合忍不住头皮发痒而挠起头皮来，顿时头皮屑飞扬四散，令旁人大感不快。特别是在一些庄重的场合，这种行为是非常不雅观的是很难得到别人谅解的。

7. 在公共场合抖腿

有些人坐着时，双腿会有意无意地不停抖动，或者让跷起的腿像钟摆似地来回晃动，本人会自我感觉良好或者以为无伤大雅，其实这种行为会令人心神不宁，感觉很不舒服。这是不文明的表现，也是不优雅的行为。

8. 当众打哈欠

在交际场合，打哈欠给对方的感觉是你对他不感兴趣，甚至很不耐烦了。因此，如果你控制不住要打哈欠，一定要马上用手捂住自己的嘴，跟着说"对不起"。

9. 频频看表

与人交谈时如果频频看表，会让对方认为你不想使谈话继续下去，这是失礼的行为。如果确有要事，不妨委婉地告诉对方改日再谈，并表示由衷的歉意。

10. 指指点点

在交谈中指指点点是不礼貌的行为，尤其是指点他人，将会给对方传达不良的信息，引起他人的反感，要特别注意避免。

3.5 重视仪态美的塑造

仪态在社交活动中有着特殊的作用。潇洒的风度、优雅的举止，常常令人赞叹不已，给人留下深刻的印象，受到人们的尊重。在与人交往中，我们可以通过一个人的仪态来判断他的品格、学识和能力及其他方面的修养。仪态美是一种综合的美、完善的美，是身体各部分器官相互协调的整体表现，同时也体现了一个人内在素质与外在表现的和谐。容貌和身材是仪态美的基础条件，但有了这些条件并不等于就是仪态美。与容貌和身材的美相比，仪态美是一种深层次的美，更富有永久的魅力。

1. 仪态是一种"无声的语言"

在日常交往中，人们能通过语言交流信息，但在说话的同时，你的面部表情、身体的姿态、手势和动作也在传递信息。对方在接受信息时，不仅是在"听其言"，而且也在"观其行"。仪态语言是一种极其丰富、极其复杂的语言。据研究者估计，世界上至少有 70 多万种可以用来表达思想意义的态势动作，这个数字远远超过当今世界上最完整的一部词典所收集的词语数量。信息的传递与反馈，从表面上看，主要是嘴、耳、眼、手的运用。事实上，表情、姿态等所起的作用，却远远超过自然语言交流本身。仪态是一种广泛、实用的语言，往往比有声语言更富有魅力，可以达到"此处无声胜有声"的效果。

2. 仪态是内在素质的真实表露

仪态在表情达意方面也许不像有声语言那么明确和完善，但它在表露人的性格、气质、态度、心理活动方面却更真实可靠。一个人所说的话可能是真实的，也可能是虚假的，语言可以言不由衷，而人的仪态却总是真实的。也许你嘴上在说着欢迎客人到来的话语，可你的表情、手势、动作却流露出了你的厌倦、无奈，这才是你真实的态度。在社会交往中，仪态还是一种无形的"名片"，也许你没有随身带着档案、介绍信，但人们却可以通过你的一举一动、一笑一颦，判断出你的身份、地位、学识和能力，并因此影响对你信任的程度、交往的深度等。只有那些受过良好教育并且在各方面都很出色的人，才可能举止得体、风度优雅。相比之下，穿着时髦、浓妆艳抹、矫揉造作、刻意表现出来的那种美就肤浅得多。

3. 仪态的习惯性

仪态是人们在成长和交往过程中逐步形成的，因而具有习惯性的特点。首先，仪态的习惯性是指人们对某一动作理解的习惯性。它一方面表现在某些动作表情达意的一致性，比如人们总是用笑容来表现欢乐、友好、喜欢等感情；另一方面也表现在同一动作由于地域和文化环境的不同而具有不同的含义。例如，点头在中国表示肯定，而在印度、土耳其等国却表示否定。其次，仪态的习惯性是指每个人的仪态都是在成长过程和生活环境中长期形成的，这种习惯性并不都是先天的，也可以通过后天的生活和训练形成，一旦形成，就很难改变。人们的仪容美会随着时间的流逝而失色，而仪态美却能够随着年龄的增长而增添几分成熟、稳重和深刻。

总之，仪态美是一种更完善、更深刻的美，它不是可以通过外表的修饰、打扮得到的，也不是单纯的动作、表情的模仿可以体现的。它有赖于内在素质的提高、自身修养的加强，有赖于性格、意志的陶冶和能力、学识的充实，仪态美更有赖于长期的训练和坚持，是长期培养、磨炼的结果。

小结

本章共分为仪态礼仪的功能和特点、手势、姿态、举止、重视仪态美的塑造五个部分，手势部分重点讲述了情意性、指示性、象征性三类手势的表达方法和表示意义；姿态部分分为站姿、坐姿、行姿、蹲姿几个部分，列举了每种姿势的标准及分类；举止部分列举了10个不良举止和坏习惯。最后一部分再一次强调了仪态美的重要性及它的意义和内涵。

通过对本章内容的学习，读者可以提高自身的仪态礼仪水平，培养良好的举止，从小处做起，练习和践行美的仪态。

思考与练习

（1）常见的坐姿都有哪些？
（2）手势的原则有哪些？

活动与探索

（1）与朋友们一起练习站、坐、行、蹲的标准姿势。
（2）如何通过言行举止提升个人形象？

Chapter 04

第 4 章

服饰礼仪

服饰除了具有基本的保暖遮体的多重实用功能外，还具有美化人体、反映穿着者精神风貌和生活情趣的装饰性功能。在某些正式场合，服饰还具有反映社会分工，体现职业、地位、身份和学识等的作用。

4.1 服饰概述

服饰是人们对所穿着的服装及所佩戴的饰物的总称。

服饰是服务于穿着者的，选择服饰的第一要求是适合，在选择适合自己的服装时，要考虑服装的三要素：面料、色彩和款式。

1. 面料

面料，即制作服装的材料。面料不仅可以诠释服装的风格和特性，也会影响到服装的色彩和造型的表现效果。

服装面料的纤维可分为天然纤维、人造纤维和合成纤维三类。天然纤维指的是植物纤维和动物纤维，如棉、麻等植物纤维，蚕丝、毛等动物纤维；人造纤维又称再生纤维，如碳纤维、大豆纤维、金属纤维等；合成纤维即化学纤维，如涤纶、尼龙等都属于合成纤维。

不同纤维的特性各异，利弊兼存，可以根据需求，对不同的纤维进行混纺，这样就可以发挥各种纤维的优点，又可以避免它们的缺点，而且在价格上也可以做到相对适中。

2. 色彩

色彩是服装留给人们记忆最深的印象之一，也是服装穿着成败的关键所在。在服装三要素中，色彩给交往对象的刺激最快速、最深刻，因此色彩也被称为服装的第一可视物。在选择服装色彩时，既要考虑着装者自身的个性、爱好，又要兼顾他人的观感和所处场合。

对于服装色彩有以下两个方面需要注意。

（1）色彩的特性

从本质上讲，色彩乃是人的眼睛对物体反射的不同波长的光所产生的印象。从色彩的功能上看其具有冷暖、轻重、软硬及缩扩的特性。

（2）色彩的搭配

服装中的色彩搭配，无论是整体还是局部，都有一些基本的规律可循，以下是几种搭配方法。

- 统一法：即采用同一色系中各种明度不同的色彩，按照深浅不同的程度进行搭配，此种搭配方式较为和谐，适合各种场合着装的配色。
- 对比法：即在配色时运用冷暖、深浅、明暗两种特性相反的色彩进行组合。它可以使着装在色彩上反差强烈，突出个性。
- 呼应法：即在配色时，在某些相关的部位可以采用同一种色彩，以便使其遥相呼应，产生协调的美感。
- 点缀法：即在采用统一法配色时，为了有所变化，而在某个局部小范围内，选用其他某种不同的色彩加以点缀美化。

3. 款式

服装的款式指服装的种类、式样和造型，服装的款式不仅与着装者的性别、年龄、职业、爱好有关，而且受文化、民俗、道德、宗教和流行趋势的影响很大。社交场合对于服装款式的要求是非常严格的，尤其是政务和商务场合。

4.2 着装

古往今来，着装从来都体现着一种社会文化，体现着一个人的文化修养和审美情趣，是一个人身份、气质和内在素质的外在流露。从某种意义上来说，服饰是一门艺术，它所传达的情感与意蕴甚至是语言不能替代的。恰当的着装与服饰会给人以良好的印象，提高社交的成功率；反之则会降低身份，损害形象。

1. TPO 原则

TPO 原则，即着装要考虑到时间（Time）、地点（Place）和场合（Occasion）。

TPO 原则是有关服饰礼仪的基本原则之一。它要求人们在选择服装、考虑具体款式时，应当首先兼顾时间、地点、场合，并应力求使自己的着装及其具体款式与着装的时间、地点、场合协调一致（见图4-1）。

（a）宴会装　　　（b）工作装　　　（c）泳装　　　（d）正装

图4-1　几种场合服装示意

（1）时间

一年有春、夏、秋、冬四季的交替，一天有24小时的变化，显而易见，在不同的时间里，着装的类别、式样、造型应随之有所变化。例如，冬天要穿保暖、御寒的冬装；夏天要穿透气、吸汗、凉爽的夏装。白天穿的衣服需要面对他人，应当合身、严谨；晚上穿的睡衣不为外人所见，可适当宽大、随意等。

（2）地点

从地点上讲，室内或室外，闹市或乡村，国内或国外，单位或家中，在这些不同的地点，着装的款式理当有所不同，切不可以不变而应万变。例如，穿泳装出现在海滨、浴场，是人们司空见惯的；但若是穿着它去上班、逛街，则非令人哗然不可。在西方国家，一位少女只要愿意，随时可以穿小背心、超短裙，但她若是以这身行头出现在着装保守的一些国家，就有悖当地习俗，显得有些不尊重当地人了。

（3）场合

衣着要与场合协调，着装应适应自己扮演的社会角色。与顾客会谈、参加正式会议等，衣着应庄重考究；听音乐会或看芭蕾舞，则应按惯例着正装；出席正式宴会时，女士一般应穿中国的传统旗袍或西方的长裙晚礼服；而在朋友聚会、郊游等场合，着装应轻便舒适。另外着装还要考虑目的性，比如为了表达自己悲伤的心情，可以穿深色、灰色的衣服等。一个人身着款式庄重的服装前去应聘求职、洽谈生意，说明他郑重其事、渴望成功。而在这类场合，若选择款式暴露、性感的服装，则表示其自视甚高，对求职、生意的重视，远远不及对其本人的重视。

2.　整洁性原则

整洁性原则是指服装应整齐干净，这是着装搭配最根本的原则。一个穿着整洁的人总能给人积极向上的感觉，总是受欢迎的，而一个穿着褴褛肮脏的人给人的感觉则总是消极颓废。在社交场合，人们往往通过衣着是否整洁大方来判断来人对交往是否重视，是否文明、有涵养等。整洁性原则并不意味着穿着高档时髦，只要保持服饰干净合体、整齐有致即可。

3. 个性化原则

个性化原则是指社交场合树立个人形象的要求（图4-2）。大家都希望自己能以一个独立的人被社会接纳与承认。要使打扮富有个性，应注意两个问题。

第一，不要盲目赶时髦，最时髦的往往是最没有生命力的。

图4-2　着装搭配的个性原则

第二，穿出自己的个性。

俗话说："世间没有两片完全相同的叶子""一样米养百样人"，不同的人由于年龄、性格、职业、文化素养等的不同，自然就会有不同的气质，所以选择服饰时要符合个人气质。因此，必须深入了解自我，让服装尽显自己的个性风采，盲目追求时髦必然会失去自我。服饰的个性原则，归根结底也是一个美的原则，服饰搭配技巧的生命力就在于它能扬长避短。

4. 和谐性原则

所谓和谐原则是指协调得体的原则，和谐性原则有两层含义。

一是指着装应与自身体型相和谐。

二是指着装应与自身年龄相符合。

不同的体型着装应有所区别。对于高大的人来说，在服装选择与搭配上，切忌穿太短的上装，款式不能太复杂，适宜穿横条或格子上装。服装色彩宜选择深色、单色，太亮、太淡、太花的色彩有一种扩张感，就显得更高大了。而对于身材矮小的人而言，上衣不能太长、太宽，裤子不能太短，裤腿不能太大，裤子宜盖着鞋面为好，服装色彩宜稍淡、明快柔和些，上、下色彩一致可造成修长的感觉。服装款式宜简洁，忌穿横条纹的服装。

对较胖的人而言，穿衣就要尽量让自己显得瘦一些，不能穿太紧身的衣服，以宽松随意些为好，衣领以低矮的"V"形领为最佳，不能用太夸张的腰带，这样容易显出粗大的腰围。在颜色上以冷色调为好，过于强烈的色调容易显胖。忌穿横条纹、大格子或大花的衣服。对于偏瘦的人而言，要尽量穿得丰满些。不要穿太紧身的服饰，服装色彩尽量明亮柔和些，太深太暗的色彩反而更显瘦弱。可选穿一些横条、方格、大花图案的服饰，以达到丰满的视觉效果。

由于年龄的差异，从服装款式到色彩均有讲究。一般而言，年轻人可以穿得鲜亮、活泼、随意一些，而中年人相对应穿得庄重严谨一些。但随着时代的发展，人们着装的观念发生了许多变化，一个很明显的变化就是：年轻人穿得素雅，中老年人穿得相对花哨。老年人希望通过服装来掩盖岁月的痕迹，年轻人试图通过服饰来强化自己的成熟。青春自有自己独特的魅力，而中老年人自然也有深沉的成熟美，服饰的选择唯有适应这种美的呼应，方能创造出和谐与神韵。

4.3 公务场合着装规范

所谓正装，是指适用于严肃场合的正式服装，是正式场合的装束，而非娱乐和居家环境的装束，如西服、中山装、民族服饰等，如图 4-3 所示。

图 4-3　正装

男士的正装穿着十分讲究。在西方国家，正装包括西装、燕尾礼服；在中国，正装则以西装为主，立领的中山装也属于正装范畴。最常见的男士正装，是我们常常在白领们身上看到的"衬衫 + 西服 + 领带 + 西裤 + 皮鞋"。实际上，在夏天只穿着衬衫和西裤也是正装的体现。女士正装以女士套裙和女士西装为主。正装是社交场合的重要穿着，不仅表现出个人的品位和气质，而且是自尊与尊重对方、体现自身修养，特别是礼仪修养的充分展现。

阅读材料

男士正装的 7 个原则

1. 三色原则

三色原则是在国外经典商务礼仪规范中被强调的，国内著名的礼仪专家也多次强调过这一原则，简单说来，三色原则就是男士身上的色系不应超过 3 种（很接近的色彩视为同一种）。

2. 三一定律

即鞋子、腰带、公文包三者保持同一个颜色，以黑色为最佳。

3. 三大禁忌

左袖商标要拆掉；不能穿尼龙袜，不能穿白色袜；领带质地选择真丝和毛的，除非制服配套，否则不用一拉得，颜色一般采用深色，穿夹克不能打领带。

4. 有领原则

有领原则说的是正装必须是有领的，无领的服装，如 T 恤衫、运动衫一类不能成为正装。男士正装中的领子通常要求为有领衬衫。

5. 纽扣原则

绝大部分情况下，正装应当是纽扣式的服装，拉链服装通常不能成为正装，即使某些比较庄重的夹克实际上也不能成为正装。

6. 皮带原则

男士的长裤必须是系皮带的，带松紧带或系带的运动裤不能成为正装，牛仔裤自然也不算。西裤如果不系腰带就能很合身，那也只能说明这条西裤腰围适合你。

7. 皮鞋原则

正装离不开皮鞋，运动鞋和布鞋、拖鞋是不能成为正装的。最为经典的正装皮鞋是系带式的，不过随着潮流的改变，方便实用的无带皮鞋也逐渐成为主流。

4.3.1 男士西装

西装又称"西服""洋装"。西装是一种"舶来文化"，在中国，人们多把有翻领和驳头（驳头指与西服领子连在一起，里襟上部向外翻折的部位）、3 个衣兜、衣长在臀围线以下的上衣称作"西服"，这显然是中国人对于来自西方的服装的称谓。广义的西装指西式服装，是相对于"中式服装"而言的欧系服装。狭义的西装指西式上装或西式套装。西装通常是公司企业从业

公务场合的男士着装

人员、政府机关从业人员在较为正式的场合男士着装的一个首选。西装之所以长盛不衰，很重要的原因是它拥有深厚的文化内涵，主流的西装文化常常被人们打上"有文化、有教养、有绅士风度、有权威感"的标签。

西装一直是男性服装王国的宠儿，"西装革履"常用来形容文质彬彬的绅士俊男。西装的主要特点是外观挺阔、线条流畅，若配上领带或领结后，则显得更高雅典朴。另外，在日益开放的现代社会，西装作为一种衣着款式也进入到女性服装的行列，体现出女性和男士一样独立、自信。下面主要介绍男士西装的有关搭配。

1. 西装的分类

（1）按穿着者分类

按穿着者的性别和年龄，西装可分为男西装、女西装和儿童西装 3 类。

（2）按场合分类

按穿着场合可以分为礼服和便服两种。

（3）按件数分类

按西装的件数来划分，西装可分为单件西装、两件套西装、三件套西装。西服套装指

的是上衣与裤子成套，其面料、色彩、款式一致，风格相互呼应。通常，西服套装有两件套与三件套之分。两件套包括一衣和一裤，三件套则包括一衣、一裤和一马甲。按照人们的传统看法，三件套西装比两件套西装显得更正规一些。商界男士在正式的商务交往中所穿的西装，必须是西服套装，在参与高层次的商务活动时，以穿三件套的西服套装为佳。便装、单件西装，即一件与裤子不配套的西装上衣，仅适用于非正式场合。

（4）按纽扣分类

按西装上衣的纽扣排列来划分，分单排扣西装上衣与双排扣西装上衣，如图4-4所示。

（a）单排扣   （b）双排扣

图4-4　按纽扣分类

单排扣的西装上衣，最常见的有一粒纽扣、两粒纽扣、三粒纽扣3种。一粒纽扣、三粒纽扣单排扣西装上衣穿起来较时髦，而两粒纽扣的单排扣西装上衣则显得更为正式一些。

双排扣的西装上衣，最常见的有两粒纽扣、四粒纽扣、六粒纽扣3种。两粒纽扣、六粒纽扣的双排扣西装上衣属于流行款式，而四粒纽扣的双排扣西装上衣则明显具有传统风格。男子常穿的双排扣西装是六粒扣、枪驳领、方角下摆款。

至于西服后片开衩分为单开衩、双开衩和不开衩，单排扣西服可以选择三者其一，而双排扣西服则只能选择双开衩或不开衩。

（5）按版型分类

所谓版型，指的是西装的外观轮廓。严格地讲，西装有四大基本版型（见图4-5）。

第一种版型，欧版西装。欧版西装实际上是在欧洲大陆，如意大利、法国流行的一种西装。总体来讲，它们都叫欧版西装。最重要的代表品牌有杰尼亚、阿玛尼、费雷。欧版西装的基本轮廓是倒梯形，实际上就是肩宽收腰，这和欧洲男性比较高大魁梧的身材相吻合。

第二种版型，英版西装。它是欧版西装的一个变种。它是单排扣，但是领子比较狭长，英版西装一般以三个扣子的居多，其基本轮廓也是倒梯形。

第三种版型，美版西装。它是指美国版的西装。美国版西装的基本轮廓特点是"O"形。它宽松肥大，适合于休闲场合穿。所以美版西装往往以单件者居多，一般都属休闲风格。

美国人一般着装的基本特点可以用"宽衣大裤"4个字来概括，强调舒适、随意是美国人的特点。

第四种版型，日版西装。日版西装的基本轮廓是"H"形的。它适合亚洲男人的身材，没有宽肩，也没有细腰。一般而言，它多是单排扣式，衣后不开衩。

（a）欧版西装　　　（b）英版西装　　　（c）美版西装　　　（d）日版西装

图 4-5　按版型分类

2. 西装的穿着要求

（1）合身

穿着西装最重要的原则就是"合身"。在合身的前提下，综合脸型、身高和肩宽的比例，选一套适合自己体型的服装，是穿着西装的第一要求。

（2）平顺

西装要求平顺的线条，因此只要是在平顺之外凸出的部分，都是破坏西装外形的元凶，最常见的情况就是口袋里放置过多的物品。就整套西装来说，包括裤子的口袋在内，所有设计在外部的口袋都只是一种装饰，真正能够放置物品的只有上装的前胸暗袋。因此，一套新西装的口袋封口线，其实并没有拆除的必要。有些人常会在西装上衣外部口袋插钢笔或放置其他东西，其实这是很不礼貌的。

（3）纽扣扣好

穿双排扣的西装一般应将纽扣都扣上。穿单排扣的西装，如是两粒扣的只扣上面的一粒，三粒扣的则扣中间的一粒。在一些非正式场合，也可以不扣纽扣。

（4）插花眼不可乱用

西装的驳领上通常有一只扣眼，这叫插花眼，是参加婚礼、葬礼或出席盛大宴会、典礼时用来插鲜花用的。在中国，人们一般无此习惯。

3. 西装与衬衫

穿西装时，衬衫袖应比西装袖长出 1 ~ 2 厘米，衬衫领应高出西装领 1 厘米左右。衬衫袖口的纽扣一定要扣上，下摆必须扎进裤内。若不系领带，衬衫的领口应敞开。在正式交际场合，衬衫的颜色最好是白色的。一般男士必备一件白色衬衫和一件蓝色衬衫。

在衬衫的选择上，有几个重要的细节。例如，可以打领带的衬衫应该具有硬领与有足够打领结的领台空间。一般来说，适合打领带的衬衫都比较正式，同时在领子上自领缘向内约 0.5 厘米的位置处缉有白色的缝线，如果这个间距小，那就是偏向休闲款式的衬衫。另外不能选择短袖衬衣搭配西装，一般来说，西装里面应该搭配长袖衬衫。

4. 西装与领带

（1）搭配

领带是西装的灵魂（见图 4-6）。凡是参加正式交际活动的，穿西装就应系领带。领带长度以到皮带扣处为宜。如穿马甲或毛衣时，领带应放在它们里面。领带夹一般夹在衬衫的第四、第五个纽扣之间。

图 4-6　领带

在领带的选择上，应首先把注意力集中在领带与西服上衣的搭配上。从比较讲究的观点看，上衣的颜色应该成为领带的基础色。通常，衬衫的颜色应该与领带上的次要颜色中的一种相配。领带的花纹或图案也应以保守沉稳为宜，如斜纹、小圆点、小方块或规则重复的小图案等，都是不错的选择。无论同色系或是对比色彩的搭配，只要掌握领带具有画龙点睛效果的原则，整体造型就能十分突出，品位也就能立即展现。

（2）领带的打法

领带的打法，随着时代进步不断翻新和增多，这里介绍 10 种常用的打法。

① 平结。平结为最多男士选用的领结打法之一，几乎适用于各种材质的领带。要诀：领结下方所形成的凹洞需让两边均匀且对称（见图 4-7）。

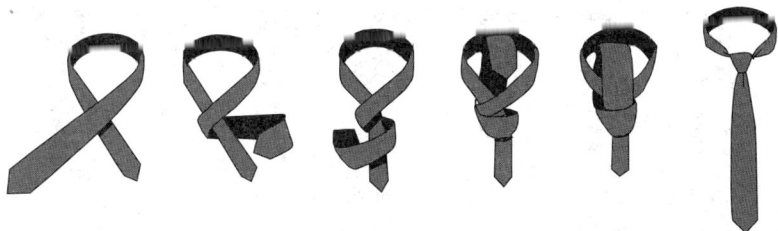

图 4-7　平结

② 交叉结。这是单色素雅材质且较薄领带适合选用的打结方法，喜欢展现流行感的男士不妨多加使用（见图 4-8）。

图 4-8 交叉结

③ 双环结。一条质地细致的领带再搭配上双环结颇能营造时尚感，适合年轻的上班族选用。该领结的特色就是第一圈会稍露出于第二圈之外，不要刻意盖住（见图 4-9）。

图 4-9 双环结

④ 温莎结。温莎结适合于宽领型的衬衫，该领结应多往横向发展，应避免使用材质过厚的领带，领结也勿打得过大（见图 4-10）。

图 4-10 温莎结

⑤ 双交叉结。这样的领结很容易让人有种高雅且隆重的感觉，适合正式活动场合选用。该领结多运用在素色的丝质领带上，若搭配大翻领的衬衫不但适合且有种尊贵感（见图 4-11）。

图 4-11 双交叉结

⑥ 亚伯特王子结。亚伯特王子结适用于浪漫扣领及尖领系列衬衫，搭配质地柔软的细款领带。正确打法是在宽边先预留较长的空间，并在绕第二圈时尽量贴合在一起，即可完成这一完

美结型（见图4-12）。

图4-12 亚伯特王子结

⑦ 四手结。四手结（单结）是所有领结中最容易上手的，适用于各种款式的浪漫系列衬衫及领带（见图4-13）。

图4-13 四手结

⑧ 浪漫结。浪漫结是一种完美的结型，适用于各种浪漫系列的领口及衬衫。完成后可将领结下方的宽边缩小，窄边可左右移动调整位置，使其更显和谐美（见图4-14）。

图4-14 浪漫结

⑨ 简式结。简式结（马车夫结）是最常见的一种结型，适用于质地较厚的领带，适宜配合标准式及扣式领口的衬衫。打领带时，将领带的宽边由上往下翻转，并将折叠处隐藏在后面，待完成后再调整领带长度（见图4-15）。

图4-15 简式结

⑩ 十字结。十字结（半温莎结）结型十分优雅及罕见，其打法亦较复杂，使用细款领带较容易上手，最适合搭配在浪漫的尖领及标准式领口系列衬衣上（见图4-16）。

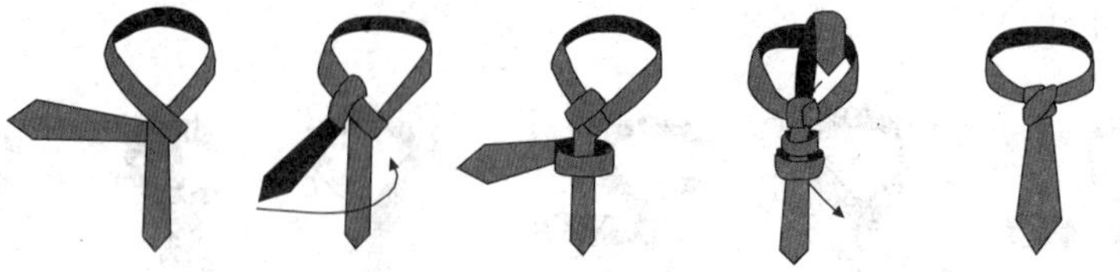

图 4-16　十字结

5. 西装与鞋袜

　　穿西装时不宜穿布鞋、凉鞋或旅游鞋。庄重的西装要配深褐色或黑色的皮鞋。袜子的颜色应比西装深一些，花色要尽可能朴素大方。

4.3.2 女士西装

　　女士西装有上衣和长裤相配的套装，也有上衣和裙子搭配的套装。女士西装的式样也较多，领型有青果领、V字领、披肩领等；款式有单排扣、双排扣；衣长可长至大腿，也可短至腰部；图案和拼接也有多种变化（见图 4-17）。

　　在社交场合，无论是西服套装还是套裙都应简洁大方，给人以精明干练的感觉，并且要搭配正装鞋，颜色和款式都以简单为好。套裙应大小适度，裙子长度一般要达膝部，但最长不应超过小腿中部。要注意长筒袜颜色的搭配，还要注意不要穿钩丝、破洞的袜子，不要把袜口露在裙外。另外要注意自身的举止和姿态，在行走或蹲坐时应轻缓。

公务场合的女士着装

1. 女士的着装规范

　　① 三个三原则：实际上是由三个小原则组成，分别是三色原则、三一定律和三件原则。其中三色原则和三一定律在男士着装中已有提及，在此不再赘述。三件原则指的是女性职业装的饰品搭配不能多，一两件是精巧的点缀和装饰，三件以上就会显得庸俗不堪。

图 4-17　女士套装

　　② 职业套装的选择：女士的职业装多为端庄大方的套装，款式不应过于烦琐、华丽，颜色应内敛、温和、不张扬。

　　③ 衬衫的选择：女性套装的衬衫颜色选择可以是多种多样的，可以是纯色的，也可以是花色的，只要与套装相匹配即可。

　　④ 内衣与衬裙：在穿西服套装时要注意内衣的选择既要确保合身，使身体线条流畅，又要注意内衣的颜色和款式不要在外衣上留有痕迹。在穿西服套裙的时候一定要穿衬裙，不要使里面的内衣透出来，衬裙颜色最好选择白色、肉色或者与套装颜色相近的颜色。

　　⑤ 鞋的选择：传统的船鞋是最畅销的职业用鞋，船鞋穿着舒适，美观大方，建议鞋跟高度在 3 ~ 4 厘米为宜。正式场合要注意鞋子的选择，鞋的颜色应与衣服的下摆一致或者再深一些，不要穿颜色艳丽的鞋子。

2. 着装注意事项

　　① 服饰要端庄整洁，不可太薄、太露。

　　② 不要戴太夸张、太张扬的饰品。

　　③ 口袋中只放薄的物品，如名片或者单条手帕。

　　④ 指甲要精心修整，造型不能太怪，长度不能过长，颜色不要太过于个性化。

　　⑤ 衣裤不能太短或者太紧，表面不能有过于明显的内衣痕迹。

　　⑥ 鞋面洁净，款式大方简洁，以中跟为好。

3. 社交场合和休闲场合中的着装规范

　　公务场合和社交场合是正式场合，着装应较为正式、考究。休闲场合为非正式的场合，穿着上比较随意，注重舒适。社交场合是指工作之余和同事、商务伙伴友好地进行交往应酬的场合。社交场合着装要求典雅、时尚、个性，可以穿着礼服、时装和民族服装等。对于女性而言，参加正式的社交场合所穿着的服装一般为日礼服和晚礼服。

4.4 配饰礼仪

　　一般将帽子、围巾、腰带、眼镜、手袋、阳伞、发饰及挂件等统称为饰物。随着时代的进步和生活水平的提高，这些饰物越来越多地出现在日常生活中，以靓丽的色彩和新颖的款式装点着我们的生活。饰品佩戴是服饰礼仪的重要组成部分。饰品不仅具有美化的功能，同时还能传播一定的信息，具有一定的象征意义。

4.4.1 饰物的佩戴原则

1. 简洁

　　饰物佩戴的一个基本原则就是少而精，主题突出，忌讳把全部家当都佩戴在身上。选择饰物要做到恰到好处，画龙点睛，最好能够锦上添花，而也不能画蛇添足，过犹不及。比如同时戴 3 个以上的戒指，不仅不会带来美感，反而会给人以杂乱无章的感觉。

2. 与所在场合相配

　　女士赴宴或参加舞会等，可以佩戴一些较大的胸针，以期达到华丽富贵之效；而平日上班或在家休闲时，可以佩戴一些小巧精致、淡雅的胸针、项链、耳环等，不宜佩戴过于华丽的饰物。需强调的是，面试时最好不要佩戴饰物。

3. 与服装相协调

饰物佩戴应与服饰相配。一般领口较低的服饰必须配项链，而竖领上装可以不戴项链。项链色彩最好与衣服颜色相协调。穿运动服或工作服时可以不戴项链和耳环。

4. 与个人

饰物要与佩戴者的体型、年龄相适合。比如脖子粗短者，不宜戴多串式项链，而应戴长项链。宽脸、圆脸和戴眼镜的女士，少戴或不戴大耳环和圆形耳环。年轻女士可以戴一些夸张的无多大价值的工艺饰品；相反，年纪较大的妇女则应戴一些较贵重且比较精致的饰物，这样会显得庄重、高雅。

5. 色彩搭配适宜

佩戴饰物时，应力求同色，若同时佩戴两件或两件以上饰品，应使色彩一致或与主色调一致，比如选择同色系的手袋、鞋子和腰带，千万不要把自己打扮得色彩斑斓，像棵"圣诞树"。

6. 与季节相配

饰物佩戴还应考虑四季有别的原则。夏季以佩戴色彩鲜艳的工艺仿制品为好，可以体现夏日的浪漫；冬季则以佩戴金、银、珍珠等饰品为好，可以显得庄重、典雅。

4.4.2 饰物类别

1. 戒指

在西方，戒指是无声的语言。一般来说，戒指戴在左手手指上各有不同含义：戴在食指上表示未婚或求婚；中指上表示正处于热恋中；无名指上表示已订婚或结婚；小指上则表示独身；大拇指上一般不戴戒指。右手戴戒指是一种装饰，没有特别的含义。

2. 项链

项链是最早出现的首饰之一。佩戴项链必须讲究款式对路，尺寸适度，这样才可以突出佩戴者的气质与个性，减少或弥补一个人脸型或颈脖的某些不足，创造出人意料的装饰效果。对于一般女性来说，短项链可使脸型在视觉上变宽、脖子变粗，因而方型脸、脖子较短的女性适宜佩戴稍长些的项链，搭配领口大一点、低一点的上衣，使项链充分显露出来，这样可以使人看起来脸型较瘦、脖子较长，从而增加美感。

3. 耳环

耳环又称耳坠，可以由金属、塑胶、玻璃、宝石等物料制成。有些是圈状的，有些是垂吊式的，有些是颗粒状的。佩戴耳环要特别注意与脸型的搭配，避免与脸型相同的形状。

4. 手镯

佩戴手镯时对个数没有严格限制，可以戴一只，也可以戴两只、三只，甚至更多。如果只戴一只，应戴在左手而不是右手上；如果戴两只，则可以左右手各戴一只，或都戴在左手上；如果戴三只，就应都戴在左手上，不可以一手戴一只，另一手戴两只。戴三只以上手镯的情况比较少见，即使要戴也应都戴在左手上。不过在此应当指出，这种不平衡应通过与所穿服装的搭配来求得和谐，否则会因标新立异而破坏了手镯的装饰美。如果戴手镯又戴戒指，则应当考虑两者在式样、质料、颜色等方面的协调与统一。

5. 手袋

手袋是我们日常生活中最熟悉、最常用的饰物。作为整体的一个重要部分，手袋的选择和花色都得花一番心思。手袋的选择应与场合、年龄、身材、身份相符合。身材高大的女士，不宜用太小的包；身材娇小的女性，包不宜过大；公文包适用于女性管理人员、办事人员等，年轻女子手持公文包式手袋显得比较干练；手提式手袋适用于中老年人，显得沉稳端庄；斜肩背包则适用于青春活泼的女孩或学生。另外，选择手袋要考虑到衣服的颜色，最好与其他佩饰颜色一致或协调。

6. 帽子

帽子有遮阳、装饰、增温和防护等作用，种类很多，选择也有讲究。首先要根据脸型选择合适的帽子。圆脸戴圆顶帽，就显得脸型大、帽子小，而戴宽大的鸭舌帽就比较合适。尖脸的人戴了鸭舌帽就显得脸部上大下小，更显瘦削，因此戴圆顶帽比较合适。国字脸的人戴所有的帽子都比较合适。其次要根据自己的身材来选择帽子。高个子的人帽子宜大不宜小，否则会给人头轻脚重的感觉。身矮的人则相反。个子高的女性不宜戴高筒帽，否则给人的感觉是"又"长高了。个子矮的女性不宜戴平顶宽檐帽，会显得个子更矮。另外，帽子的形式和颜色等必须和衣服、围巾、手套及鞋子等配套，才不会显得杂乱无章。

7. 围巾

围巾不仅具有保暖功能，更具有装饰美化的效果。佩戴围巾时应注意与其他服饰相协调。男士一般在冬季室外佩戴围巾，面料多为纯毛、人造毛织物等。而女士佩戴围巾的时间和场合则宽泛很多，春夏天佩戴真丝、绸丝巾或是纯棉围巾，冬季佩戴毛、棉围巾和披肩。现在围巾的变化更多了，人们还将长围巾或是丝巾绑在头发或是腰间当装饰物，起到画龙点睛的作用（见图4-18）。

8. 眼镜

眼镜既是保护眼睛的工具，又是一种美容装饰品。不同脸型的人选择佩戴适合的眼镜可改善脸部线条，给人以对称、平和的感觉，增强美感。另外，选择佩戴墨镜时，不仅要考虑其颜色、款式、质地，还要考虑自己的脸型

图4-18 饰物佩戴

和肤色等，尤其是它们的整体效果。需要注意的是：室内活动不要戴墨镜，室外礼仪性的活动也不应戴墨镜。

9. 腰带

如今，腰带已经成为一种时尚，特别是男士，几乎每一个男士都要在裤子上系一根腰带。腰带的作用已经延展到了实用性之外，其时尚搭配，甚至点缀的意义正日益凸显。腰带的颜色、款式、粗细不仅要与整体服装和饰物相协调，更要与佩戴的人相协调。比如矮胖的人不宜戴宽腰带，正式场合不宜戴嬉皮风格腰带等。

案例分析

搭车

国外心理学家曾做过这样一个实验：分别让一位戴眼镜、手持文件夹的青年，一位打扮入时的漂亮女郎，一位拎着菜篮子、满脸疲惫的中年妇女，一位身着笔挺漂亮军服的军官，一位留着怪异头发、穿着邋遢的男青年分别站在马路边搭车。结果是：漂亮女郎、军官、青年学者的搭车成功率高，中年妇女次之，搭车最困难的就是那位男青年。

分析：一个人的外表和形象在社会交往中起着怎样的作用？

小结

本章围绕不同服饰的着装原则和在不同场合中的着装基本要求展开讲述，重点讲述了公务场合的服饰礼仪，帮助读者对公务场合的礼仪有一个深刻而全面的认识。

思考与练习

（1）怎样理解着装的基本原则？
（2）饰物佩戴的原则有哪些？

活动与探索

（1）浅谈服饰礼仪在日常工作和生活中的重要性。
（2）动手试一试领带的打法。

Chapter 05

第 5 章

交往礼仪

本章介绍交往礼仪的概念及交往礼仪的内容，其中交往礼仪的内容将着重介绍握手、介绍、名片及称谓等内容。

名言警句

生活里最重要的是礼貌，它比最高的智慧，比一切学识都重要。

——【俄】赫尔岑

5.1 交往礼仪概述

5.1.1 交往礼仪的含义

交往礼仪，有时也被泛称为社交礼仪，是人们在社会交往的过程中外在表现的行为规则和形式的总称。交往礼仪是在长期的社会生活中，在风俗习惯基础上形成的，是人们共同遵守的行为规则。

5.1.2 交往礼仪的基本作用

交往礼仪有以下三个方面的作用。

① 塑造形象的作用。

② 沟通信息的作用。

③ 联络感情、增进友谊的作用。

5.1.3 交往礼仪应遵循的原则

1. 尊重的原则

尊重是礼仪的情感基础。只有尊重才能使双方融洽地相处、交流。尊重是体现礼仪最直接的表现，也是处理人际关系一项最重要的原则。

2. 真诚的原则

真诚是对人对事的一种实事求是的态度，是待人真心真意的友善表现。

3. 平等适度原则

在社会交往中不要自以为是、我行我素，更不要以貌取人、目中无人，而应该谦虚、平等待人。

4. 自信自律原则

自信是一份很可贵的品质，只有拥有充分的信心，才能在人际交往中不卑不亢、落落大方。

5. 信用原则

孔子说："民无信不立，与朋友交，言而有信。"言而有信，是做人的基本原则，即与人交往时要做到守时守约，做到言必信、行必果。

6. 宽容原则

宽容是一种高贵的品质，也是一种非凡的气度，宽指的是宽待，容即相容。我国历来重视和提倡宽容的道德原则，并将这一原则视为为人处世的基本美德。

5.2 介绍

介绍礼仪

人要生存、发展，就需要与他人进行必要的沟通，以寻求理解、帮助和支持。介绍是人际交往中与他人进行沟通、增进了解、建立联系的一种最基本、最常规的方式，是人与人进行相互沟通的出发点。

5.2.1 自我介绍

自我介绍就是在必要的社交场合，把自己介绍给其他人，以使对方认识自己的过程。恰当的自我介绍不但能增进他人对自己的了解，扩大自己的交际范围，广交朋友，而且有助于自我宣传、自我展示，在交往中减少麻烦、消除误会，有时还可创造出意料之外的机会。

1. 自我介绍的形式

（1）应酬式

这种自我介绍最为简洁，往往只包括姓名一项即可。适用于某些公共场合和一般性的社交场合，如聚会、宴会、通电话等，对象主要是一般接触的交往人。

"你好，我叫张涛。"

"你好，我是王波。"

（2）工作式

适用于工作场合，包括本人姓名、供职单位及部门、职务或从事的具体工作等。有职务最好报出职务，职务较低或者无职务，则可报出目前所从事的具体工作。

"你好，我叫张涛，是东方广告公司的企划经理。"

"我叫王波，我在希望外语学校教英语。"

（3）交流式

交流式自我介绍也叫社交式自我介绍或沟通式自我介绍，适用于社交活动，是一种刻意寻求与交流对象进一步交流与沟通，希望对方认识自己、了解自己、与自己建立联系的自我介绍。内容大体包括介绍者的姓名、工作、籍贯、学历、兴趣及与交往对象的某些熟人的关系。

"你好，我叫张涛，我在东方广告公司工作。我是王波的高中同学。"

"我叫李立，是王波的同事，也在希望外语学校教英语。"

（4）礼仪式

礼仪式的自我介绍适用于讲座、报告、演出、庆典、仪式等一些正规而隆重的场合（见图5-1）。这是一种表示对交往对象友好、敬意的自我介绍。内容包括姓名、单位、职务等，同时还应多加入一些适当的谦辞、敬语，以示对交往对象的尊敬与尊重。

图 5-1　自我介绍

"女士们、先生们，大家好！我叫张涛，是东方广告公司的企划经理。我代表本公司热烈欢迎各位来宾莅临指导，谢谢大家的支持！"

（5）问答式

问答式自我介绍是针对对方提出的问题，做出自己的回答。适用于应试、应聘和公务交往，应做到有问必答，问什么就答什么。

"先生，您好！请问您怎么称呼？（请问您贵姓？）"

"先生，您好！我叫张涛。"

主考官问："请介绍一下你的基本情况。"

应聘者："各位好！我叫王波，现年26岁，山东青岛人，汉族……"

阅读材料

自我介绍的场景

（1）求职应聘。

（2）求学考试。

（3）在社交场合，与不相识者共处一室时。

（4）在社交场合，寻求与兴趣相同者交往时。

（5）在社交场合，与陌生人初次见面时。

（6）在公共聚会上，朋友介绍其交际圈时。

（7）在公共聚会上，打算加入陌生交际圈时。

（8）交往对象忘记自己身份，或担心这种情况可能出现时。

（9）有求于人，但对方不太了解自己或一无所知时。

（10）拜访熟人遇到不相识者挡驾，或是对方不在，而需要请不相识者代为转告时。

（11）工作需要，前往陌生单位联系业务时。

（12）在出差、旅行途中与他人不期而遇，并且有必要与之建立临时接触时。

（13）因业务需要，在公共场合进行业务推广时。

（14）初次利用大众传媒，如杂志、报纸、广播、标语传单等，向社会公众进行自我推荐、自我宣传时。

2. 自我介绍的技巧

（1）把握时机

要抓住时机，在适当的场合进行自我介绍，最好选择在对方有兴趣、有空闲、情绪好、干扰少、有要求之时，这样就不会打扰对方。如果对方兴趣不高、工作很忙、干扰较大、心情不好、没有要求、休息用餐或正忙于其他交际之时，则不太适合进行自我介绍。

（2）掌握时间

进行自我介绍一定要力求简洁，言简意赅，尽可能地节省时间。通常以半分钟左右为佳，如无特殊情况最好不要长于 1 分钟。话说得多，不仅显得啰唆，而且交往对象未必记得住。

为了提高效率，在作自我介绍时，可利用名片、介绍信等资料加以辅助。

（3）讲究态度

自我介绍时应真挚诚恳、落落大方、彬彬有礼。镇定自信、大方流畅的自我介绍，能给人以好感；相反，如果畏怯和紧张，结结巴巴，目光不定，面红耳赤，手忙脚乱，则彼此间的沟通便有了阻隔。进行自我介绍时所表达的各项内容，一定要实事求是，真实可信。过分谦虚，一味贬低自己去讨好别人，或者自吹自擂、夸大其词，都是不可取的。另外语气要自然，语速要正常，语音要清晰，生硬冷漠的语气、过快过慢的语速，或者含糊不清的语音，都会严重影响自我介绍者的形象。

> **重要提示**
>
> 自我介绍时应先向对方点头致意，得到回应后再向对方介绍自己。

5.2.2 为他人介绍

为他人介绍是第三者为彼此不相识的双方引见的介绍方式。在一般情况下，为他人介绍都是双向的，即第三者对被介绍的双方都作一番介绍。有些情况下，也可只将被介绍者中的一方介绍给另一方，例如，将甲介绍给乙，但前提是甲已知道、了解乙的身份，而乙不了解甲。

1. 介绍者

为他人作介绍的介绍者，通常是社交活动中的东道主，家庭聚会中的主人，公务交往中的礼仪专职人员，或正式活动中地位、身份较高者。如熟悉被介绍的双方，又应一方或双方的要求，也可充当介绍人。

2. 尊重双方意愿

为他人作介绍，要先了解双方是否有结识的愿望，做法要慎重自然，不要贸然行事。最好先征求双方的意见，以免为原来就相识者或关系不好者作介绍。

3. 内容

介绍时，根据实际需要的不同，介绍内容也应有所不同，一般只介绍双方的姓名、单位、职务，有时为了推荐一方给另一方，介绍时可以说明被推荐方与自己的关系，或强调其才能、成果，便于新结识的人相互了解与信任。

4. 语言

介绍具体的人时，要用敬辞。如"张先生，请允许我向您介绍一下，这位是王先生。"同时，应该礼貌地用手示意，而不要用手指进行指点。

5. 被介绍者

作为被介绍者，应当表现出结识对方的热情，目视对方，除女士和年长者外，被介绍时一般应起立，但在宴会桌上和会谈桌上只需微笑点头有所表示即可。

6. 介绍的顺序

介绍的顺序其实就是把谁介绍给谁的问题。为了体现对长者、女士、身份高的人的敬重，所以一般的顺序是向长者、女士、身份高的人介绍给对方，因为总是应该由年轻者、男士和身份低者主动去认识对方。但在不同的场合，介绍的顺序又略有不同。

（1）长者优先

一般社交场合都应遵循长者优先的原则（图5-2）。

"宋教授，请允许我向您介绍一下，这位是希望外语学校的王老师。"

图 5-2 将年轻人介绍给长者

（2）女士优先

女士优先是一般社交场合遵循的另外一个原则。在西方先将男士介绍给女士通常不会错。

"刘小姐，请允许我介绍一下，这位是东方广告公司的张经理。"

（3）职位高者优先

在工作场合则以职位高者优先，也就是应将职位低的介绍给职位高的。在工作场合，长者与女士一般不具有优先权。

"张经理，请允许我介绍一下，这位是飞驰电脑公司的小刘。"

（4）先到者优先

如果被介绍的两人有先到后到之分，那么遵循先者为大的原则，先到者具有优先权，也就是应把晚到者介绍给早到者。

（5）他人优先

如果被介绍的一方是你的家人，那么通常应把你的家人介绍给别人，也就是说亲人在介绍中通常不具有优先权，以此向他人表示尊重。这一原则也可以进一步推广到朋友和熟人之间，通常把关系较近的介绍给关系较疏远的人。

5.3 握手

握手是人们交往过程中最为常见、使用范围十分广泛的见面礼，是一个使用最频繁的传达情意的形式，可以表示欢迎、友好、祝贺、感谢、敬重、道歉、慰问、惜别等各种感情。运用好握手礼仪，对于我们的社交活动和商务交往有着重要的意义。

握手礼仪

阅读材料

握手礼的由来

说法一：战争期间，骑士们除两只眼睛外，全身都包裹在盔甲中，随时准备发起攻击。如果表示友好，就会互相走近并脱去右手的甲胄，伸出右手，表示没有武器，互相握手言好。后来，这种友好的表示方式逐渐流传到民间，演变成了今天的握手礼。现代社会握手礼的礼仪也要求不戴手套，以示对对方尊重。

说法二：远古时代，以狩猎为生的人们，遇到素不相识的人时，会扔掉手中的狩猎工具、摊开手掌向对方表示友好。随后渐渐演变，武士们为了表示友谊，会互相摸一下对方的手掌，表示手中没有武器，不再互相争斗。随着时间的推移，逐渐形成了现在的握手礼。

说法三：原始人居住在山洞，打仗时以棍棒为武器。后来他们为了消除敌意，结为朋友，见面时先扔掉手中的棍棒，然后再挥挥手，经过演变，变成了现在的握手礼。

5.3.1 握手的场合

在当今社会交往中，握手的场合非常多，握手所表达的含义也非常丰富。

1. 介绍认识

当双方被介绍认识时，通常用握手礼来互相致意（见图5-3）。

2. 重逢

熟人朋友在好久不见重逢时，通常会一边握手一边问候。

3. 迎接、告别

在比较正式的场合与认识的人道别，或作为主人，迎接或送别来访者时。

4. 祝贺、感谢、慰问

当需要向对方表示祝贺、感谢和慰问时，也可以用握手来致意。有些特殊场合，当双方交谈中出现了令人满意的共同点时；别人给予你一定的支持、鼓励或帮助时；对别人表示理解、支持、肯定时；向别人赠送礼品或颁发奖品时；得知别人患病、失恋、失业或遭受其他挫折时也可使用握手礼。

5. 道歉、和解

表达对对方的歉意，当双方的谈判和争论达成统一或和解时（见图5-4）；双方原先的矛盾出现了某种良好的转机或彻底和解时，习惯上也以握手为礼。

图5-3　介绍认识时握手

图5-4　谈判中的握手

5.3.2 握手的顺序

在握手时，双方握手的先后顺序很有讲究。一般情况下，讲究的是"尊者居前"，即通常应由握手双方之中身份较高者首先伸出手来，反之则是失礼的。

1. 女士与男士

女士同男士握手时，应由女士首先伸手；如女方无握手之意，男方可点头或鞠躬致意；如果男方为长者，应以长者为先。

2. 长辈与晚辈

长辈与晚辈之间，长辈伸手后，晚辈才能伸手相握。

3. 上级与下级

上级与下级之间应是上级先伸手，上级伸手后，下级才能伸手相握。

4. 主人与客人

宾主之间的握手则较为特殊。正确的做法是客人抵达时，由主人首先伸手，以示欢迎之意；客人告辞时，则应由客人首先伸手，以示主人可就此留步。如果这一次序颠倒，则很容易让人产生误解。

应当强调的是，在社交和商务场合，当别人不按先后顺序的惯例已经伸出手时，你应毫不迟疑地立即回握，因为拒绝他人的握手是不礼貌的。有时当你主动伸出手与对方相握时，对方却没有注意到，此时最好的办法是自然微笑着收回自己的手，不必在意，任何人都会碰到这种情况。

> **重要提示**
>
> 在正规场合，当一个人有必要与多人一一握手时，既可以由"尊"而"卑"地依次进行，也可以由近而远地逐渐进行。

5.3.3 握手的礼仪

作为一种常规礼节，握手的礼仪颇有讲究。恰当的握手，既可以向对方表现自己的真诚与自信，同时也是接受别人和赢得信任的契机。

1. 神态

与他人握手时，神态应当专注、认真、友好。在正常情况下，握手时应目视对方双眼，面带微笑，上身稍向前倾，头微低，并且同时问候对方。

2. 姿势

与人握手时，一般均应起身站立，迎向对方，在距其约1步，略向前下方伸出右手，四指自然并拢并微微向内弯曲，拇指与之分开，握住对方的右手手掌，稍许上下晃动一两下，并且令其垂直于地面（见图5-5）。

3. 力度

握手的时候，以手指稍用力握对方手掌，

握手时，大拇指与食指之间的"蹼"要碰到对方的"蹼"

手指要弯曲，碰到对方手掌的底部

图5-5　握手的姿势

用力既不可过轻，也不可过重。若用力过轻，有怠慢对方之嫌；不看对象而用力过重，则会使对方难以接受而产生反感。男性与女性握手时，只需轻轻地握一下女性的四指即可。异性握手一般不用双手。

4. 时间

握手时相握时间的长短可因人、因地、因情而异，握得太长会使人感到局促不安，太短则表达不出应有的情感，有敷衍之嫌。初次见面时握手以 3 秒钟左右为宜。多人相聚，不宜只与某一人长时间握手，以免冷落其他人并引起误会。

> **！ 重要提示**
>
> 久别重逢的朋友、熟人握手力度可大一些，时间长一些，还可以同时伸出左手去握住对方右手的手背，两手做紧握状。

阅 读 材 料

握手所传达的态度

握手不仅是传情达意、联络沟通的手段，而且从握手的姿势中可以反映双方的性格特点和心态。美国著名盲人女作家海伦•凯勒说："我接触过的手，虽然无言，却极有表现性。有的人握手能拒人千里，我握着他们冷冰冰的指尖，就像和凛冽的北风握手一样。而有些人的手却充满阳光，他们握住你的手，使你感到温暖。"虽然握手的姿势千差万别，但可归纳为支配型、顺从型、平等型 3 种基本态度。其中，平等型表达的是："我喜欢你，我们可以相处得很好。"而支配型的人握手时，支配欲和垄断欲很强，认为自己高人一等，会将手掌心向下行握手礼。顺从型的人恰好与此相反，他们握手时手心朝上，此类人处事比较温顺、谦和、平易近人，敬仰对方，也容易被他人支配而改变自己的观点。

5.3.4 握手的禁忌

在正式场合与他人握手时，如果疏忽一些禁忌，会造成不必要的误会和麻烦，应当尽量避免。

1. 用左手

握手宜用右手，以左手握手被普遍认为是失礼之举。尤其是在和阿拉伯人、印度人打交道时要牢记，因为在他们看来左手是不洁的。

2. 戴手套

握手前务必要脱下手套。只有女士在社交场合戴着薄纱手套与人握手，才是被允许的。在握手时另外一只手不要插在衣袋里或拿着东西。

3. 戴墨镜

在握手时一定要提前摘下墨镜，不然就有防人之嫌。

4. 用双手

用双手与人相握，只有在熟人之间才适用。与初识之人握手，尤其当对方是一位异性时，两手紧握对方的一只手是不妥当的。

5. 手脏

在一般情况下，用以与人相握的手理应干干净净。以脏手、病手与人相握，都是不合适的。在任何情况下拒绝对方主动要求握手的举动都是无礼的。但手上有水或不干净时，应谢绝握手，同时必须解释并致歉。

6. 交叉握手

多人相见时，不要交叉握手，也就是当两人握手时，第三者不要把胳膊从上面架过去，急着和人握手。

7. 疏远

不要在握手时仅仅握住对方的手指尖，面无表情，目光游离，好像有意与对方保持距离。

8. 过分热情

不要在握手时把对方的手拉过来、推过去，或者上下左右抖个没完。不要长篇大论、点头哈腰，过分客套。

案例分析

握手的细节

小李大学毕业应聘到一家物流公司工作。一段时间下来，小李虽然很努力，但是工作效果不理想，一位客户也没谈成。一天，经理将小李叫到了办公室，说客户对小李提出了投诉，原因是态度不好。

小李吓了一跳，一边矢口否认，一边觉得很委屈。原来打从工作那天开始，每次小李与客户握手时，只是象征性地轻轻握一下，并且在握手时眼睛还看着其他地方——就是这个细节让客户很不开心，因为在客户看来，这样握手说明对方对自己很不重视，或者很有意见。生意自然也就谈不拢了。

分析：小李在握手中有哪些错误的做法？

5.4 名片

名片是日常生活中人们用来表明自己身份的卡片，一般写有姓名、工作

名片礼仪

单位、职位、联系方式等，多用于工作场合，是现代人使用最频繁、最广泛也是最方便的社会交往工具。

5.4.1 名片的分类

现代社会名片的使用相当普遍，分类也比较多，没有统一的标准。名片的分类有多种，常见的主要有按用途、按质料和印刷方式、按排版方式分类等（见图 5-6）。

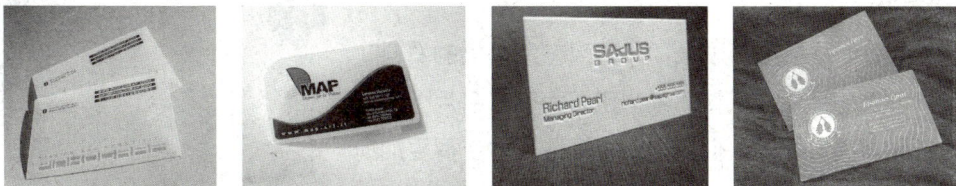

图 5-6 各式各样的名片

按名片用途分类也就是按名片的使用目的来分类。人们的交往方式有两种，一种是朋友间交往，一种是工作间交往，工作间交往有一种是商业性的，另一种是非商业性的，由此成为名片分类的依据，即名片主要分为商业名片、公用名片和个人名片。

1. 商业名片

为公司或企业进行业务活动中使用的名片，其使用大多以营利为目的。商业名片的主要特点为：名片常使用标志、注册商标，印有企业业务范围，大公司有统一的名片印刷格式，使用较高档纸张，名片没有私人家庭信息，主要用于商业活动。

2. 公用名片

为政府或社会团体在对外交往中所使用的名片，其使用以营利为目的。公用名片的主要特点为：名片常使用标志，部分印有对外服务范围，没有统一的名片印刷格式，名片印刷力求简单实用，注重个人头衔和职称，名片内没有私人家庭信息，主要用于对外交往与服务。

3. 个人名片

朋友间交流感情，主要结识新朋友时所使用的名片。个人名片的主要特点为：名片不使用标志，名片设计个性化，可自由发挥，常印有个人照片、爱好、头衔和职业，名片纸张的使用根据个人喜好而定，名片中含有私人家庭信息，主要用于朋友交往。

5.4.2 名片的用途

对现代人而言，名片是一种物有所值的实用型交际工具，是公务、交友的小助手。在人际交往中，名片的用途主要有以下几类。

1. 自我介绍

初次会见他人，以名片作辅助性自我介绍，效果最好。它不但可以说明自己的身份，强化效果，使对方难以忘怀，而且还可以节省时间，避免啰唆，（见图 5-7）。

2. 结交朋友

没有必要每逢遇见陌生人，便上前递上自己的名片。换言之，主动把名片递给别人，便意味着对对方的友好、信任和希望深交之意。也就是说，巧用名片，可以为结交朋友"铺路架桥"。

3. 维持联系

名片犹如"袖珍通讯录"，利用它所提供的资料，即可与名片的提供者保持联系。正因为有了名片上所提供的各种联络方式，人们的"常来常往"才变得更加现实和方便。

图 5-7　自我介绍

4. 业务介绍

公务式名片上列有归属单位等内容，因此利用名片亦可为本人及所在单位进行业务宣传，扩大交际面，争取潜在的合作伙伴。

5. 通知变更

利用名片，可以及时地向老朋友通报本人的最新情况。如晋升职务、乔迁新居、变换单位、电话改号之后，可以用印有变更内容的新名片向老朋友打招呼，以使彼此联系畅通无阻，使对方对自己的有关情况了解得更加充分。

6. 拜会他人

初次前往他人居所或工作单位进行拜访时，可将本人名片交由对方的门卫、秘书或家人，转交给被拜访者，以便对方确认"来者何人"，并决定见与不见。这种做法比较正规，可避免冒昧造访。

7. 简短留言

拜访他人不遇，或者需要请人转达某件事情时，可在名片上写下几行字，或一字不写，然后将它留下，或托人转交。这样做，会使对方"如闻其声，如见其人"，不至于误事。

8. 用作短信

在名片的左下角，以铅笔写下几行字或短语，寄交或转交他人，如同一封长信一样正式。若内容较多，也可写在名片背面。在国外，流行以法文缩略语写在名片左下角，是一种慰问、鼓励、感谢、祝贺他人的做法。

- n.b. 意即"提请注意"。
- p.f. 意即"祝贺"。
- p.r. 意即"感谢"。
- p.c. 意即"谨唁"。

- p.p. 意即"介绍"。
- p.p.c. 意即"辞行"。
- p.f.n.a. 意即"贺年"。

9. 用作礼单

向他人赠送礼品时，可将本人名片放入其中，或先装入一个不封口的信封中，再将该信封固定于礼品外包装的上方。后者是说明"此乃何人所赠"的标准做法。

10. 替人介绍

介绍某人去见另外一人时，可用回形针将本人名片（居上）与被介绍人名片（居下）固定在一起，必要时还可在本人名片左下角写上意即"介绍"的法文缩写"p.p."，然后将其装入信封，再交予被介绍人。这是一封非常正规的介绍信，是会受到高度重视的。

5.4.3 名片的交换

1. 携带名片

（1）足量适用

携带的名片要数量充足，确保够用。交换名片时如果恰好名片用完，可用干净的纸代替，在上面写下个人资料。

（2）完好无损

名片要保持干净整洁，切不可出现折皱、肮脏、污损、涂改的情况。

（3）放置妥当

名片应统一置于名片夹、公文包或上衣口袋之内，在办公室时还可放于名片架或办公桌内（见图5-8）。放置名片的位置要固定，以免需要名片时东找西寻，显得毫无准备。切不可随便放在钱包、裤袋之内，也不要把自己的名片和他人的名片或其他杂物混在一起，以免用时手忙脚乱或拿错名片。

图 5-8 名片放置

2. 递送名片

（1）意愿

名片要在交往双方均有结识对方并欲建立联系意愿的前提下发送。这种愿望往往会通过"幸会""很高兴认识你"等谦虚用语以及表情、体姿等非语言符号体现出来。如果双方或一方并没有这种愿望，则无须发送名片，否则会有故意炫耀、强加于人之嫌。

（2）时机

递送名片要掌握适宜时机，只有在确有必要时，才会使名片发挥功效。一般应选择初识之际或者分别之时，不宜过早或过迟。如果自己即将发表意见，则在说话之前发名片给周围的人，可帮助他人更好地认识你。

不要在会议、用餐之时递送名片，也不要在大庭广众之下向多位陌生人递送名片。对于陌生人或巧遇的人，不要在谈话中过早递送名片。因为这种热情一方面会打扰别人，另一方面也有推销自己之嫌。

（3）动作

递送名片要用双手或右手，上体前倾15°左右，用双手拇指和食指执名片两角，让文字正面朝向对方，递交时要目光注视对方，微笑致意，可顺带一句"请多多关照""欢迎前来拜访"等礼节性用语（见图5-9）。递送名片的整个过程应当谦逊有礼、郑重大方。

（4）顺序

双方交换名片时，应当首先由位低者向位高者发送名片，再由后者回复前者。但在多人之间递交名片时，不宜以职务高低决定发送顺序，切勿跳跃式进行发送，甚至遗漏其中某些人。最佳方法是由近而远、按顺时针或逆时针方向依次发送。

3. 接收名片

（1）动作

接收名片时要立刻起身或欠身，面带微笑，用双手的拇指和食指接住名片的下方两角，口称"谢谢"或"十分荣幸"。名片接到手中后，应从头至尾认真看一遍，遇有显示对方荣耀的职务、头衔不妨轻读出声，以示尊重和敬佩。若对方名片上的内容有所不明，可当场请教对方（见图5-10）。

图5-9　递送名片

图5-10　接收名片

（2）放置

接到对方的名片后，如果接下来与对方谈话，不要将名片收起来，而应放在桌子上，并保证不被其他东西压起来，使对方感觉到你对他的重视。

接到他人名片后，切勿将其随意乱丢乱放、乱揉乱折，而应将其谨慎地置于名片夹、公文包、办公桌或上衣口袋之内，且应与本人名片区别放置。

> **！重要提示**
>
> 接收了他人的名片后，一般应当即刻回送自己的名片给对方。没有名片，名片用完或者忘带名片时，应向对方做出合理解释并致以歉意，切莫毫无反应。

4. 索要名片

（1）互换法

互换法即以名片换名片。在主动递上自己的名片后，对方按常理会回送给自己一张他的名片。如果担心对方不回送，可在递上名片时明言此意："能否有幸与您交换一下名片？"

（2）暗示法

暗示法即用含蓄的语言暗示对方。例如，向尊长索要名片时可说："请问今后如何向您请教？"向平辈或晚辈表达此意时可说："请问今后怎样与你联络？"

> **！重要提示**
>
> 他人索要名片，不宜拒绝。如确有必要这么做，则需注意分寸，在措辞上一定注意不要伤害对方，可以说"对不起，名片刚用完"，或者"不好意思，我忘记带名片了"。

5.4.4 名片的管理

要认真对待收到的名片，对名片进行有效管理，充分发挥其使用价值。

1. 记录

当与他人在不同场合交换名片时，注意记忆与对方会面的日期、场所、天气、见面地点、谈话主题，以及对方生日、所在单位等信息。交际活动结束后，应回忆刚刚认识的重要人物，记住他的姓名、所在单位、职务等，如有必要可在名片的背面写下备注。第二天或两三天后，主动打个电话或发个电邮，向对方表示结识很高兴，或者适当地赞美对方的某个方面，或者回忆你们愉快的聚会细节，让对方加深对你的印象和了解。

2. 分类

名片可按自己的习惯分类，以方便翻阅和查找。如按地域分类，如省份、城市等；按人际资源的性质分类，如同学、客户、专家等；还可以按业务内容、交往范围、姓氏笔画或是行业等分类。

3. 整理

将名片放置在名片夹里。养成经常翻看名片的习惯，在节日、对方生日等特殊时刻，给对方打一个问候的电话，发一个祝福的短信等，让对方感觉到你的存在和对他的关心与尊重。

定期对名片进行清理，依照重要性、使用频率、互动性等因素，将它们分成 3 组：第一组是要长期保留的；第二组是不太确定，可以暂时保留的；第三组是确定不要的，可做销毁处理。

5.5 称谓

人际交往，礼貌为先。与人交谈，称呼在前。称呼虽只是一个人的符号，却代表着一个人的地位和尊严。在人际交往中，选择正确、恰当的称呼，反映着自身的教养和对对方尊敬的程度，甚至还体现着双方关系发展所达到的程度。正确、恰当地运用称呼，还可以使双方的交往更融洽，沟通更顺利，情感更亲近。

5.5.1 称谓的分类

选择称谓要合乎常规，要照顾被称呼者的个人习惯，入乡随俗。在不同场合，人们彼此之间的称谓有其特殊性，例如，生活中的称谓亲切、自然、准确、合理；工作中的称谓庄重、正式、规范。

1. 亲属称谓

自古以来，我国在使用亲属称谓时就十分重视和讲究。生活中的亲属称谓如图 5-11 所示。

2. 社会称谓

（1）职务称呼

以交往对象的职务相称，以示身份有别、敬意有加，这是一种最常见的称呼方式。有 3 种情况：称职务、在职务前加上姓氏、在职务前加上姓名，如李院长、郭经理。

（2）职称称呼

对于具有职称者，尤其是具有高级、中级职称者，在工作中直接以其职称相称。称职称时可以只称职称、在职称前加上姓氏、在职称前加上姓名，如唐教授、孙研究员。

（3）行业称呼

在工作中，有时可按行业进行称呼。对于从事某些特定行业的人，可直接称呼对方的职业，如老师、医生、会计、律师等，也可以在职业前加上姓氏、姓名，如张大夫、韩老师。

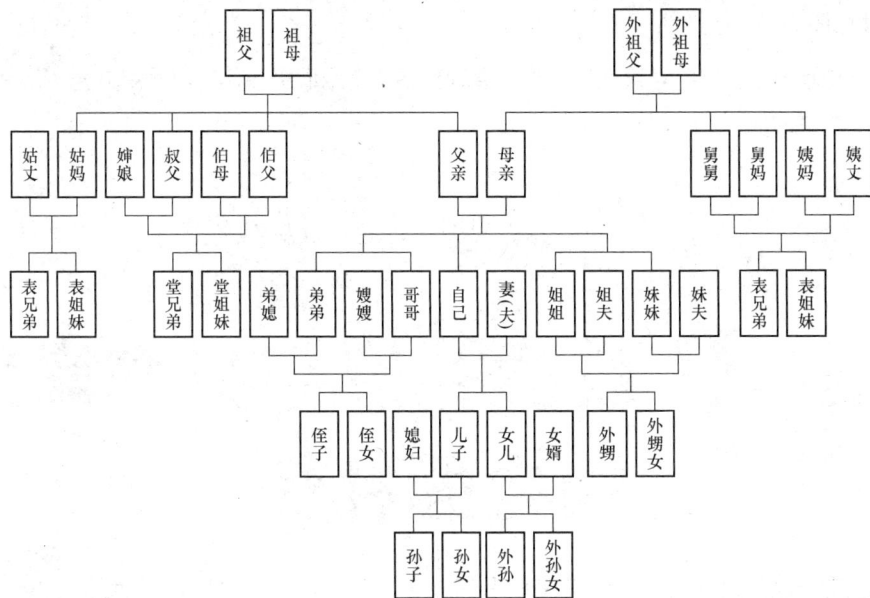

图 5-11　常用亲属称谓

（4）性别称呼

对于从事商业、服务性行业的人，一般约定俗成地按性别的不同分别称呼"小姐""女士"或"先生"，"小姐"是称未婚女性，"女士"是称已婚女性。

（5）姓名称呼

在工作岗位上称呼姓名，一般限于同事、熟人之间，有三种情况：可以直呼其名；只呼其姓，要在姓前加上"老、大、小"等前缀；只称其名，不呼其姓，通常限于同性之间，尤其是上司称呼下级、长辈称呼晚辈，在亲友、同学、邻里之间，也可使用这种称呼。

5.5.2 称谓的注意事项

1. 注意顺序

如果是在众人交谈的场合，要注意称呼的顺序。一般是先长后幼，先上后下，先女后男，先疏后亲。

2. 区别对象

"师傅""同志"是我国常用的礼貌称呼，但如果不注意使用对象就会适得其反。如在学校里称老师为"师傅"，称呼外国友人为"同志"，都会让人啼笑皆非。

3. 文化差异

有些称呼，因其地域、文化不同而有所差异，如山东人喜欢称呼"伙计"，但南方人认为"伙计"肯定是"打工仔"。我国称年长者为"老"，是对长者的尊重，但是西方国家却忌讳别人称自己"老"。中国人把配偶经常称为"爱人"，但在英文里，"爱人"是"情人""第三者"的意思，容易被人误解。

4. 错误称谓

误读或是误会，都会导致称谓错误。直呼其名、使用低级庸俗的称号、外号，都是错误、不礼貌、不可取的。

5.6 致意礼仪与其他常见的会面礼仪

致意是一种常见的礼节，通常是相识的人之间在各种场合打招呼和示意的方式，表达对对方的尊敬、问候、关注等。

致意礼仪与其他常见的会面礼仪

5.6.1 致意的方式

致意的方式是多种多样的，如举手、点头、微笑、欠身和脱帽等。往往在同一时间可以使用两种或两种以上的致意方式。

1. 起立致意

在较正式的场合，有长者、尊者要到来或者离去时，在场者应起立以致意。

2. 点头致意

点头致意也称颔首礼，适用于在一些公众场合与熟人相遇又不便交谈时、在同一场合多次见面时、路遇熟人时等情况。

3. 举手致意

举手致意适合的场合与点头致意适合的场合大体相同，并且是对距离较远的熟人一种打招呼的形式。正确的做法是：右臂向前方伸直，右手掌心朝向对方，四指并拢，拇指叉开，轻轻向左右摆动一两下即可。

4. 欠身致意

欠身致意是指身体上部分微微一躬，同时点头，是一种恭敬的致意礼节，多使用于对长辈或自己尊敬的人致意。运用这种致意方式时，身子不要过于弯曲。

5. 脱帽致意

在戴帽子进入他人居室、路遇熟人、与人交谈、行其他见面礼、进入娱乐场所、升降国旗、演奏国歌等情况下，应行使脱帽、点头致意礼。

6. 抱拳致意

这是一种中国式的致意方式，多用于男性之间，适应于相见时打招呼或者告辞时表示再见，但有时需要拜托对方为自己做事，也常用到抱拳礼。

7. 鞠躬致意

源于中国，现今作为日常见面礼已不多见，多使用在服务行业，但鞠躬礼盛行于日本、韩国等国家，是那里的常礼。

5.6.2 几种常见的会面礼仪

1. 注目礼

注目礼的具体做法是起身立正，抬头挺胸，双手自然下垂或贴放于身体两侧，笑容庄重严肃，双目正视被行礼对象，或随之缓缓移动。

2. 合十礼

亦称合掌礼，双手十指相合为礼，属佛教礼节。在世界范围如泰国、印度及东南亚一些信奉佛教的国家与地区通用。我国的傣族聚居区也通用合十礼。

3. 拥抱礼

拥抱礼流行于一些欧美国家，多用于官方会见场合，同时也是熟人、朋友之间表达亲密感情的一种礼节。见面或告别时互相拥抱，表示亲密无间。

除以上提及的几种常见的会面礼仪外，还有拱手礼、亲吻礼等在某些场合也经常使用。

小 结

本章重点介绍了交往礼仪的含义、基本职能、遵循的原则等知识，对交往礼仪中的介绍礼仪、握手礼仪、名片礼仪、称谓礼仪等做了详尽的讲述。掌握这些知识会帮助你在以后的社交活动中越来越受人欢迎。

思考与练习

（1）为他人介绍的顺序是怎样的？
（2）社会称谓有哪些？

活动与探索

（1）假设你是某高校的教授，要主持某学术会议论坛，请设计一份自我介绍。
（2）以 3～5 人为一个小组，一起练习握手与交换名片的礼仪。

Chapter 06

第6章

语言沟通礼仪

本章介绍倾听、说话、演讲及谈判的技巧，使读者掌握语言礼仪规范，做到谈吐文明、礼貌，沟通顺畅、和谐。

在人与人的交际之中，时时处处存在着语言沟通。语言沟通是交流和表达思想情感的重要途径，掌握良好的语言沟通礼仪与技巧会对我们的社会交往大有裨益。

名言警句

"在造就一个有修养的人的教育中，有一种训练必不可少，那就是优美、高雅的谈吐。"

—— 【美】哈佛大学前校长 伊力特

6.1 倾听

国际倾听协会对"倾听"做出了如下定义：倾听是接受口头及非语言信息、确定其含义和对此做出反应的过程。听的繁体写法为"聽"，如图 6-1 所示，表达了听的几层含义："耳"表示要用耳朵；"一"和"心"表示一心一意，要专心地听；"罒"代表眼睛，意思是听的时候，要用眼睛看着对方；"王"表示尊重和恭敬，即给说话的人以王者礼遇。

聽

图 6-1 "听"的繁体

6.1.1 倾听的作用

莎士比亚说："最完美的交谈艺术不仅是一味地说，还要善于倾听他人的内在声音"。与人交谈不但要善于表达自己的意思，而且还要善于聆听对方的讲话，这是人际沟通中非常重要的环节。

1. 倾听是尊重和重视对方的表现

认真地倾听，能够传达对对方的尊重和重视，使谈话者形成愉悦的心态，舒缓其压力，产生信赖，给心灵的忧伤提供释放的空间，实现有效沟通，达到预期效果。反之，会让谈话者产生被忽视、被冷淡、被孤立甚至被抛弃的感觉。

案例分析

不该发生的悲剧

在一个圣诞节，一个美国男人为了和家人团聚兴冲冲地从异地乘飞机往家赶，一路幻想着团聚的喜悦情景。恰恰老天变脸，这架飞机在空中遭遇猛烈的暴风雨，飞机脱离航线，上下左右颠簸，随时有坠毁的可能。空姐也脸色煞白，惊恐万分地嘱咐乘客写好遗嘱放进一个特制的口袋。这时，机上所有的人都在祈祷。也就在这万分危急的时刻，飞机在驾驶员的冷静驾驶下终于平安着陆。

这个美国男人回到家后异常兴奋，不停地向妻子描述在飞机上遇到的险情，并且满屋子转着、叫着、喊着。然而，他的妻子正和孩子兴致勃勃地分享着节日的愉悦，对他经历的惊险没有丝毫兴趣。男人叫喊了一阵子，却发现没有人听他倾诉，他死里逃生的巨大喜悦与被冷落的心情形成强烈的反差。在妻子去准备蛋糕的时候，这个美国男人却爬到楼阁，用上吊这种古老方式结束了从险情中捡回的宝贵生命。

分析：案例中的男子大难不死，为何选择了自杀？倾听有着怎样的作用？

2. 倾听是了解对方、分辨事实的最佳途径

在双方交谈的沟通中，掌握信息是十分重要的。谈话是传递信息，倾听是接受信息。倾听中能捕捉信息、处理信息、反馈信息。一个好的倾听者应当善于从倾听中了解对方的意图、打算、目的、心态，了解事情的来龙去脉，掌握事实。

在人际交往中，很多人口中所道并非肺腑之言，他们的真实想法往往被隐藏起来，所以作为倾听者要保持清醒的头脑，根据自己所掌握的情况，不断进行分析、过滤，确定哪些是正确的信息，哪些是错误的信息。要注意琢磨对方话语中的微妙感情，细细咀嚼品味，以便弄清其真正意图。

3. 倾听是提高工作效率、建立良好人际关系的基础

善于倾听对方能避免因交流失误而产生的行为偏差，提高工作效率。倾听不可增进人与人之间的相互关系，避免不必要的纠纷，保持与他人的顺畅沟通，建立良好的人际关系。

6.1.2 倾听的方式

倾听可以用耳朵听，用眼睛听，用心灵听。每一种聆听的方式都会带来不同的效果。沟通学研究者认为倾听有以下 4 种方式。

1. 被动倾听

被动倾听是最普遍的一种听取他人观点的方式。在这种情况下，无论是

倾听的礼仪

非语言的表达方式还是语言表达方式，倾听者的反应都不会太强烈。被动倾听者经常表现出的行为有目光接触时面无表情，偶尔点头和回应，如"嗯""哦"，在电话中更为明显。

被动倾听者虽然在跟着讲话者的思路，但却很少给出促进谈话继续的信息。有人形容与一个被动的倾听者交谈是在"唱独角戏"，所以经常会有挫败感。在这种情况下，谈话者会经常怀疑对方是否愿意倾听或者是否理解了自己表达的信息。

2. 选择倾听

选择倾听与被动倾听同样普遍。选择倾听通常表现为想听的时候才听。对于想要听到的信息，倾听者就会非常投入、理解力很强；对于不想听到的信息，倾听者就会不理睬谈话者或者起反作用。换句话说，选择倾听者在听的整个过程中表现不一致，行为有偏差。

当一个选择倾听者听他不想听的信息时，通常表现的行为是环顾四周，流露出不感兴趣的表情，对某个问题的反应情绪高涨，随便插话，即便是以询问的方式，也会打断讲话者目前的信息表达进程。

从不理睬到情绪反抗，选择倾听者一直在沟通中有意或无意地制造障碍。他们阻碍了听众听取完整的信息，并且增加了谈话的紧张气氛。

3. 专注倾听

专注倾听是指倾听者专注于谈话者，时刻跟随谈话者思路。专注倾听的效率比起被动倾听或者选择倾听高得多。专注倾听者通过语言或非语言的方式更多地参与，更少地判断。专注倾听者通常表现出的行为有稳定的目光接触，诚恳的面部表情，点头表示理解，提供简单的鼓励信息，如"明白了""好的""是的"等，提出问题来维持谈话，提问以询问更多的细节。

事实（或者说是内容）和情感（或情绪）这两个方面加在一起构成了讲话者所传达信息的真正意思。

一个专注的听众会获取讲话者想要展示给他的信息。当信息都是事实的时候，他倾听的效果会很好。但当信息中卷入更多的个人情感时，他也会盲目相信。这就是专注倾听的缺点。专注倾听者并不能很好地获取完整意义上的全部信息。

4. 积极倾听

积极倾听是人们倾听最有力的方式，指有响应或有回应地听。积极的倾听者不但能细致接受并尊重讲话者的意愿，捕捉到事实及讲话者的情感，而且还可以尽力验证自己对谈话者信息的理解，这正是一般谈话者所希望的方式。

积极倾听者表现出来的行为包括"专注倾听"中列出的积极方面及其他几个方面：表现出耐心，反馈自己对信息的总结，用讲话者的情绪理解信息，探求讲话者严重情绪偏向的原因，提出对某个不清楚或混乱信息的质疑等。

6.1.3 倾听的艺术

倾听是一种艺术，也是一种技巧（见图6-2）。中国有句俗语："人长着一张嘴巴，两只耳朵，就是为了少说多听。"外国也有句谚语："用十秒钟的时间讲，用十分钟的时间听。"据美国俄亥俄州立大学一些学者的研究，成年人在一天时间里，有7%用于交流思想。在这7%的时间里，有30%用于讲，高达45%的时间用于听。

图6-2　倾听

1. 倾听的态度

耐心、专注、有礼的态度可以帮助倾听者掌握更多信息，提高倾听的效率和效果。

（1）耐心

日常生活的交谈，并非每句话都包含有重要的信息，也并非第一句话就是谈话者的主题和真实含义，一般情况下谈话内容可能会比较零散或混乱，观点不突出或逻辑性不强。要鼓励对方把话说完，否则，容易自以为是地去理解，也可能会断章取义，甚至曲解对方的意图，导致交流失败。

另外，他人对事物的观点和看法有可能是自己不认同，甚至是无法接受的，遇到这种情况，应试着去理解对方的心情和情绪，耐心听完，才能达到倾听的目的。

案例分析

耐心倾听

有一次，美国知名主持人林克莱特采访一名小朋友，问他说："你长大后想要做什么呀？"小朋友天真地回答："嗯，我要当飞机驾驶员！"林克莱特接着问："如果有一天，你的飞机飞到太平洋上空，所有引擎都熄火了，你会怎么办？"小朋友想了想："我会先告诉坐在飞机上的人绑好安全带，然后我挂上我的降落伞先跳出去。"

当现场的观众笑得东倒西歪时，林克莱特继续注视着这孩子，想看他是不是自作聪明的家伙。没想到，接着孩子的两行热泪夺眶而出，这才使得林克莱特发觉这孩子的悲悯之情远非笔墨所能形容。于是林克莱特问他："为什么要这么做？"小孩的回答透露出一个孩子真挚的想法："我要去拿燃料，我还要回来！我还要回来！"

分析：通过故事，真正明白倾听的艺术。反思我们自己，有没有常常中途打断对方的讲话，是不是又自以为是地进行反驳呢？

（2）专注

走神是影响倾听效果的大敌。心不在焉、注意力不集中、频频做小动作都不是专注倾听的表现，将极大地影响倾听效果，这种表现的流露还可能会让谈话者产生被轻视的感受。

美国著名企业家玛丽·凯·阿什（Mary Kay Ash）就说过一件令其刻骨铭心的事："有

一次，我同一位销售经理共进午餐并就某些事情进行商谈。然而，每当一位漂亮的女服务员经过我们的桌子旁边，那位经理总是目送她走远。我对此感到很气愤。我觉得自己受到了侮辱，心里暗想，在他看来，女服务员的两条腿比我讲的话重要得多。他并没有在听我讲话，他简直没把我放在眼里！"

（3）有礼

倾听时，应抱着虚心的态度，谦和亲切。如果对他人抱有成见，如"这个人老是爱贪小便宜"等，会直接影响对谈话者谈话内容的理解，甚至导致错误判断。有些人认为自己在某一问题上比别人懂得多，所以常常中途打断别人的讲话，急于阐述自己的观点，喜欢教育别人。这种"强势推销""好为人师"的人是不会成为好的倾听者的。

2. 倾听的礼仪

在倾听的过程中，倾听者应保持一定的礼仪，这是有涵养、有素质的表现，同时也表达了对谈话者的尊重和重视。

（1）身体前倾，表情自然

身体前倾表达了倾听者尊重和重视的态度。自然的表情可以让沟通更顺畅。反之，眉头紧锁、假笑、扬起眉头都会造成倾听障碍。

（2）保持与谈话者的视线接触，不东张西望

与谈话者视线的接触，是认真倾听的表现之一。眼睛专注于谈话者，不东张西望，有助于提高倾听的效果。

（3）注意力集中，投入情感

面无表情、无精打采，传递出的信号是不感兴趣或不愿参与谈话，这种行为会让谈话者感觉非常疲惫，像是在对着一堵墙说话。

（4）不做小动作，不随意看表

双手不停抖动，时常看表，摆弄文件夹、钢笔或是手头上的东西，会让对方感觉你的注意力在别处，没有全部投入，也没有接收到谈话的全部信息。

（5）不随意打断对方的谈话，不批评对方观点

随意打断别人的谈话，或借机把谈话主题引到自己的事情上，任意地加入自己的观点做出评论和表态等，都是很不尊重对方的表现，这比不听别人谈话产生的效果更加恶劣，一定要避免。

（6）适时进行鼓励和表示理解，提供建设性的反馈

强调倾听要专心静听，并不是完全被动地、静止地听，而是要不时地通过表情、手势、点头等，向对方表示你在认真地倾听。谈话者往往都希望自己的经历得到理解和支持，因此在倾听中加入一些简短的语言，如"对的""是这样""你说得对"等，或点头微笑表示理解，这些都能鼓励谈话者继续说下去，并引起共鸣。

3. 倾听的技巧

掌握倾听的技巧，可以帮助我们提高倾听效率，更好地达到倾听的目的。

（1）保持中立心态

在别人向自己倾诉时，调整好自己的心态很重要。日常生活中，多数倾诉者是自己的亲人或者朋友，我们对于对方的事情往往特别关心，因此很容易被倾诉者的不良情绪感染，把倾诉者的坏心情变成自己的坏心情。这样不但帮不了倾诉者，反而让自己的心理陷入困境。

因此，在倾听时最好保持中立的心态，这样既可以客观地帮对方分析和解决问题，又不至于表现出对对方漠不关心。一个人独处的时候，要及时转移自己的情绪，从事件中跳出来。当心里郁积了太多不快时，也应尝试向别人倾诉。

（2）观察并使用肢体语言

与人交谈时，我们内心的感觉会在我们开口之前透过肢体语言清清楚楚地表现出来，如果倾听者表现出封闭或冷淡，谈话人会感觉对方不重视自己或对自己的谈话内容不感兴趣，因而就不会敞开心胸。相反，如果倾听者态度开放，愿意接纳对方，谈话人会认为他很想了解自己的想法，从而受到鼓舞。常用的肢体语言包括点头、微笑、身体稍微前倾、眼神交流等，倾听的过程中要适时使用这些肢体语言。另外，还要注意避免出现交叉双臂、手放在脸上等动作。

（3）运用反应式倾听

重述刚刚所听到的话就是反应式倾听，这是一种很重要的沟通技巧，运用这种倾听方式时，对方会感受到我们一直在听，而且也听懂了他所说的话，但是反应式倾听是用自己的话总结对方的重点，而不是像鹦鹉一样，完全重复他说的话，反应式倾听会让对方觉得自己很重要，从而有利于对话的持续进行。

（4）注意提问的方式

① 开放式提问，是指在倾听时，为了让对方对有关问题、事件做出较为详尽的叙述而提出的问题，通常使用"什么""怎样""为什么"等词语提问，这时候要注意问句的方式、语调、不能太生硬或随意。

② 封闭性提问，是指在试图澄清事实真相、验证结论与推测、缩小讨论范围等情况时，用"是不是""对不对""行不行"等词语发问让对方对有关问题做出"是"或"否"的简短回答。回答这些问题，应简洁、明确，只需要一两个字、词或一个简单的点头或摇头等即可。但采用封闭性提问要适度，过多的使用会使对方处于被动地位，压抑其自我表达的愿望与积极性，产生沉默和压抑感及被审讯的感觉。

（5）做出有效的情感反应

对对方情绪、情感的反馈称为情感反应，通常指将对方的情感反应进行综合整理，然后再反馈给对方。相对于过去的情感而言，针对对方现时的情感反应会更为有效。另外，在运用这一技术时，为了使对方深切体验到被人理解的感觉，要时刻注意对方的瞬间情感并及时做出反应。

阅读材料

倾听的小猫

小猫长大了。

有一天，猫妈妈把小猫叫来，说："你已经长大了，三天之后就不能再喝妈妈的奶了，要自己找东西吃。"

"那我该吃什么东西呢？"小猫疑惑地问妈妈。

猫妈妈说："用我们祖先留下的方法吧！这几天夜里，你躲在人们的屋顶上、梁柱间、陶罐边，仔细倾听人们的谈话，你会其中找到答案。"

第一天晚上，小猫躲在陶罐边，听见一个妇人对孩子说："把香肠和腊肉挂在梁上，把小鸡关好，别让小猫偷吃了。"

第二天晚上，小猫躲在屋顶上，从窗户看到一个女子叨念自己的丈夫："奶酪、肉松、鱼干吃剩了，也不知道收好，小猫的鼻子很灵，明天你就没得吃了。"

第三天晚上，小猫躲在梁柱间，听到一个大人对小孩子说："小宝，小猫最爱吃鱼和牛奶了，把鱼和牛奶放在冰箱里吧。"

就这样，小猫每天都很开心，回家跟妈妈说："妈妈，果然像您说的一样，只要我仔细倾听，人们每天都会教我该吃些什么。"

6.2 交谈

20 世纪伟大的心灵导师，美国人戴尔·卡耐基（Dale Carnegie，1888 ~ 1955）曾说过："与人进行有效的交谈，并且赢得他们的合作，这是那些奋发向上的人应该培养的一种能力。"交谈是交流思想和表达情感最直接、最快捷的途径，作为一种最基本的媒体形式，在很大程度上关系到社会交往的成败。不管是"一言兴邦，一言丧邦"，还是"好言一语三冬暖，恶语伤人六月寒"，都说明了交谈及语言的意义和作用（见图 6-3）。

图 6-3 交谈

阅读材料

笑话一则

　　某人请5个人吃饭，有一位左等右等也没到。见此情景，主人说道："该来的怎么还不来？"

　　客人甲听了，心想：这不是说我们不该来的倒来了吗？真气人！于是说："对不起，我有点事，得先走了！"

　　主人见他走了，很着急，就说道："不该走的怎么走了呢？"

　　客人乙心想：这分明是暗示我该走却赖着不走。于是说："我也有点儿事，失陪了。"

　　主人更着急了，脱口而出："唉，他俩真多心，我说的又不是他们！"

　　客人丙、客人丁大怒，想：那你说的肯定是我们俩了！于是他们铁青着脸一言不发，拂袖而去。

　　一场宴席就这样还没有开始就不欢而散了。

6.2.1 交谈的语言要求

　　语言作为人类的主要交际工具，是不同个体间进行沟通的桥梁。准确、有效、恰当的语言，可以使谈话达到事半功倍的效果。

1. 语言的有效性

　　不被接受的话显然等于白说。谈话者首先考虑的问题就应该是语言的有效性。

（1）好嗓音

　　好嗓音既能使交谈双方感到愉悦，又可以使对方印象深刻。"好嗓音"主要包括清晰的吐字、动听的声音、焕发的生机；与此相反，"坏"则指吐字模糊、鼻音浑浊或尖锐刺耳，使对方听不清而产生反感。

（2）时代感

　　语言的时代感是非常重要的，现如今"父母在，不远游""新三年，旧三年，修修补补又三年"之类的警言已是隔世之语，现代人已经很难接受这些"陈腐的语言"。

（3）好时机

　　讲话时，要考虑时机是否适合，比如对方能否听得懂，是否感兴趣，接受程度怎样等。对牛弹琴，大可不必；班门弄斧，贻笑人方；扬汤止沸，适得其反。在生日、节日、纪念日、成功之日、获奖之日等特定的时刻、特殊的日子，一句由衷的祝贺、一段真诚的赞美，会锦上添花；在他人心情沮丧或陷入困境之时，一番恳切的鼓励、一句贴心的问候，更会雪中送炭。

2. 语言的正确性

　　在你开口之前你就应该意识到，说话的正确性是对人最起码的尊重。

（1）实事求是

　　空话、大话、假话必须避免。"狼来了"的故事告诉大家，捉弄人一次、两次可能成功，但第三次就必然受到惩罚了。栽赃、陷害、伤人、诽谤，会对别人造成极大伤害。挨打的皮肉之伤易愈合，哀怨的心灵创伤难平复。因此，冤枉他人是礼仪的大忌。

所谓日久见人心，说空话、大话者，只能一时迷惑别人，时间长了就被认为是不可信赖之人。

（2）用词准确

有求于人时，要考虑对方能否办到及能否领会。

太直接的问话显然令人不好回答。例如，"能否借一样东西给我？""可以借一笔钱给我吗？"

不能准确表达意思的话也是失礼的。例如，你手指着书架说"请帮我把书递过来，好吗？"尽管用了客气委婉的语气，但由于没有表达准确是什么书，会令人无所适从。

（3）区分场合

正式场合与一般场合、书面语与口头表达所使用的语言有所区分，例如，称呼尊者、领导时，在正式场合和书面文件上要规范，一般用全称。如张三教授、李四副教授、王五副校长等。但在一般场合和口头语上往往用简称，一般会省略"副"字，如张教授、李教授、王校长，同时这也算是一种敬称。

对令人敏感的谐音姓氏，如"郑某某""傅某某"，要特别避免误会和尴尬。即便在一般场合，也应该说出其"姓名＋职位"的全称，比如"校长郑某某教授""副经理傅某某先生"，而不宜说成"郑副校长""傅经理"。

（4）把握语意

在日常社交生活中，出于特定的需要和惯例，还有一类"言不由衷"的现象，如客套语、反语及善意的"谎言"，不能将其视为虚伪和失礼。

在初次见面时，往往要说一些恭维式、自谦式的客套话，如"久仰大名""幸会幸会""光临寒舍""蓬荜生辉"，这已是约定俗成的社交客套话，虽然有点言过其实，但令对方感到舒服，觉得受到尊重，不能算作失礼的表现。在亲友，尤其是情侣之间，有时会说些带有戏谑成分的反语，如"冤家""好恨你"等，可把这些话理解为"可亲可爱的人""好爱你"。这种戏谑与相敬如宾相辅相成，也是一种生活的情趣。

3. 语言的情感性

人是高级动物中最富有情感的，获得礼遇可满足自尊，因此语言的情感性就显得非常重要。

（1）诚恳的态度

与人交谈时，神情应专注，态度应诚恳亲切。表示祝贺时，应表情热情，而不仅是嘴巴动听，表情冷冰冰的敷衍，甚至讽刺。与人交谈时，应神态专一，而非失礼地东张西望、漫不经心、答非所问。

（2）礼貌的倾听

本杰明·富兰克林曾经说过："与人交谈取得成功的秘诀就是多听，永远也不要不懂装懂。"学会倾听就是指不要只顾自己讲话，也要给对方说的机会。认真倾听对方讲话，并经常有一些点头之类的体态语来交流，这样可使对方觉得自己受到重视。千万不要表现出不感兴趣，更不能去打断对方的话语。

（3）细微的差别

在丰富多彩的人类话语中，有时一字之差就会改变所表达的感情。例如，坐、上坐、请坐、请上座；喝茶、请喝茶、请用茶，就能让人明显感受到所获礼遇等级的差别。

6.2.2 交谈的礼仪

交谈中，遵从一定的礼仪规范，体现对对方的尊重，才能达到双方交流信息、沟通思想的目的。

交谈礼仪

1. 多用礼貌用语

用语文雅可以体现出一个人的学识教养，在文明社会，尤其是当今社会，社会活动中的礼貌用语尤为重要。

（1）尽量用敬语

礼仪的核心内涵是尊敬，而其在语言上的体现就是要常用敬语。例如，您—你；先生—喂；小朋友—小孩……它们给予相同对象的感受完全不同。同样是一种意思，但效果会由于语言载体的形式不同而大相径庭。《西游记》中猪八戒向两个抬水的女妖问路，张口便叫"妖精"，路没问成，还挨了一顿打。对此事他不明白，求教孙悟空。孙悟空说不能叫"妖精"，应该到她前面行个礼，看她多大年纪，若与我们差不多，叫她"姑姑"，若比我们老些，叫她"奶奶"。八戒照做，果然十分奏效。

（2）少命令，多商量

"请帮我跑一趟邮局好吗？"与"你替我跑一趟邮局啊！"；"麻烦让一下！"与"让开！"所表达的都是同一种意思，但两者的口气却相差甚远。

人们认为"请"与"叫"所表达的意思似乎一样，所以往往不大注意这两者之间的区别。让学生"去叫老师"，甚至"去叫院长"之类的话在大学校园中也屡闻不鲜。实际上，一个人礼仪教养的水平就可以从"请"与"叫"中分辨出来。

（3）了解传统敬语、谦辞

我国是历史悠久的礼仪之邦，据记载，古人非常重视使用礼貌用语，而在现代语言中礼貌用语却被淡化了很多。对祖国优秀的文化传统，现代人还是应该继承、借鉴、更新、发扬光大、古为今用。

例如，古人常用"令、尊、贤"来尊称对方及其亲属，其中"令"可通用，"尊"只用于称呼长辈，"贤"则用于称呼平辈和晚辈，但当称呼对方配偶时则"尊、贤"皆可通用，如令尊、令堂、令郎、令爱、贤弟、贤妹、贤侄、尊夫人、贤夫人等。

敬语可以分为以下几类。

- 问候语：如"您好！""早上好！"等。
- 欢迎语：如"欢迎您！""见到您很高兴！"等。
- 回敬语：如"非常感谢！""让您费心了！"等。
- 致歉语：如"请原谅！""很抱歉！"等。
- 祝贺语：如"工作顺利！""祝您好运！"等。
- 道别话：如"再见！""走好！"等。
- 请托语：如"拜托！""劳驾！"等。

表示谦称、敬称的成语有：忝列门墙、敬谢不敏、信笔涂鸦、一孔之见、才疏学浅、不情之请、高抬贵手、不吝赐教、鼎力相助、洗耳恭听、姑妄言之、涂鸦之作、如聆梵音等。

表示谦辞之意的词语还有：鄙人、承让、寒舍、拙荆、在下、犬子、不才、刍议、补壁、窃闻、窃思、窃以为、续貂、璧还、识荆、兄台、台端、惠存、惠顾、惠临、惠赠、惠允、家父、家母、驾临、见教、见谅、借光、借重、金婚、金兰、进见、进言、晋见、觐见、朝见、垂问、垂爱、问鼎、伉俪、劳步、劳驾、留步、蒙尘、名讳、内眷、内人、赏脸、舍间、舍下、舍亲、台端、台甫、台驾、台鉴、泰山、泰水、托福、挡驾、丁忧、鼎力、斗胆、方家、高堂、更衣、股肱、光顾、桂冠、贵庚、贵恙、过誉、海涵、候教、后学、麾下等。

阅读材料

礼貌用语

初次见面应说：幸会	请人解答应用：请问
看望别人应说：拜访	赞人见解应用：高见
等候别人应说：恭候	归还原物应说：奉还
请人勿送应用：留步	求人原谅应说：包涵
对方来信应称：惠书	欢迎顾客应叫：光顾
麻烦别人应说：打扰	老人年龄应叫：高寿
请人帮忙应说：烦请	好久不见应说：久违
求给方便应说：借光	客人来到应用：光临
托人办事应说：拜托	中途先走应说：失陪
请人指教应说：请教	与人分别应说：告辞
他人指点应称：赐教	赠送作品应用：雅正

2. 慎重选择话题

人们在交谈中所涉及的题目范围和谈资内容统称为话题。换言之，话题是一些由相对集中的同类知识和信息构成的谈话资料及其相应的语体方式、表述语和语气词的总和。在人际交往中，选择一个好的话题，就能使谈话有个良好的开端。

（1）适宜的主题

① 对方或自己擅长的话题。

② 安全话题（即公共话题），如哲学、历史、地理、艺术、建筑、风土人情等。

③ 轻松愉快的话题，如电影、电视、体育比赛、美容美发、休闲娱乐、旅游观光、名胜古迹、流行时尚、烹饪小吃、天气状况等。

（2）忌谈的主题

① 涉及国家和政府的政治话题。

② 涉及国家秘密和行业秘密的话题。

③ 涉及交往对象隐私的话题，如收入、年龄、婚姻家庭、健康状况、个人经历等。

④ 格调不高的话题。

由于人们的学历、职业、精力、兴趣状况不同，每个人所掌握的话题状况也会有所差别，因此必须尽量扩大话题储备。在现实生活中，肯花工夫学习、多看书报有意识地积累自己的知识将会对自己选择话题有很大帮助。

3. 讲究提问技巧

提问和回答是交谈的基本形式，善于提问可以更顺利地接近对方，同时可以获得信息、解除疑点、加深了解，也能打破交谈的僵局，控制交谈言路的方向，保证交谈的顺利进行，因此提问往往是交际的起点，也在交谈中占主导地位。在交谈中要讲究问得其所，问得所需。

（1）看清对象

"上什么山唱什么歌，见什么人发什么问。"提问要根据对方的年龄、身份、职业性格的不同因人而异，选择不同的提问方式。

（2）把握时机

在交谈中，发问的时机也非常重要，要善于掌握对方的心理脉搏，选择恰当的时机发问。时机掌握得好，发问效果才佳。例如，当对方伤心或失意时，不宜提太复杂、太生硬，使对方不愉快的问题；当对方遇到困难或麻烦、需要单独冷静思考时，最好不要提任何问题。

（3）抓住关键

提问题时抓住关键和重点，可以引导对方的思路，并使问题显得清晰，从而避免让对方摸不着头脑，回答起来无从下手。

（4）精选类型

在提问时往往要准备多种提问方式，因为不是任何人一开始就愿意如实回答你所提出的问题，他往往会用各种借口来推托你的问题。当一种提问方式不行时，要试着换另一种方式提问。提问大体可以分为以下几种类型。

① 正面直问。开门见山，直接提出你想了解的问题。

② 两面提问。既问好的，也问不好的；既问主要的，也问次要的。通过这种提问方式可以较好地了解人的全貌和事物发展的全过程，从而帮助我们克服主观片面性。

③ 迂回侧问。若正面或反面都不好问，就从侧面或另一角度入手，迂回之后，再回到正面问题上来。

④ 假设提问。站在对方的立场上，提出一些假设，启发对方思考，引导对方回答。

⑤ 步步深入。打破砂锅问到底，随着谈话节奏，步步深入。

当然，想使对方愿意回答自己提出的问题，也要注意自身形象的塑造，比如着装要得体，大方自然，称呼要得当，给人真诚可信的感觉。这样，在"问者谦谦，言者谆谆"的合理氛围中，交谈才会进展得顺利。

6.2.3 交谈的艺术

1. 有备而谈

日常生活中，成年人不能像小孩子一样，童言无忌是天真可爱的，如果成年人说话冒失，则是令人反感的。社交活动中的谈话要有所准备，讲究技巧，而不能随心所欲，信口开河。

（1）仪表仪态、端庄得体

仪表端庄，举止得体，神态饱满，气质上佳，风度翩翩，良好的第一印象显然有助于谈话的成功。

（2）思路清晰，主旨明确

明确的宗旨、细致的步骤及备用方案，这些问题要在会谈前准备好，谈话时不要啰唆，思路要清晰，同时，要通过对方的反应寻找共同的话题，使谈话得以继续。

2. 掌握分寸

谈话要有放亦有收，不过头，不嘲弄，把握好"度"；谈话时不要唱独角戏，夸夸其谈，忘乎所以，不给别人留说话的机会；说话时要察言观色，注意对方情绪，对方不爱听的话少讲，一时接受不了的话不急于讲。开玩笑的时候要看对象、场合，一般来讲，不随便开女性、长辈、领导的玩笑；不与性格内向、多疑、敏感的人开玩笑；当对方情绪低落、心情不快时不开玩笑，在严肃的场合、用餐时不开玩笑。

（1）身份意识

主从不分、没大没小是不礼貌的，所以说话时应注意自己和对方的身份。例如，"吃东西前要洗手，懂吗"对小孩说是很平常的，但是对成年人说则不妥。

（2）顾及他人

说者无意，听者有心，说话者要顾及他人，避免无意刺伤他人，令人尴尬。要确保对方能听懂自己的话，比如商业交往不宜用方言，而且应避免与人耳语。另外要将心比心，与人为善。揭人伤疤，说刻薄的话，伤人自尊都是极为失礼的言行。还要注意不要在公共场合冷落某方面不如自己的人。

（3）考虑措辞

直率固然是优良品格，但在有些场合不宜太"直率"，否则容易使人误会，被认为是没有教养。在商务活动中要注意不宜居高临下、咄咄逼人，而应谦恭礼让、委婉客气。

案例分析

臣子妙答

曹操很喜爱曹植的才华，因此想废了太子曹丕转立曹植为太子。当曹操就这件事征求贾诩的意见时，贾诩却一声不吭。曹操奇怪地问："你为什么不说话？"贾诩说："我正在想一件事呢！"曹操问："你在想什么事呢？"贾诩答："我正在想袁绍、刘表废长立幼招致灾祸的事。"曹操听后哈哈大笑，立刻明白了贾诩的言外之意，于是不再提废曹丕的事了。

在南朝时，齐高帝曾与当时的书法家王僧虔一起研习书法。有一次，高帝突然问王僧虔说："你和我谁的字更好？"这问题比较难回答，说高帝的字比自己的好，是违心之言；说高帝的字不如自己，又会使高帝的面子搁不住，弄不好还会将君臣之间的关系弄得很糟糕。王僧虔的回答很巧妙："我的字臣中最好，您的字君中最好。"皇帝就那么几个，而臣子却不计其数，王僧虔的言外之意是很清楚的。高帝领悟了其言外之意，哈哈一笑，也就作罢，不再提这事了。

分析：在许多场合，有一些话不好直说、不能直说也无法明说，于是，旁敲侧击绕道迂回，就成为人们经常采用的方法。

3. 幽默风趣

在交谈中，常常会因为意见不同而产生争论或分歧，但交谈本身就是一个寻求一致的过程，这就需要在交谈中，用应变和机智或消除障碍。幽默还可以化解尴尬局面并且增强语言的感染力，但它应建立在高尚情趣、较深的涵养、丰富的想象、乐观的心境和对自我智慧、能力自信的基础之上。

！ 重要提示

有幽默感的人在谈话中总是受人欢迎的，幽默不但能很好地表达自己的意思，同时还可以活跃谈话气氛，使谈话更容易继续下去。

6.3 演讲

演讲是一门运用语言的艺术（见图 6-4），它是指演讲者在公共场合，运用口语，借助于表情手势，郑重、系统地阐述自己的见解和主张，以教育或感召听众的一种口语表达方式。演讲可以分为很多类，如政治演讲、学术演讲、法庭演讲、社会生活演讲等。

图 6-4　演讲

6.3.1 演讲的要素

从演讲定义的阐述中我们可以清楚地看到，演讲是一种直接、灵活、经济和有效的口语表达形式和宣传教育艺术，它有着与一般口头语言和书面文章不同的特点和作用。

1. 特定的时境

演讲的时境指的是演讲者和听众同处一起的时间与环境。特定的时境是演讲的重要基础之一，是演讲活动不可缺少的物质要素。同时，特定的时境又对演讲这一口语表达活动起着突出的制约作用，随着特定时境的转移与变化，演讲的内容、语言和表情动作等，也都要做相应的调整与变化，只有这样，才能适应特定时境这一物质要素转移与变化的需要，才能取得最佳的演讲效果。

2. 有声语言

有声语言是演讲活动最主要的物质表达手段，它以流动的方式，运载着演讲者经过组织的思想与感情，传入听众的听觉器官，从而产生很强的说服力、吸引力与感召力。好的有声语言，具有准确清晰、清亮圆润、富于变化、有耐久力的特征。它能在流动的过程中产生一种美感，勃发一种情趣，形成一种"余音绕梁，三日不绝"的佳境。

3. 态势语言

态势语言是演讲中重要的信息交流手段，又称为形体语言或无声语言，它是指能在一定程度上表达演讲者思想感情的眼神、面部表情、手势动作、体态、举止和礼仪等。如同话剧演员、戏剧演员的形体动作，这种态势语言也属流动着的形体动作，这种动作如果运用得自然、真实、鲜活，也能在一定程度上弥补有声语言的不足，增强有声语言的表现力和感染力。

6.3.2 演讲的心理技能

演讲是一种强烈的精神劳动产物，因此，一次演讲不仅是对演讲者思想、文化、知识、表达能力的考验，也是对演讲者心理素质的严峻考验。良好的心理素质可以帮助演讲者获得演讲的成功，而心理素质差的演讲者也许还没有登场就败下阵来了，因此培养演讲者良好的心理素质，是取得演讲成功的先决条件。演讲者要具备的心理素质主要有以下几个方面。

1. 求真的心理素质

追求真理应该是每一个演讲者演讲中所追求的目的，而且也只有追求真理、弘扬真理的演讲才是最具有生命力的演讲，才会是名垂青史的演讲。恩格斯的《在马克思墓前的讲话》如此，林肯的《葛底斯堡演讲》如此，闻一多的《最后一次演讲》也是如此。这一切都是演讲者追求真理的结果，如果没有他们对真理追求的内在思想品质及良好的心理素质，那么要想产生这些名垂青史的演讲传世之作是不可能的。

2. 创作上的心理素质

在演讲创作中需要哪些心理素质呢？大体说来有两个方面：一是形象思维和逻辑思维；二是联想与想象。

在演讲创作中逻辑思维占主导地位，演讲创作者要通过自己的创作说明问题、解决问题，最后昭示给人们的也不是某一具体的形象而是一个抽象的道理。形象思维在演讲创作中只是暂时的、阶段性的，占主导地位的还是逻辑思维。但是形象思维在演讲创作中并不是可有可无的，它在演讲创作中也起着逻辑思维不可替代的作用，如事例的陈述、形象的描绘等，离开了形象思维同样完不成演讲任务。

德国哲学家黑格尔说过："想象是创造性的"，想象可以为我们的思想插上一双展翅高飞的翅膀。没有了想象，我们的思想就飞不高、飞不远，我们的心灵就不会丰富，我们的生活也不会多彩；而联想又帮我们在错综复杂的事件之间找到联系，让我们在千头万绪中找出头绪，在千变万化中找到根本。想象和联想可以让我们的演讲创作得到升华，让我们的演讲主题更深刻，让我们的思维材料更丰富，让我们的演讲构思更灵活。

3. 表达的心理素质

"演讲是需要勇气"的，这种勇气到了演讲的表达阶段显现得更为突出。这时演讲者一般要做好以下几种心理准备。

（1）克服怯场

怯场是人人都有过的经历，许多著名的演讲家在初登演讲台时也是心里发慌，两腿发抖。古罗马的雄辩家西塞罗曾在一次讲演后说："演讲一开始，我就感到自己面色苍白，四肢和整个心灵都在颤抖。"后来他成为著名的演讲家，我们同样也一定会从不能到能。要知道演讲是人人都可以做到的，只要鼓起勇气，勇敢登台，你就已经向成功迈出了第一步，胜利已离你不远了。

（2）情绪饱满

演讲者一定要想方设法在登台演讲前把自己的情绪调整到最佳状态，以饱满的情绪登台演讲。古希腊著名的哲学家亚里士多德曾经说过："一个充满了感情的演说者，常常使听众和他一起感动，哪怕他所说的什么内容都没有。"而且饱满的情绪也能吸引听众、感染听众、打动听众。因此，在登台以前，一定要调整好自己的状态，给听众留下美好的第一印象，让听众对你的演讲充满信心。

（3）善于沟通

演讲是一种双向交流。因此，演讲者在登上讲台之后，就要学会与听众交流，随时注意听众的反馈信息，并根据这些反馈信息及时调整自己的演讲内容。只有如此，你的演讲才会是适时的、得体的，也才会是成功的。

演讲者千万不能自视过高，不论你知识多么丰富，阅历如何广博，准备怎样周详，但是千万不要忘了"群众才是真正的英雄"，听众中并不乏真知灼见者，在演讲中，演讲者与听众往往也是可以"说、听相长"的。

6.3.3 演讲的语言技巧

演讲是一门艺术，也是一门科学。良好的语言组织，适当的语言技巧是演讲成功的关键。它能以起伏自如、轻重有致、自然和谐、音义兼美的艺术魅力，使广大听众受到思想上的感染，得到精神上的熏陶和艺术上的享受。

1. 语言适度夸张

演讲不同于教学，演讲需要语言的适度夸张来强化自己的观点，使听众形成深刻的印象。如："我说过一万遍了，现在我要第一万零一遍地再次强调……"

2. 采用各式问句

适度采用设问、反问、连续追问等手法，可直击听众心灵，达到激起兴趣、引发思考、引起共鸣的效果，如"难道这就是网络文化的含义吗？"

3. 设计悬念

在演讲的开头或过程中有意设计一些悬念，可激发听众的好奇心，引导听众耐心听下去。好的开头，比如一个动作、一句有力的称谓、一个幽默的自嘲、一个引人入胜的故事、一个有趣的问题等，都可以马上将听众的注意力集中到演讲中来，激发出他们听的兴趣，或直接切换到演讲者期望的情绪中来。

4. 使用适当的连续排比

排比句是非常煽情的，在演讲的高潮部适度加入排比能起到锦上添花的效果。以下例句可供参考。

我希望，我的家族经历过无数次磨难，我的祖先有辉煌的故事流传；

我希望，我拥有先辈的过去，正在为生命的激荡营构诗篇；

我希望，跃马扬刀驰过广阔的内蒙古大草原，用鲜血和烈火祭奠原始的勇武，用残破的战旗掩盖倾斜的地平线；

我希望，乘风破浪聆听海的歌唱，用毅力和智慧泊遍每一个港湾；用樯倾楫摧的悲壮，点缀旅途的平凡；

我希望，单枪匹马去珠峰探险，为一睹极目的风采，我甘愿粉身碎骨在任何一条深涧。

5. 运用情景描述、比喻、类比等手法

用自己描述性的语言将听众带入一种场景，使大家在一个共同的场景和氛围中感受演讲内容，而比喻、类比能将复杂的观点简单化、形象化，帮助听众更直观地理解演讲内容，使听众更容易产生共鸣。

6. 重视语言的渲染力

演讲是要达到煽情的效果。语言的渲染力主要靠日常语言习惯养成，但也可以进行设计。同样的语意，可以用不同的语句表达，设计时是可以进行选择的。

例如："那天是 1997 年 7 月 1 日"与"记住这个日子吧！ 1997 年 7 月 1 日"效果相差很多，明显后一个句式能够给听众留下更深的印象。

另外，富于变化的语速、适当的音量和语调、恰当的停顿等都会为演讲增色。

阅读材料

我有一个梦想（节选）

【美】马丁·路德·金

朋友们，今天我要对你们说，尽管眼下困难重重，但我依然怀有一个梦。这个梦深深植根于美国梦之中。

我梦想有一天，这个国家将会奋起，实现其立国信条的真谛："我们认为这些真理不言而喻：人人生而平等。"

我梦想有一天，在佐治亚州的红色山冈上，昔日奴隶的儿子能够同昔日奴隶主的儿子同席而坐，亲如手足。我梦想有一天，甚至连密西西比州——一个非正义和压迫的热浪逼人的荒漠之州，也会改造成为自由和公正的青青绿洲。

我梦想有一天，我的四个小女儿将生活在一个不是以皮肤的颜色，而是以品格的优劣作为评判标准的国家里。

我今天怀有一个梦。

我梦想有一天，亚拉巴马州会有所改变——尽管该州州长现在仍滔滔不绝地说什么要对联邦法令提出异议和拒绝执行——在那里，黑人儿童能够和白人儿童兄弟姐妹般地携手并行。

我今天怀有一个梦。

我梦想有一天，深谷弥合，高山夷平，歧路化坦途，曲径成通衢，上帝的光华再现，普天下生灵共谒。这是我们的希望。这是我将带回南方去的信念。有了这个信念，我们就能从绝望之山开采出希望之石。有了这个信念，我们就能把这个国家的嘈杂刺耳的争吵声，变为充满手足之情的悦耳交响曲。有了这个信念，我们就能一同工作，一同祈祷，一同斗争，一同入狱，一同维护自由，因为我们知道，我们终有一天会获得自由。

到了这一天，上帝的所有孩子都能以新的含义高唱这首歌：

我的祖国，可爱的自由之邦，我为您歌唱。这是我祖先终老的地方，这是早期移民自豪的地方，让自由之声，响彻每一座山冈。如果美国要成为伟大的国家，这一点必须实现。因此，让自由之声响彻新罕布什尔州的巍峨高峰！

让自由之声响彻纽约州的崇山峻岭！

让自由之声响彻宾夕法尼亚州的阿勒格尼高峰！

让自由之声响彻科罗拉多州冰雪皑皑的洛基山！

让自由之声响彻加利福尼亚州的婀娜群峰！

不，不仅如此，让自由之声响彻佐治亚州的石山！

让自由之声响彻田纳西州的望山！

让自由之声响彻密西西比州的一座座山峰，一个个土丘！

让自由之声响彻每一个山冈！

当我们让自由之声轰响，当我们让自由之声响彻每一个大村小庄，每一个州府城镇，我们就能加速这一天的到来。那时，上帝的所有孩子，黑人和白人，犹太教徒和非犹太教徒，耶稣教徒和天主教徒，将能携手同唱那首古老的黑人灵歌："终于自由了！终于自由了！感谢全能的上帝，我们终于自由了！"

6.3.4 演讲的非语言技巧

1. 站姿

演讲时应挺直、舒展、自然，不要左右摇摆。在向听众表达一种传递信息的欲望时，应适度前倾；在表达一种神圣感或渲染某种深远的情绪，希望将听众共同带往一种情绪境地时，可采用微仰头、仰望苍穹等姿态。

演讲的非语言技巧

2. 手势

手势以自然为佳，最好就是日常的习惯性手势，在此基础上，可进行适当的修饰和设计，改掉一些不良的手势习惯。手势宁少勿多，不要让人感到生硬。指向听众或自己时不要用手指，而要用手掌。

常用手势：双手或单手有力地指向对方或自己；用力握拳；曲起手指敲击桌面以加强语气；用力挥一下手；自然连续地转动手腕；双手平摊、耸肩；用手指表达数字；伸大拇指表示极度肯定和赞赏；摆"V"型手势表达胜利的信心或快乐；轻摆手指表示否定或轻蔑；用手指轻敲太阳穴表示思考等。

3. 目光

目光要有力，凝视听众，但不可在一处停留过久，否则该处听众会不自在，也不可跳跃太频繁，一句话未说完时尽量不要转移目光，否则会给人以游离、不自信的感觉。除非是表达悲痛的情绪，眼角不要向下垂。

4．表情

演讲时首先要自信和从容，然后应有一些变化，以配合演讲的内容，善用眉头、眼角、嘴唇等易控制的部分，有效地传达自己的情绪。一般情况下面带微笑，尽量避免表情呆滞，或显得过于呆板。

6.4 谈判礼仪

谈判礼仪是指在社会政治、经济等活动中，双方或多方在为实现某种合作或交易而进行的磋商洽谈中应遵循的礼仪规范和技巧。它们对于促进谈判的进程和取得良好的结果有着举足轻重的作用。

6.4.1 谈判中的礼仪规范

谈判过程中的礼仪规范，主要是指从谈判准备到谈判结束的整个过程中，谈判人员应遵循的礼仪要求。它主要包括以下 4 个方面的内容。

谈判礼仪

1．谈判前的准备

谈判前的准备主要包括谈判的人员、谈判的主体及谈判的会场三个方面。

首先，确定谈判人员，谈判人员要有良好的综合素质，参与谈判的人员应与对方谈判代表的身份、职务相当。

其次，需要根据谈判的主体确定谈判人员的数量，参与谈判的人员的数量是相对而言的，需要根据谈判事务的数量和繁杂情况及谈判对方的人员数量进行准备。

最后，谈判前应对谈判主题、内容、议程做好充分准备，制订好计划、目标及谈判策略。布置好谈判会场，采用长方形或椭圆形的谈判桌，门右手座位或对面座位为尊，应让给客方。

2．谈判之初

谈判之初是谈判双方接触的第一印象，十分重要，言谈举止要尽可能创造出友好、轻松的良好谈判气氛。

作自我介绍时要自然大方，不可表露出傲慢之意。各方谈判代表应对己方人员进行介绍。介绍完毕，可选择双方共同感兴趣的话题进行交谈，稍作寒暄，以便沟通感情，创造和谐的谈判气氛。

3．谈判中期

谈判中期为谈判的实质性阶段，主要包括报价、查询、磋商、解决矛盾等环节。在这个过程中要做到诚实守信，礼仪有度。谈判时难免出现矛盾，也有可能剑拔弩张，但要注意措辞，把握谈判的情绪，不要让情绪冲昏头脑。

4．谈判后签约

通过谈判，双方或多方达成共识后，还必须有一个签约的环节。在签约仪式上，双方参加谈判的全体人员都要出席，共同进入会场，相互致意握手，一起入座。双方都应设有助签人员，分立在各自一方代表签约人外侧，其余人排列站立在各自一方代表身后。

签字完毕后，双方应同时起立，交换文本，并相互握手，祝贺合作成功。其他随行人员则应该以热烈的掌声予以祝贺。

6.4.2 谈判的场地选择

在正式的谈判场合中，具体谈判场地的选择很有讲究。谈判场地的选择不仅关系到最终的谈判结果，还涉及谈判礼仪应用的问题。具体来说，谈判场地的选择与谈判的分类和操作的细则这两个方面有关。

1．谈判的分类

根据谈判地点的不同谈判可分为以下 4 类。

① 主座谈判：所谓主座谈判，指的是在东道主单位所在地举行的谈判，这种方式往往被认为东道主一方拥有较大的主动性。

② 客座谈判：所谓客座谈判，指的是在谈判对象单位所在地举行的谈判。同主座谈判一样，这种谈判情况下谈判对象拥有较大的主动性。

③ 主客座谈判：所谓主客座谈判，指的是在谈判双方单位所在地轮流举行的谈判。这种谈判对谈判双方都比较公正。

④ 第三地谈判：所谓第三地谈判，指的是将谈判地点定于谈判双方所在单位所在地之外的第三地点进行。这种谈判形式是所有谈判形式中最公平，而且干扰最少的一种方式。

据此，以上 4 类谈判地点的选择因谈判双方的利与弊不同而各不相同，因此在谈判时要争取选择有利于自己的场地类型。

2．操作的细则

对参加谈判的每一方来说，确定谈判具体场地的问题事关重大。从礼仪上来讲，具体确定谈判地点时，有两个方面的问题必须为有关各方所重视。

① 商定谈判地点：在谈论、选择谈判地点时，既不应该对对手听之任之，也不应当盲目地固执己见。正确的做法是应由谈判双方各抒己见，最后再由大家协商确定。

② 做好现场布置：在谈判过程中，若争取到在我方所在地进行谈判，我方应当自觉地做好谈判现场的布置工作，以尽地主之责。

6.4.3 谈判的座次排列

举行正式谈判时，有关各方在谈判现场具体就座的位次，要求是非常严格的。从总体上讲，正式谈判的座次排列可分为两种基本情况。

1. 双边谈判

双边谈判，指的是由两个方面的相关人员所举行的谈判。在一般性的谈判中，双边谈判最为多见。双边谈判的座次排列主要有两种形式，即横桌式和竖桌式。

① 横桌式：横桌式座次排列，是指谈判桌在谈判室内横放，客方人员面门而坐，主方人员背门而坐。

② 竖桌式：竖桌式座次排列，是指谈判桌在谈判室内竖放，具体排位时以进门时的方向为准，右侧由客方人员就座，左侧则由主方人员就座。

2. 多边谈判

多边谈判，是指由三方或三方以上人员所举行的谈判。多边谈判的座次排列主要分为两种形式，即自由式和主席式。

①自由式：自由式座次排列，即各方人员在谈判时自由就座，不正式安排座次。

②主席式：主席式座次排列，是指在谈判室内面向正门设置一个主席之位，由各方代表发言时使用。其他各方人员则一律背对正门、面对主席之位分别就座。各方代表发言后，亦须下台就座。

谈判无论是双边或是多边，都可以视为一种对话，在这种对话中，各方都说明了自己的情况，陈述了自己的观点，倾听对方的提案，互相表明自己的立场，互相让步，最后达成彼此都能接受的协议。谈判活动的顺利进行离不开各方谈判人员正确地行使礼仪。

小 结

本节共分为倾听、交谈、演讲、谈判 4 个部分。倾听部分又分为作用、方式、艺术 3 个方面；交谈部分则是从交谈的语言要求入手，延伸到交谈的礼仪及交谈的艺术；演讲部分主要从要素、心理技能、语言技巧 3 方面讲解了演讲所需要注意的重要事项；谈判部分主要讲述了谈判的礼仪规范、场地选择和座次排列 3 个方面，对谈判中的注意事项和规范进行了详细的讲述。

? 思考与练习

（1）倾听的技巧有哪些？

（2）交谈的礼仪有哪些？

活动与探索

（1）以"我为祖国的生日喝彩"为题，写一篇演讲稿。

（2）根据学习的内容，谈谈在商务谈判中应注意哪些方面的问题。

第 7 章

馈赠礼仪

本章重点讲述商务活动中的馈赠礼仪，并介绍企业礼品馈赠礼仪和鲜花馈赠礼仪。

馈赠是与其他一系列礼仪活动一同产生和发展起来的。在"礼"的内涵中，除了有表示尊敬的态度、言语、动作、仪式外，还有一个重要的方面，就是礼物。随着社会生活的进化和演变，人们开始接受和认同物能传情的观念，从而使馈赠在内容和形式上逐渐融入社会交往，并成为人际间联络和沟通感情最主要的方式之一。

名言警句

礼尚往来，往而不来，非礼也，来而不往，亦非礼也。

——《礼记·曲礼上》

7.1 馈赠与礼物

1. 馈赠与礼物的起源

礼起源于远古时期的祭祀活动。在祭祀时，人们除了用规范的动作、虔诚的态度向神表示崇敬和敬畏外，还将自己最有价值、最能体现对神敬意的物品（即牺牲）奉献于神灵。

也许从那时起，在礼的含义中，就开始有了物质的成分和表现了。关于礼物这个概念，还有人说它最初来源于古代战争中由于部落兼并而产生的"纳贡"，也就是被征服者定期向征服者送去食物、奴隶等，以表示被征服者的服从和乞求征服者的庇护。史书中曾有因礼物送得不及时或不周到而引发战争的记载。如春秋时期，因楚国没有按时向周天子送一车茅草，而引发了中原各国联盟大举伐楚的战争。还有人认为，最初的礼就是一种商业性质的物品的有来有往，原始的"礼尚往来"实质上就是以礼品的赠予与酬报的方式进行的物品交换。

2. 馈赠礼品的意义

礼品是社交的纽带。送礼是普遍存在的社会现象，它存在于人类社会的各个时期、各个地区。一件理想的礼品对赠送者和接受者来说，都能表达出某种特殊的愿望，传递出某种特殊的信息。

礼品是人品的延续，对方从中能衡量出你的兴趣，甚至包括你的智慧和才干。送什么、如何送都会给人留下重要的、持久的印象，同样，对方如何接受也是如此。

有一点需要注意，我们要把馈赠礼物、正常交往中的送礼与收买贿赂、腐蚀拉拢区别开来。

3. 馈赠的原则

馈赠作为社交活动的重要手段之一，受到人们的普遍肯定。得体的馈赠恰似无声的使者，给交际活动锦上添花，给人们之间的感情和友谊注入新的活力。认真研究和把握馈赠的基本原则，是馈赠活动顺利进行的重要前提条件。

（1）轻重原则

礼品有贵贱厚薄之分，有善恶雅俗之别。

礼品的贵贱厚薄，往往是衡量交往人的诚意和情感浓烈程度的重要标志。然而礼品的贵贱与其价值并不总成正比。因为礼物是言情、寄意、表礼的，是人们情感的寄托物，物有价而人情无价，有价的物只能寓情于其身，而无法等同于情。

也就是说，就礼品的价值含量而言，礼品既有其物质的价值含量，也有其精神的价值含量。"千里送鹅毛"的故事，在我国妇孺皆知，被标榜为礼轻情意重的楷模和学习典范。"折柳相送"也常为文人津津乐道。一般情况下，我们既要注意礼轻情意重，又要入乡随俗地择定不同轻重的礼物。

（2）时机原则

就馈赠的时机而言，及时、适宜是最重要的。中国人很讲究"雨中送伞""雪中送炭"，即要注重送礼的时效性，因为只有在最需要时得到的才是最珍贵的，才是最难忘的。

我国是一个节日较多的国家，在传统节日相互赠送相应的礼品，会使双方感情更为融洽。另外，在对方的某些纪念日，以礼品相送也会起到很好的效果。

因此，要注意把握馈赠的时机，这包括时间的选择和机会的择定。一般来说，时间贵在及时，超前或滞后都达不到馈赠的目的；机会贵在事由和情感及其他需要的程度。"门可罗雀"时和"门庭若市"时，人们对馈赠的感受会有天壤之别。所以，对于处境困难者的馈赠，其表达的情感就更显真挚和难得。

案例分析

小刘的郁闷

最近小于喜迁新居。周末，应小于之邀，一群要好的同事到小于新居作客。同事乔迁之喜，第一次上门，又是平时要好的同事，自然是要送礼的。小刘精心挑选了礼品，周末一大早，邀约上同事浩浩荡荡奔向小于家。去的同事全都大包小包，好不热闹。到了小于家，小于和家人热情地招待，邀请大家参观新居，手忙脚乱地回答一个又一个关于购房、装修等问题，乱了好一阵子才坐下来。大家带来的礼品都摆在一起，也没时间去看。

周一上班，小于就逐一感谢送礼的同事，大家都很客气、很开心。由于平日小刘和小于关系特别好，就又聊了几句。无意中，小于说了句："你送的紫砂茶壶太漂亮了，我很喜欢。"小刘愣住了，因为小于说的紫砂茶壶并不是小刘送的。看着小于一脸的真诚，小刘也不好说什么，但一整天，小刘心里很是郁闷，只好自我安慰：至少小于还记得我那天送过礼。

分析：小刘送礼的时机合适吗？小于做事有处理欠妥的地方吗？

（3）效用性原则

同一切物品一样，当礼以物的形式出现时，礼物本身也就具有了价值和实用价值。就礼品本身的实用价值而言，人们经济状况不同，文化程度不同，追求不同，对于礼品的实用性要求也就不同。

一般来说，物质生活水平的高低，决定了人们精神追求的不同。在物质生活较为贫寒时，人们多倾向选择实用性的礼品，如食品、水果、衣料、现金等；而在生活水平较高时，人们则倾向于选择艺术欣赏价值较高、趣味性较强和具有思想性、纪念性的物品为礼品。

因此，应视受礼者的物质生活水平有针对性地选择礼品。

（4）投好避忌原则

由于民族、生活习惯、生活经历、宗教信仰以及性格、爱好的不同，不同的人对同一礼品或喜爱或忌讳或厌恶等态度是不同的，因此，馈赠前一定要了解受礼者的喜好，尤其是禁忌，要把握好投其所好、避其禁忌的原则。

案例分析

中国馈赠禁忌

中国人普遍有"好事成双"的说法，因而凡是大贺大喜之事，所送之礼，均好双忌单，但广东人则忌讳"4"这个偶数，因为在广东话中，"4"听起来就像"死"，是不吉利的。

白色虽有纯洁无瑕之意，但中国人比较忌讳，因为在中国，白色常是悲哀之色和贫穷之色；同样，黑色也被视为不吉利，是凶灾之色、哀丧之色；而红色则是喜庆、祥和、欢庆的象征，受到人们的普遍喜爱。

我国人民还常常讲究给老人不能送"钟"，给夫妻或情人不能送"梨"，因为"送钟"与"送终"、"梨"与"离"谐音，是不吉利的。

7.2 企业礼品馈赠

企业礼品是企事业单位在经营或商务活动中为了提高或扩大其知名度，提高产品的市场占有率（份额），获取更高销售业绩和利润而特别定购的，带有企事业标志的，具有某种特别含义的产品。它具有新颖性、奇特性、工艺性和实用性等特点。

企业馈赠礼仪

1. 企业礼品的选择

企业送礼首先应该明确送礼的目的。朋友送礼是加深友谊，丈夫给妻子送礼是升华爱情，父母给孩子送礼是增进亲情，而企业送礼的目的往往更为明确——拓展市场和增加利润，这也就决定了送礼的档次和时间。

有了目的，自然就需要确定对象。企业送礼往往针对的是一个机构或团体，但需要考虑的是，礼品的接受者有自己的性格、地位和品味，因此所送的礼品也要根据这几个要素来进行选择。

案例分析

案例分析

赵红玫在某公司工作，她在提起自己第一次按照部门经理的要求，给一家培训公司老板送礼的情形时不免有些不好意思，因为她当时在不知情的情况下送的礼品不是太合适。当时他的部门经理给了她800元钱的额度，让她自己去商场挑一件礼品给客户送去。因为她对客户的喜好并不了解，并且当时也找不到可以商量的人，所以，也不知道送什么好。不过，她在当时突然想起那位客户出现在他们公司的时候，身旁有位很可爱的小女孩，不过4岁的样子。于是，赵红玫去儿童用品商店买了一个大大的芭比娃娃，另买了一套同品牌的服装，兴冲冲地去了。到了约定的地方，客户看到赵红玫哈哈大笑，原来那位客户还是单身，而赵红玫看到的孩子是客户姐姐家的，不过那位客户还是非常开心，说："衣服可以送给小侄女，芭比娃娃嘛，就留给自己了，很小的时候我就想要一个呢。"赵红玫当时心里明白，客户这样说其实是给自己留了面子。

送礼时间也非常重要。这里的时间不仅包括具体的赠送礼品时间，还包括为了保持业务联系而需要定期赠送礼品的时间间隔。节日、纪念日、活动及其他适宜赠送商业礼品的时间一般企业都会注意，但在赠礼时间间隔上就不太讲究了。重要的客户如果仅仅在每年以同一个理由和时间赠送礼品也许不够，那就需要企业对客户、礼品和环境进行进一步的分析，以确定正确的赠礼时机。

以上三方面其实是紧密联系在一起的，因为企业的商务赠礼活动是一个整体的活动，它既需要配合企业整体商务外联活动，又必须切合风俗习惯、商务礼仪、心理学和社会学等的相关要求。

2. 企业礼品的特点

企业礼品不同于个人礼品，它首先必须是企业形象的代言品。处于不同行业的企业都有不同的企业形象，有的公司注重创新形象，有的力图表现雄厚实力，但有一个共同点，即公司的馈赠礼品如果不是为了促销产品或服务，它就必须体现公司的文化底蕴。

其次，企业的礼品往往具有多数人都喜欢而又舍不得自己掏钱买的特点。如果一个企业的礼品是受赠者可以买到的，就难以体现公司对受赠者的独到关注，这一点在公司公关重要的客户时显得尤为重要。体现在礼品的选择上，企业就不能随便购买日常礼品，而是应该寻找专业的礼品设计公司，结合企业和客户特点量身定制。

企业礼品不同于个人礼品的最大区别在于它的一贯性、整体性和计划性。对重要的客户、关系团体及合作伙伴，企业馈赠的礼品在体现整体性的同时又要求有针对性的个性变化。这时的礼品选择就超出了单纯的礼品概念，需要加深对企业自身服务和文化的理解及对赠送对象的理解，于是企业的礼品就真正进入文化这一层次，达到了较高境界。

7.3 涉外馈赠礼仪

互送礼品是一种礼仪的体现，也是一种感情的传递，能使双方之间架起一个互通的桥梁。在与外国人的交往中，送礼是必要的，这是联络感情、广交朋友、增进友谊的一种方式。一般而言，赠送礼品的礼仪主要包含礼品的挑选、馈赠的方法、礼品的接受这三个方面的内容。

7.3.1 礼品的挑选

在礼品的挑选上，要对送礼对象的爱好、兴趣进行一些简单的调查，因人而异，投其所好。此外，还要注意对方的风俗习惯、宗教信仰，了解一下对方基本的忌讳。挑选赠送外国友人的礼品时，一般在指导思想上必须恪守四项准则（见图7-1）。

礼品挑选原则
1. 突出礼品的纪念性
2. 体现礼品的民族性
3. 明确礼品的针对性
4. 重视礼品的差异性

- 突出礼品的纪念性。
- 体现礼品的民族性。
- 明确礼品的针对性。
- 重视礼品的差异性。

图7-1　礼品挑选原则

7.3.2　馈赠的方法

向外籍人士赠送礼品，不仅要重视具体礼品的选择，还要注意赠送礼品时的方法。应根据礼仪惯例注意涉外交往中馈赠的方法，具体是指在礼品的包装、送礼的时机、送礼的途径这 3 个方面，必须表现得中规中矩、不乱章法。

1. 重视礼品的包装

在国际交往中，礼品的包装是礼品的有机组成部分之一，它被视为礼品的外衣，送礼时不可或缺。否则，就会被视为随意应付受礼人，甚至还会导致礼品自身因此而"贬值"。

有鉴于此，送给外国友人的礼品，一定要事先进行精心的包装，对包装的材料，都要尽量择优而用。与此同时，送给外国人礼品的外包装，在其色彩、图案、形状乃至缎带结法等方面，都要与受礼人的风俗习惯联系在一起考虑。

2. 把握送礼的时机

在涉外交往中，由于宾主双方关系不同，具体所处的时间、地点及送礼目的不同，送礼的具体时机自然也不能以不变应万变，千篇一律。

- 在会见或会谈时，如果准备向主人赠送礼品，一般应当选择在起身告辞之时。
- 向交往对象道喜、道贺时，如拟向对方赠送礼品，通常应当在双方见面之初相赠。
- 出席宴会时向主人赠送礼品，可在起身辞行时进行，也可选择餐后吃水果之时进行。
- 观看文艺演出时，可酌情为主要演员预备一些礼品，并且在演出结束后登台祝贺时当面赠送。
- 游览观光时,如果参观单位向自己赠送了礼品,最好在当时向对方适当地回赠一些礼品。
- 为专门的接待人员、工作人员准备的礼品，一般应当在抵达当地后尽早赠送给对方。

3. 了解送礼的途径

送礼的途径是指如何将礼品送交受礼人。

在涉外交往中,送礼的途径主要有两种·一种是当面亲自赠送; 另一种则是委托他人转送。

在一般情况下,送给外国友人的礼品大都可以由送礼人亲自当面交给受礼人。有些时候，例如，向外国友人赠送贺礼、喜礼，或者向重要的外籍人士赠送礼品，亦可专程派遣礼宾人员前往转交，或者通过外交渠道转送。

通常，送给外国人礼品时，尤其是委托他人转送给外国人礼品时，应附上一张送礼人的名片，它既可以放在礼品盒之内，也可以放在一封写有受礼人姓名的信封里，然后再设法将这个信封固定在礼品的外包装之上。

7.3.3　礼品的接受

接受礼物时，西方国家的朋友喜欢当面打开，而且讲几句赞赏的话。在商务礼仪中接受外国友人赠送的礼品时，大致上有以下 3 个方面的问题需要注意。

1. 欣然接受

当外国友人向自己赠送礼品时，一般应当大大方方、高高兴兴地接受，没有必要跟对方推来推去，过分地客套。在接受受赠的礼品时，应当起身站立，面含笑容，以双手接过礼品，然后与对方握手，并且郑重其事地向对方道谢。反之，在接受礼品时，面无表情，用左手去接礼品，接受礼品后不向送礼人致以谢意，都是非常失礼的表现。

2. 启封赞赏

在国际社会，特别是在许多西方国家中，受礼人在接受礼品时，通常习惯当着送礼人的面立即拆启礼品的包装，然后认真地对礼品进行欣赏，并且对礼品适当地赞赏几句。

> **❗ 重要提示**
>
> 在许多国家，接受礼品之后若不当场启封，或是暂且将礼品放在一旁，都会被视为失礼的表现。在涉外交往中接受礼品时，对此更要注意。

3. 事后再谢

接受外方人员赠送的礼品后，尤其接受了对方所赠送的较为贵重的礼品后，最好在一周之内写信或打电话给送礼人，向对方正式致谢。若礼品是由他人代为转交的，则上述做法更是不可或缺的。以后有机会再与送礼人相见时，不妨在适当之时，再次当面向对方表示一下自己的谢意，或者是告诉对方，他送给自己的礼品，自己不仅十分喜欢，而且经常使用。这种令对方感到他的礼品"物有所值"、备受重视的做法，会令对方非常开心。

案例分析

一些国家的馈赠礼仪

给美国人送礼。可"以玩代礼"，邀请对方共同玩乐就可算作送礼。当然葡萄酒或烈性酒、高雅的名牌礼物他们也很喜欢，尤其是送一些具有浓厚地方特色或别致精巧的工艺品，可以满足美国人的猎奇心。送礼可在应酬前或结束时，不要在应酬中将礼物拿出来。

给英国人送礼。给英国人送礼要轻，可送些鲜花、小工艺品、巧克力或名酒。送礼一般在晚上进行。

给德国人送礼。德国人喜欢价格适中、典雅别致的礼物，包装一定要尽善尽美。

给法国人送礼。法国人最讨厌初次见面就送礼，一般可在第二次见面时再送，礼品常是几枝不加捆扎的鲜花。

给日本人送礼。送礼是日本人的一大喜好，他们比较注重品牌，喜欢名牌礼物和精致的包装，但不一定要贵重礼品。送礼通常送对其本人而言用途不大的物品为宜。送礼者不要在礼物上刻字作画以留纪念，因为受礼者可能还要将此礼品继续送出去。

给韩国人送礼。韩国人喜欢本地出产的东西，故在送礼时只需备一份本国、本民族、本地区的特产就好。

给阿拉伯人送礼。阿拉伯人喜欢赠送贵重物品，也喜欢得到贵重物品，喜欢名牌和多姿多彩的礼物，不喜欢纯实用性的东西。初次见面一般不能送礼，不能送旧物品和酒。

此外，斯里兰卡人喜欢赠茶，澳大利亚人、新加坡人喜欢鲜花与美酒等。大部分外国人喜欢中国的景泰蓝、刺绣品等。

7.4 鲜花馈赠

在现代人际交往中，礼物仍然是人们往来的有效媒介之一，它像桥梁和纽带一样直接明显地传递着情感和信息，深深地寄托着人们的情意，无言地表达着人与人之间的真诚关爱。在人际交往中，馈赠鲜花是一种特殊的馈赠形式。

鲜花馈赠

1. 送花的形式

送花的形式分为本人送花和他人转送两种。

① 本人送花：本人送花即为本人亲自送花，是送花的基本形式，在送花的过程中，可以感受到对方的喜悦，也可以直接将自己的心意传达给对方。

② 他人转送：他人可以是自己的家人或朋友，也可以是雇人送花。这种形式可以满足身在异地、不方便亲自送花的需求。雇人送花有时还可以提高送花人和收花人的身份，营造一种浓厚的气氛。

2. 花的形式

花的形式可分为花束、花篮、盆花、插花、花饰、花圈等几类。

① 花束：也叫束花，是以多束鲜花进行组合捆扎成束精心修剪或包装而形成的一种鲜花组合，这种是赠送他人最常见的花的形式。

② 花篮：以各种各样篮子的形式来盛放一定数量的鲜花。与赠送花束相比，赠送花篮显得更隆重、更高档。尤其是在开业、演出、庆寿等场合最为适宜。

③ 盆花：栽种在专门的花盆里，主要用作观赏的花草树木。盆花比较适合喜欢养花草的人，或者是老年人。

④ 插花：指的是运用一定的技巧，将各种鲜花及装饰物经过认真搭配后，插放在花瓶、花篮等放置鲜花的各种容器中。

⑤ 花饰：也称为饰花，往往可以单枝的鲜花进行装饰，也可以用几束鲜花进行组合装饰。最常见的花饰有头花，即戴在头上的花饰；襟花，即装饰在衣襟上的花饰。

⑥ 花圈：指的是用鲜花编扎形成的固定的圆状祭奠物。它仅能用在悼念、缅怀逝者的场合，如追悼会、扫墓等场合。

3. 送花的时机

在人际交往中，什么时候赠送鲜花，为什么事情送花也是有规律可循的。通常赠送他人鲜花主要是为了庆贺他人喜庆的事情，如结婚生子、生日、升学、晋升等。除此之外，有时为了表达慰问和哀思也会赠送鲜花，如为生病、碰到不幸和挫折的朋友、家人赠送鲜花。赠送鲜花的时机可以分为以下几种情况。

① 到他人家中做客时，可以赠送鲜花，以表达感谢和庆贺的意思。

② 迎送他人的时候，当关系亲密的朋友即将远行或是远道而来时，都可以赠送鲜花，以表达自己对他的欢迎之情或者是惜别之意。

③ 示爱、纪念的时候，向自己心仪已久的人表露爱意时，可以送上一束代表爱情的鲜花，借此向对方表达心意。

④ 道歉的时候，有的时候与他人产生矛盾，又难以开口的时候，也可以借由鲜花表达自己的歉意。

4. 花的寓意

在赠人鲜花的时候，也需要了解鲜花的寓意，也即我们常说的花语。在国际社会，人们通常会借用花卉来表达某一种情感、愿望或象征的语言。以下是常用的花的寓意。

① 表示情感：如玫瑰表示爱情，橄榄表示和平，百合表示纯洁，康乃馨表示亲情等。

② 表示城市：如香港特别行政区的区花是紫荆花，上海市的市花是白玉兰，天津市的市花是月季，青岛市的市花是耐冬等。

小结

本章开篇介绍了馈赠及礼物的含义和起源，又从轻重、时机、效用性、投好避忌 4 个方面讲述了馈赠的原则。重点内容是商务涉外馈赠礼仪，其中介绍了礼品的挑选、馈赠的方法和接受礼物三方面的内容。此外，还对鲜花馈赠的特点及注意事项做了简单介绍。

思考与练习

（1）馈赠礼物的原则有哪些？

（2）鲜花馈赠要注意哪些问题？

活动与探索

（1）试谈谈馈赠礼仪应注意把握什么原则。

（2）如果美国总统到你所在的学校演讲，你要代表学校全体同学向总统赠送一份礼物，你会挑选准备什么礼物呢？

Chapter 08

第8章

公共场所礼仪

本章讲述公共场所礼仪的含义与原则，并介绍在行进、交通工具、电影院、购物场所、图书馆等具体公共场所中的礼仪。

名言警句

亲善产生幸福，文明带来和谐。

——【法】雨果

阅读材料

世界赞叹中国"奥运热情"

"加油，加油！"北京奥运会期间，北京及其周边的体育场、游泳馆和其他体育场馆里，到处都能听到这种令人愉悦的鼓励声。这是一种集体性的鼓励，为运动员完成的每一个动作、每一支射出的箭、每一次举起的重量……这就是奥运赛场，热烈而朴实。参加北京奥运会的各国运动员、观看比赛的观众和参与报道的媒体记者纷纷指出，中国人民体现出来的奥运热情令人难忘（见图8-1）。观看比赛的中国观众充满善意，现场气氛热烈，这是国外友人对北京奥运会的"第一大满意"。

图8-1　2008年奥运会场景

美国《华盛顿邮报》报道：在美中男篮比赛中，东道主球迷们给两队以同样热烈的欢呼。当中国队姚明投入一个三分球时，现场中国球迷为他欢呼雀跃，而当美国队科比灌篮成功时，他们也热烈鼓掌。该报道还指出，中国观众的热情不仅限于对中国运动员，即便在一些没有中国运动员参加的比赛中，中国观众也是举止妥当，很有礼貌地鼓掌。

法新社报道说，2008 年 8 月 15 日当天没有著名的中国运动员参赛，比赛也只是预赛，但"鸟巢"的 7 万多名中国观众仍然热情激昂，大喊"加油"，在宣布获胜者的名字时挥舞中国国旗。

8.1 公共场所礼仪的含义与原则

公共场所指的是可供社会成员进行各种活动的社会公用的公共活动空间，如街头、巷尾、楼梯、走廊、公园、车站、码头、机场、商厦、卫生间、娱乐场所、邮政设施、交通工具上等。公共场合最显著的特点，是它的公用性和共享性。它为全体社会成员服务，是社会成员进行社会活动的场所。

公共场所礼仪，是在公共场所需要遵守的礼仪规范，反映了一定的社会公德，是人类文明程度的集中体现，更是社会和谐的综合展现。在社会交往中，良好的公共礼仪可以使人际之间的交往变得更加顺畅，更容易形成良好的人际关系，为社会公众创造一个高质量的生活环境。反之，不良的公共礼仪，会让身处此中的人们缺失信任，受累其中。

人是社会的人，除了个人生活、家庭生活之外，人们还别无选择地要置身于公共场合，参与社会生活。公共礼仪的基本内容，就是人们在公共场合与他人和睦相处、礼让包容的有关行为规范。学习、应用公共礼仪，应当掌握好以下 3 条基本原则。

（1）遵守社会公德。

（2）不妨碍他人。

（3）以右为尊。

8.2 公共场所礼仪

公共场所礼仪需要我们注意生活中方方面面的细节，按照这些礼仪的规范处事，将是一个彬彬有礼的人；不按规范处事，那将是一个不知礼、不懂礼的人，也必然是一个不受欢迎的人。只有懂得相应的礼仪规则，在身处不同的公共场所时才能表现得体。

8.2.1 行进礼仪

在行进过程中，应自尊自爱，以礼待人，自觉遵循有关礼仪规范，表现出自己良好的礼仪修养，具体来讲应注意以下细节。

1. 路上行进

① 要自觉走人行道，不要走车行道，还应自觉让出专用的盲道。无人行道时，应尽量走路边。

② 要按惯例自觉走右侧，不可在左侧逆行（不同国家情况不同，左右有别）。

③ 要保持一定的速度，不要行动太慢，以免阻挡身后的人，不要在马路上停留、休息或与人长谈。

④ 要与其他人保持适当的距离。两人一起走路时，不要把手搭在对方肩上；走廊内不要多人并排同行；在马路上不要多人携手并肩行走，造成拥堵。

⑤ 在行走时，应体现"女士优先"的原则，男士应礼让女士，进出大门和在走廊行走，或上下车时，男士不应抢在女士前面。

2. 上下楼梯

① 上下楼梯均应靠右侧行走（有的国家为左侧），不应多人并排行走。

② 为人带路上下楼梯时，应走在前面。

③ 上下楼梯时不应进行交谈，更不应站在楼梯上或楼梯拐弯处进行深谈，以免妨碍他人通过。

④ 男性与长者、异性一起上下楼梯时，如果楼梯过陡，应主动走在前面，以防对方有闪失。

⑤ 上下楼梯时，既要注意楼梯，又要注意与身前、身后的人保持一定的距离，以防碰撞。

⑥ 上下楼梯时，不管自己有多么急的事情，都不应推挤他人，也不要快速奔跑。

请走人行横道

小王是某公司员工，快过节了，公司发了一箱饮料，虽然不重但体积很大，提在手上不是件轻松的事。小王要过马路去坐车，马路中央用铁栏杆隔开了，有两处地方可以通过马路，那里有一小段没有铁栏杆。一般情况下，小王都是在没有铁栏杆的正面垂直通过马路，但是今天，小王看到远处马上就有汽车驶来，如果走到没有铁栏杆的正面时，汽车刚好就过来了，那样就得等很长时间才能通过马路。于是小王就想从马路上斜穿过去，但当他走到马路中央时，一名警察制止了他，告诉他应该走斑马线，而且一定要他回去重新走一次。没办法，小王只好回到马路边上，这样一来，小王不但没有节省时间，反而更浪费了时间。

分析：小王的行为有哪些安全隐患？如果你是小王，你会怎么做？

8.2.2 乘电梯礼仪

1. 注意安全

电梯关门时，不要扒门，不要强行挤人。在电梯超载时，不要强行进入。

2. 注意秩序

① 等电梯时，先按一下电梯口的上（下）按钮，然后站到电梯的一侧。

② 电梯到达后，应先出后进，不要争先恐后，要遵循"尊者为先"的原则，晚辈礼让长辈，男士礼让女士，职位低者礼让职位高者。如果与尊长、女士、客人同乘电梯，要视电梯类别，尽量把无控制按钮的一侧让给尊长者和女士。

③ 在商场、机场或娱乐场所乘自动扶梯，一般应站在原地顺其行进方向上下，并自觉靠向右侧（有些国家是左侧），给有急事的人留出一条通道。

3. 主动服务

乘电梯时，即便电梯中的人互不相识，但站在开关处者，也应主动做好开关电梯门的服务工作。

阅读材料

乘坐电梯时应注意以下细节

等候电梯时，不应挡住电梯门口，以免妨碍电梯内的人出来。

在电梯里，尽量站成"凹"字形，腾出空间，以便让后进入者有地方站。

进入电梯后，面朝电梯口站立，以免造成面对面的尴尬。

在电梯里，不应高声谈笑，不能吸烟，不能乱丢垃圾。

在电梯里，如发生突然偏梯或其他事故，不要惊慌失措，应立刻打电话通知检修人员检修。

8.2.3 乘交通工具礼仪

交通出行已经成为现代社会人们日常生活的重要组成部分。无论乘坐轿车、公共汽车，还是乘坐火车、轮船、飞机，都应遵守一定的礼仪规范。

1. 乘坐轿车时

在乘坐轿车时，应遵守乘车礼仪，并注意以下细节。

① 乘坐轿车应遵循客人为尊、长者为尊、女士为尊的礼仪规则。

■ 在正式场合，乘坐轿车应分清座位的主次，找准自己的位置；而在非正式场合，则不必过分拘礼。

■ 有专职司机驾车时，其排位自高而低依次为后排右座、后排左座、后排中座、副驾驶座，此时后排的位置应当让长者坐。

■ 当主人亲自开车时，副驾驶座不能空着，应让给长者，其余的人坐后排。由先生驾驶私家轿车时，则其夫人一般应坐在副驾驶座上。

■ 吉普车前排副驾驶座为上座，其他座次由高而低依次为后排右座、后排左座。四排座及以上的中型或大型轿车排位，应由前而后，由右而左，依距离前门远近排定。

② 上车时，驾车人应将车子开到客人跟前，下车帮客人打开车门，站在客人身后请其先上车。若客人中有长辈，还应扶其先上车，自己后上。另外，关门时切忌用力过猛。

③ 下车时，主人或工作人员应先下，帮助客人打开车门，迎候客人或长者下车。

④ 夫妇两人被主人驾车送回家时，最好有一人坐在副驾驶座上，与主人相伴，而不要双双坐在后排。图8-2、图8-3、图8-4、图8-5分别用图示方法列出了双排五人座、双排六人座、双排七人座、三排九人座乘车的座次安排。

（a）主人驾车　　　　　　　　　　（b）司机驾车

图8-2　双排五人座车乘车座次

（a）主人驾车　　　　　　　　　　（b）司机驾车

图8-3　双排六人座车乘车座次

（a）主人驾车　　　　　　　　　　　　（b）司机驾车

图 8-4　双排七人座车乘车座次

（a）主人驾车　　　　　　　　　　　　（b）司机驾车

图 8-5　三排九人座车乘车座次

2. 乘坐公交车时

乘坐公交车应讲究文明礼貌，并注意以下细节。

① 候车应按先来后到的顺序在站台上排队，车辆进站，应等车停稳后依次上车，对妇女、儿童、老年人及病残者要照顾谦让。

② 上车后不要抢占座位，更不要把物品放到座位上替别人占座。遇到老、弱、病、残、孕及怀抱婴儿的乘客应主动让座。

③ 在车上与人说话应轻声，不要大声谈笑或与爱人过分亲昵。

④ 应讲究乘车卫生，不要在车上随地吐痰、乱扔果皮、纸屑；禁止在车上吸烟。

⑤ 下雨天上车后，应把雨衣脱下，不要让雨水沾湿别人的衣服；雨伞要伞尖朝下放置好。拎着鱼、肉或湿东西上车时，应事先把东西包好，以免蹭脏别人的衣服。

⑥ 下车应提前做好准备，在车辆到站之前向车门靠近。车内十分拥挤，需要他人让路时，应有礼貌地请前面的乘客让一下或调换一下位置。在调换过程中，动作要缓和，注意不要拥挤别人。如果自己暂时不下车，应主动为下车的乘客让路。车辆到站后，应依次下车，并应照顾礼让老、弱、病、残、孕和儿童。

3. 乘坐火车时

乘坐火车时应自觉遵循乘车礼仪，并注意以下细节。

① 在候车时应自觉遵守公共卫生，要保持安静，不要大声喧哗，不要随地吐痰，不要乱扔废物，检票时排队依次前行，不要拥挤、推搡。

② 上车后不要见座就坐，甚至抢座。若未持有坐票，就座前应礼貌地征求邻座的同意后再坐。

③ 使用行李架时，应相互照顾，不要独占太多空间，不要粗暴地将自己的行李放在别人的行李上；当移动别人行李时应征得对方同意；往行李架上放行李时，不要穿鞋直接踩踏座位；行李放好后，应礼貌地向邻座的乘客打招呼点头示意。

④ 坐定后，待时机成熟时再与邻座交谈。在交谈时，不要打听对方隐私，不要冒失地索要对方的地址、电话，也不要旁若无人地嬉笑打闹。

⑤ 在卧铺车厢，不要盯视他人的睡前准备和睡相，自己脱衣就寝时，应背对其他乘客。

⑥ 当乘务员来打扫卫生和提供其他旅途服务时，应主动予以配合，提供方便并表达谢意，必要时应给予帮助。

⑦ 当看到不良行为、不法行为时，要协助乘警、乘务员制止、抵制不法行为。

阅读材料

雷锋出差一千里，好事做了一火车

雷锋经常出去做报告，他走到哪里就把好事做到哪里。因此流传着这样一句话："雷锋出差一千里，好事做了一火车。"

一天，雷锋坐上了从抚顺开往沈阳的火车。他看到坐车的人很多，就把座位让给了一位老人。他看到列车员忙不过来，就主动帮着扫地、擦玻璃、倒开水、帮助下车的旅客拿东西，忙个不停。有人劝他说："看把你累的，都满头大汗了，快歇歇吧！"可他却说："我不累。"

在沈阳换车的时候，一到出站口，雷锋就看见一群人围着一个背小孩的中年妇女，原来她把车票丢了。只见那个中年妇女浑身上下翻了个遍，车票还是没有找到。雷锋不由得上前问道："大嫂，你到哪儿去啊？怎么把车票弄丢了？"那位妇女着急地说："俺从山东来，到吉林去看孩子他爸，不知什么时候把车票和钱都丢了，这可怎么办啊？"雷锋听了，说："大嫂！你跟我来吧！"雷锋领着那位妇女来到售票处，用自己的津贴买了一张到吉林的车票，塞到大嫂手里，说："快上车吧，车就要开了。"那位大嫂手里拿着车票，感动得热泪盈眶，说："大兄弟，你叫什么名字？是哪个单位的？"雷锋笑了笑，心想，大嫂还想还我钱呢，就不在意地说："大嫂，别问了，我叫解放军，家就住在中国！"

又有一次，雷锋从丹东做报告回来，还是在沈阳换车，在地下通道里看到一位老大娘，白发苍苍，拄着拐杖，还背着一个大包袱，非常吃力地走着。雷锋走上前问道："大娘！您这是上哪儿去啊？"老大娘气喘吁吁地说："我从关里来，要去抚顺看儿子。"雷锋一听，是和自己同路，就把包袱接过来，扶着老大娘上了车。车上人挺多，雷锋给老大娘找了一个座位。老大娘告诉雷锋，她儿子是煤矿工人，出来好几年了，她这是头一次去看儿子。说着，从怀里掏出一封信，雷锋看了看信封上的地址，只写着抚顺市××信箱。老大娘急切地问雷锋："孩子，你知道这地方吗？"雷锋说："您放心吧，下了车，我一定带您找您的儿子。"老大娘听了，脸上露出了笑容。车到了抚顺，雷锋背起老大娘的包袱，搀着老大娘，东打听，西打听，找了两个多小时才找到。母子一见面，老大娘就对儿子说："多亏了这位解放军，要不然还找不到你呢！"母子一再感谢雷锋。雷锋却说："谢什么啊，这是我应该做的。"

4. 乘坐轮船时

在乘坐轮船时，应自觉遵守乘船礼仪，并注意以下细节。

① 上下船时，应按先后次序排队，不要拥挤、插队。与长者、女士、孩子一起时应请他们走在前面，或者以手相扶，必要时应给予照顾和帮助。

② 在上下船时应注意安全，走跳板或小船时，不要乱蹦乱跳，而要小心翼翼，不要去不宜前往的地方，如轮机舱、救生艇及桅杆上；不要一个人在甲板上徘徊；不要擅自下水游泳等。乘船时不得随意携带易爆品、易燃品、易腐蚀物品、枪支弹药、腐烂性物品、家畜等动物及其他一些违禁品。

③ 登船时应自觉接受有关人员对人体和行李的安全检查，要积极配合，不要非议或拒绝。

④ 乘船时应对号入座。若自己买的是不对号的散席船票要听从船员的指挥、安排，不要随意挪动或选择地方。

⑤ 应自觉遵守公共卫生，要保持安静，不要大声喧哗、随地吐痰、乱扔废物，也不要吸烟。

⑥ 若自己周围有人晕船、生病，应给予力所能及的帮助，不应对其另眼看待或是退避三舍。

⑦ 乘船旅途中若发生了难以预料的天灾人祸，要听从指挥，尽心尽力地先救助其他人，不要惊慌失措，夺路而逃。

5. 乘坐飞机时

在乘坐飞机时，应自觉遵守乘机礼仪，并注意以下细节。

① 上下飞机时，空中小姐会站在机舱门口迎送，并热情问候乘客，应向她们点头致意或问好。

② 登机后应对号入座。不要随地吐痰，不能在飞机上吸烟。在机舱内谈话声音不可过高，尤其是其他乘客闭目养神或阅读书报时，不要喧哗。

③ 对所有人，不论民族和种族，都应一视同仁，以礼相待。如果别的乘客主动向你打招呼或想找你攀谈，若非十分疲倦，应当友好地应对。若你打算休息一下而不想交谈，则应向对方说明并表示歉意。

④ 遇到班机误点或临时改降、迫降时，不要惊慌失措，而要保持镇静，并积极与机场或乘务人员配合。

⑤ 下飞机后找不到行李，不要着急，应请机场管理人员协助查找。即使行李丢失，航空公司也会照章赔偿。

阅读材料

飞机客舱内不能用手机和其他电子类产品

在飞机上，使用手机和其他电子类产品会干扰飞机的通信、导航、操纵系统，以及飞机与地面的无线信号联系，尤其在飞机起飞和下降时干扰更大，即使只造成很小角度的航向偏离，也有可能导致机毁人亡的后果。

以移动电话为例，移动电话不仅在拨打或接听过程中会发射电磁波信号，在待机状态下也在不停地和地面基站联系，虽然每次发射信号的时间很短，但却具有很强的连续性。飞机在平稳飞行时，距地面 6000 ～ 12000 米，此时手机根本接收不到信号，无法使用，在起飞和降落过程中，手机才有可能与地面基站取得联系，但此时干扰导航系统产生的后果最为严重。各航空公司在机上广播词中加入了要求旅客在飞机上关掉随身携带的便携式电子装置电源的内容，飞机上禁止使用的电子装置有手机、游戏机遥控器、业余无线电接收机、笔记本电脑、CD 唱机等（见图 8-6）。

亲，飞行模式
也不可以哦！

图 8-6　乘飞机时禁用各类电子产品

8.2.4 影剧院礼仪

在剧场、影院、音乐厅等场所，应自觉遵守有关礼仪并注意以下细节。

① 观看文艺演出和高雅或高规格的演出，应做到仪表整洁得体。男士穿着西装或礼服，女士也应着正规套装或礼服。

② 不论陪同领导或贵宾，还是个人观看演出，都应自觉遵守剧场规则。如是专场演出，则一般让普通观众先入场，嘉宾在开幕前由主人陪同入场，此时，其他观众应有礼貌地起立鼓掌表示欢迎。

③ 观看演出时，应提前入场，不应迟到。如果有事迟到了，最好在幕间休息时入场。如果是看电影，应跟随服务员悄然入场，并尽可能放轻脚步，通过让座者时应与其正面相对，切勿让自己的臀部正对着他人，同时向被打扰的周围观众轻声致歉，对起身礼让的观众致谢。

④ 入座后，戴帽的应脱帽，不要左右晃动身体，以免影响他人的视线，同时，不应把身旁的两个扶手都占用了，因为你身边的人也有权使用它。

⑤ 在演出进行中，不可抽烟，不可随地吐痰、乱扔果皮杂物；吃东西时，应尽量不发出响声；携带手机的应将其关闭；如有规定不能摄影，则应按规定行事；与恋人一起观看影剧时，不应有过分亲昵的举动。

⑥ 当演出到精彩之处时，可以通过鼓掌、喝彩等形式向演员致意。但应注意把握好分寸，不宜用吹口哨、怪叫、跺脚等方式宣泄情感。若演出中出现一些故障或特殊情况，应采取谅解的态度，不应喧闹、怪叫、喝倒彩。

⑦ 演出未结束，若有急事中途退场，应轻声离座，并尽可能地利用幕间退出。否则既影响别人观看，也是对演员的不尊重。演出快结束时，不能抢先出场而离座，应在演出结束后退场。

⑧ 给演员献花，应选择适当的机会和时间，一般在演出结束或演员谢幕时为好。请自己喜爱的演员签名，也应分场合和情况，缠住演员不放是很失礼的行为。

⑨ 演出结束后，观众应起立向演员热烈鼓掌，对他们的劳动和精彩演出表示感谢。在演员谢幕前便匆忙离去是对演员不礼貌的行为。如有贵宾在场，一般应待贵宾退席后再有秩序地离开，不应推搡。

阅读材料

3D 电影院

电影开始前，大家陆续就座了。忽然后面有个女人说："哇，好像不戴 3D 眼镜看起来一样嘛！3D 眼镜好像没什么用嘛！"声音还很大、很聒噪。电影开始了之后，大家陆陆续续聊了一会儿，终于因为剧情吸引人而安静下来。

接着，中间有些人的手机不停在响，然后很招摇地接手机。周围几排的人都能听见他们在聊自己的事情。

电影终于快结束了。大家也开始骚动起来，都等不及电影结束就开始发表自己的感想。

请分析：案例中哪些行为有失公共礼仪？

8.2.5 体育比赛礼仪

不论参加体育比赛，还是在观看体育比赛时，都应自觉遵守赛场秩序，遵守有关礼仪，注意以下细节。

1. 参赛者

参赛者应严格遵守体育比赛的有关规定，自觉遵守赛场秩序，不允许冒名顶替，弄虚作假。应自觉尊重裁判、服从裁判，即使裁判有误，也应按有关程序反映，不应在赛场上大喊大叫，争吵不休。应充分发扬友谊第一、比赛第二的体育道德精神。不论是输还是赢，都应把比赛对手当成朋友。还应善待热心观众，支持记者的工作。

2. 观众

观众在观看比赛时，应自觉遵守赛场秩序，拥戴偶像应适度，宣泄情感应文明。为运动员加油助威的标语口号内容应健康，对本方的运动员和另一方运动员都应加油助威，对精彩表演都应掌声鼓励。

体育比赛中观众的不良行为

袒胸露背，赤膊上阵。

对运动员在比赛中的一些失误，喝倒彩或发出"嘘"声。

偏袒起哄。对对方运动员和拉拉队使用不文明的语言和手势，甚至向运动员投掷物品或呼喊起哄。

8.2.6 就诊礼仪

在医院这种特殊的场所，无论是门诊检查还是住院治疗，都应讲究文明，自觉遵守有关礼仪，注意以下细节。

在门诊看病应排队挂号。如有特殊情况需马上就诊，应向前面等候的人说明原因，求得谅解和同意。不要在候诊室里喧哗吵闹、随意走动、大声呻吟、吸烟、随地吐痰、乱丢杂物等。

在就医的过程中，应尊重和信任医生，如对医生的诊断有怀疑，可委婉礼貌地向医生说明原因，请医生再做考虑。如果自己认为医生对疾病做出了不当处理，应认真询问处理依据。即使确认属于医生的责任事故，也不可纠集亲友聚会寻事，而应通过正当的途径来解决问题。

8.2.7 购物礼仪

购物是我们生活中极为普通的事情，在购物的过程中，作为顾客的我们也应注意自己的举止，自觉遵守有关礼仪，注意以下细节。

① 在购物时应礼貌客气，当需要营业员提供服务时，应礼貌客气地提出请求，不应用命令的语气说话，更不可盛气凌人。

② 在挑选商品时，应该事先考虑一下，不应在选购时过分挑剔、换来换去，如由于某些原因需要调换已买好的商品，应耐心地向营业员说明原因。如理由正当而遭拒绝，可向商店领导反映，不应与营业员争吵。

③ 在需要排队购物的地方，不能插队，对于老、弱、病、残及妇女儿童，应有礼让精神。在离开柜台时，对营业员所提供的服务应表示谢意。

到自选商场购物，可随意挑选自己满意的商品。没选中的应放回原处，不应乱放。选好商品以后，将其放在商场提供的购物车（篮）里，主动到出口处付款。

8.2.8 游园礼仪

游园是一种常见的休闲形式。在游园时，应讲究社会公德，遵守有关游园礼仪，并注意以下细节。

① 游园是一种休闲活动，着装应以休闲装为主，可穿着牛仔服、运动服、夹克衫等服装，还可以穿背心、短裤，戴上棒球帽、太阳镜等。不应西装革履，这与游园的轻松气氛不协调。

② 在游园时，所穿的鞋既应时髦、漂亮，更得合脚、轻软、防扎、防水、防滑，穿旅游鞋最佳，不宜穿皮鞋，尤其是高跟皮鞋。

③ 在游园时，应当淡妆、简饰，也可以不化妆，不佩戴饰物。假如有必要进行一些修饰，也应化淡妆，并以少用饰物为宜。

④ 在参加娱乐活动时，应当自觉排队，讲究先来后到，服从工作人员的管理，不应一拥而上，给别人添麻烦。

⑤ 拍照、摄像时应避免与其他人为争抢好位置、好角度而发生不快。应当相互谦让，按照先后次序进行，不能争路先行或争抢拍照景点。对要求不准拍照或不得使用闪光灯的文物建筑等，应严格遵守其规定。不应进入"请勿入内"的草地或鲜花丛中拍照，也不应到危险或不宜攀登的地方照相。合影时，如需别人帮忙，应礼貌地提出请求并表示谢意。

⑥ 在游园时，若有人向自己微笑、打招呼，应立即予以回答，不可不予理睬。不应尾随他人，或是悄悄旁听其他人的介绍与交谈。

⑦ 在公园练歌、唱戏、跳舞时，应尽量避免干扰其他人。恋人或夫妻不能表现得过分亲昵，对于自己的孩子，也应严加管束。

⑧ 在游园时，对文物古迹应倍加爱惜，不应乱写、乱刻、乱画；对公共设施和树木花草应爱护，不应随意在树木雕塑建筑上攀高、乱摸、乱碰，肆意践踏破坏；对园林里放养的珍禽异兽，不应进行抓捕、恐吓。

⑧ 公园和其他一些旅游景点所设置的长椅长凳，是供游人作短暂休息用的，不可只顾自己，不能一个人长时间占用。许多公园的儿童游艺场是专为儿童设计的，应注意爱护，成年人不可去玩，以防损坏相关设施。

⑩ 游园时应自觉保护环境卫生。不要随地吐痰，不乱扔果皮、纸屑、烟蒂、塑料袋、包装盒、易拉罐、饮料瓶等。不准随地大小便，对于自己所带的儿童，也应教育其大便进卫生间，绝不能任其到处随意"方便"。

阅读材料

游园注意事项

在湖滨、河畔游览和登船游玩时，不应肆意打斗追逐，以防翻船落水。

不应只身独闯危险地段。

不应在公园里进行攀岩、跳岩、滑滑板等比较危险的运动。

在拍照、摄像或观看动物时，应脚下留神，头脑清醒，防止发生意外事故。

吸烟者、野餐者、野炊者需特别注意防火。

应注意饮食卫生，特别是应当避免生食各种食物，以防食物中毒。

8.2.9 吸烟礼仪

吸烟有害健康，吸烟者应尽早戒烟。有吸烟习惯的人应特别注意文明吸烟，自觉遵守吸烟有关礼仪，并注意以下细节。

1. 注意场合

凡是在贴有"禁止吸烟"（见图 8-7）或"无烟室"等字样的地方和有空调的房间、没有摆放烟灰缸的房间及公共场所（如车、飞机、船、影剧院、展览馆、医院病房等），都应自觉禁烟，遵守社会公德。

在工作、参观、谈判和进餐中，一般不应吸烟或少吸烟。

与长者或女士共处一室时，最好不要吸烟，要吸烟也应先征得别人同意。在私人住宅，如果主人不吸烟，又未请客人吸烟，客人最好不要吸烟。

图 8-7 "禁止吸烟"标志

2. 注意文明

吸烟时，不应把烟灰、烟蒂、火柴棒到处乱丢，而应放入烟灰缸内。找不到烟灰缸时，应请主人拿给自己。丢烟头时，应将烟掐灭放入烟灰缸内，不要让烟头在烟灰缸里继续冒烟。

3. 讲究礼节

敬烟时先敬长者，如女士中有吸烟者，应先敬女士。敬烟时，手不应碰到过滤嘴，不可用手取出一支递给对方，更不可将烟扔给对方，而应把数支烟抖出烟盒递给对方，请对方自取。敬烟时，如对方谢绝，则不应勉强。对外宾不必敬烟，外国人通常没有敬烟的习惯。

点烟时，应先给对方点。若用火柴点烟，划着火柴后，应一手护火挡风，一手递火，为对方点着香烟。如有女士吸烟时，男士应主动为女士点烟。当别人为自己点烟时，应躬身相迎，烟点完后，应向对方致谢。

自己如果不吸烟，当别人吸烟时，应尽量克制自己，不应露出厌恶的神色。

阅读材料

吸烟禁忌

不应一直吸到烧手或吸到过滤嘴边缘。

不应将烟雾向别人直喷过去。

不应从鼻孔里往外吐烟。

不应当众吐烟圈。

不应使劲并发出声响。

不应叼着烟与人谈话。

不应走着路吸烟。

不应把烟夹在耳朵上。

不应在电扇和空调的上风处吸烟。

不应在公共厕所吸烟。

不应在写字楼楼道吸烟。

不应在要求禁烟的公共场所吸烟。

小 结

本章开篇介绍了公共场合礼仪的三项原则：尊重社会公德、不妨碍他人和以右为尊，先让读者对公共场所礼仪有个基本的认识。之后又系统地介绍了 9 个常见公共场所的具体礼仪，使读者能够全面地认识到公共场合礼仪的重要性。

思考与练习

（1）在公共场所应当遵守哪些礼仪？简单举出几个例子。

（2）如果有人在公共场所吸烟，你应该怎么做？

活动与探索

（1）试分析开篇案例反映出怎样的中国精神。

（2）与朋友们交流自己见到的公共场所不文明现象，并指出其不文明之处。

Chapter 09

第 9 章

餐饮礼仪

在人际交往中，餐饮已成为一项主要的社会交际活动，人们经常以此来招待亲朋好友或者接待客户，以展现个人的良好修养，表现对交往对象的敬重、友好和诚意。

本章概述餐饮礼仪的含义和原则，分析宴会的形式及礼仪，分别介绍中餐、西餐的文化与习惯及讲解酒水与茶叶的种类和饮用方法等。

名言警句

你在品味食物，别人在品味你。

——【加拿大】英格丽·张

9.1 餐饮礼仪概述

9.1.1 餐饮礼仪的含义

餐饮礼仪是指人们在赴宴进餐过程中，根据一定的风俗习惯和约定俗成的程序和行为，在仪态、餐具使用、菜品食用等方面表现出的自律和敬人的行为，是餐饮活动中需要遵循的行为规范与准则。

9.1.2 餐饮礼仪的原则

1. 4M 原则

4M 原则是餐饮礼仪的第一条基本原则，它是在世界各国广泛应用的一条礼仪原则。其中的"4M"指的是 4 个以 M 开头的单词：菜单（Menu）、举止（Manner）、音乐（Music）和环境（Mood）。

4M 原则的主要含义，指的就是在安排或者参与餐饮活动时，必须优先对菜单、举止、音乐、环境 4 个方面的问题加以高度重视，并力求使自己在这些方面的所作所为符合律己、敬人的行为规范。

2. 餐饮适量原则

餐饮适量原则是餐饮礼仪的第二条基本原则。它的主要含义是在餐饮活动中，不论是活动的规模、参与的人数、用餐的档次，还是饮食的具体数量，都要量力而行。务必要从实际需要和实际能力出发，进行力所能及的安排。

9.2 宴请的礼仪规范

宴请是社会交往中最常见的交际活动之一。各国的宴请都有自己国家或民族的特点与习惯。

9.2.1 宴请的形式

国际上通用的宴请形式有宴会、招待会、茶会、工作餐等，每种宴请都有特定的规格和要求。举办宴请活动采用何种形式，通常应根据活动的目的、邀请对象及经费开支等各种因素而定。

宴请的形式

1. 宴会

宴会为正餐，坐下进食，由招待员顺次上菜。宴会有国宴、正式宴会、便宴之分。按举行的时间，又有早宴（早餐）、午宴、晚宴之分（见图 9-1）。

宴会的隆重程度、出席规格及菜肴的品种与质量等均有区别。一般来说，晚上举行的宴会比白天举行的宴会更为隆重。

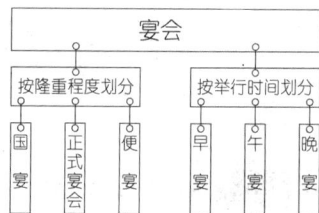

（1）国宴

国宴是国家元首或政府首脑为国家的庆典，或为外国元首、政府首脑来访而举行的正式宴会，因而规格最高。宴会厅内悬挂国旗，安排乐队演奏国歌及其他音乐。席间还有致辞或祝酒等活动。

（2）正式宴会

正式宴会除不挂国旗、不奏国歌及出席规格不同外，其余安排大体与国宴相同。有时也会安排乐队演奏音乐。宾主均按身份排位就座。许多国家的正式宴会十分讲究排场，在请柬上会注明对客人服饰的要求。外国人对宴会服饰比较讲究，往往从服饰规定就能体现

图 9-1　宴会分类

宴会的隆重程度。对餐具、酒水、菜肴道数、陈设及服务员的装束、仪态等都要求很严格。菜肴通常包括汤和几道热菜（中餐一般为 4 道，西餐 2～3 道），另有冷盘、甜食、水果等。

阅读材料

正式宴会用酒

国外正式宴会餐前会上开胃酒。常用的开胃酒有雪梨酒、白葡萄酒、马丁尼酒、金酒加汽水（冰块）、苏格兰士威忌加冰水（苏打水），另有啤酒、水果汁、番茄汁、矿泉水等。席间佐餐用酒，一般多为红葡萄酒和白葡萄酒，很少用烈性酒，尤其是白酒。餐后在休息室会上一小杯烈性酒，通常为白兰地。

我国的正式宴会做法较简单，餐前如有条件，在休息室稍事叙谈，通常上茶和汽水、啤酒等饮料。如无休息室也可直接入席。席间一般用两种酒，一种甜酒，一种烈性酒。餐后不再回休息室座谈，亦不再上餐后酒。

（3）便宴

便宴即非正式宴会，常见的有午宴、晚宴，有时亦有早上举行的早宴（见图 9-2）。这类宴会形式简便，可以不排席位，不做正式讲话，菜肴道数亦可酌减。西方人的午宴有时不上汤和烈性酒。便宴最大的特点是自由、轻松，较随便、亲切，适合于日常友好交往。

（4）家宴

家宴即在家中设便宴招待客人（见图 9-3）。西方人喜欢采用这种形式，以示亲切友好。家宴往往由主妇亲自下厨烹调，家人共同招待，也可采用自助餐形式，气氛亲切、轻松、自由。

图 9-2　便宴

图 9-3　家宴

2. 招待会

招待会是指各种不备正餐、较为灵活的宴请形式，会上备有食品、酒水饮料，通常都不排席位，可以自由活动。常见的有冷餐会和酒会两种形式。

（1）冷餐会

冷餐会（自助餐）的特点是不排席位，菜肴以冷食为主，也可用热菜，连同餐具陈设在菜桌上，供客人自取（见图 9-4）。客人可以自由活动，也可以多次取食。酒水可陈放在桌上，也可由招待员端送。冷餐会在室内或在院子里、花园里举行，可设小桌、椅子，客人自由入座，也可不设座椅，站立进餐。根据主、客双方身份，招待会规格隆重程度可高可低，举办时间一般在中午 12 时至下午 2 时、下午 5 时至 7 时。这种形式常用于官方正式活动，以宴请人数众多的宾客。

我国举行的大型冷餐招待会往往用大圆桌，设座椅，主宾席排座位，其余各席不固定座位，食品与饮料均事先放置桌上，招待会开始后，自助进餐。

（2）酒会

酒会又称鸡尾酒会（见图9-5）。这种招待会形式较活泼，便于广泛接触交谈。被邀请参加鸡尾酒会的客人一般都要认真修饰，例如，男士要穿西服，女士要化妆、穿小礼服等。食品以酒水为主，略备小吃，不设座椅，仅置桌台，以便客人随意走动。酒会举行的时间亦较灵活，中午、下午、晚上均可，请柬上往往注明整个活动持续的时间，客人可在其间任何时候到达和退席，来去自由，不受约束。

图9-4　冷餐会

图9-5　酒会

鸡尾酒是用多种酒配成的混合饮料。酒会上不一定都用鸡尾酒，但通常用的酒类品种较多，并配以各种果汁，不用或少用烈性酒。食品多为三明治、面包、小香肠、炸春卷等各种小吃，以牙签取食。饮料和食品由招待员用托盘端送，或部分放置小桌上。

近年国际上举办的大型活动多采用酒会形式。庆祝各种节日、欢迎代表团访问，以及各种开幕、闭幕典礼，文艺、体育运动前后往往举行酒会。

阅读材料

鸡尾酒

鸡尾酒是指两种或两种以上的酒和果汁、香料等混合而成的饮料，多在饮用时临时调制。

鸡尾酒是一种量少而冰镇的酒。它是以朗姆酒、金酒、龙舌兰、伏特加、威士忌等烈酒或是葡萄酒作为基酒，再配以果汁、蛋清、苦精、牛奶、咖啡、可可、糖等其他辅助材料加以搅拌或摇晃而成，最后还可用柠檬片、水果或薄荷叶作为装饰物。

鸡尾酒由两种或两种以上的非水饮料调和而成，其中至少有一种为酒精性饮料。像柠檬水、中国调香白酒等都不属于鸡尾酒。用于调酒的原料有很多类，各种酒所用的配料种数也不相同，有两种、三种甚至五种以上。就算以流行的配料种类确定的鸡尾酒，各配料在分量上也会因地域不同、人的口味各异而有较大变化，从而冠用新的名称。鸡尾酒必须有卓越的口味，而且这种口味应该优于单体。品尝鸡尾酒时，舌头的味蕾应该充分扩张，方能尝到刺激的味道。如果过甜、过苦或过香都会影响品尝风味的能力，降低酒的品质，这是调酒时所不允许的。

经过 200 多年的发展，现代鸡尾酒已不再是若干种酒及乙醇饮料的简单混合物。虽然其种类繁多、配方各异，但都是由各调酒师精心设计的佳作，其色、香、味兼备，盛载考究，装饰华丽，除圆润、协调的味觉外，观色、嗅香，更有享受、快慰之感。甚至其独特的载杯造型，简洁妥贴的装饰点缀，无一不充满诗情画意（见图 9-6）。

图 9-6 鸡尾酒

3. 茶会

茶会是一种简便的招待形式，举行的时间一般在下午 4 时左右（也有上午 10 时举行的）。茶会通常设在客厅（不用在餐厅），厅内设茶几、座椅，不排席位。如果是为某贵宾举行的活动，入座时，要有意识地将主宾同主人安排坐到一起，其他人则随意就座。茶会，顾名思义，是请客人品茶。因此，茶叶、茶具的选择要有所讲究，或具有地方特色。一般用陶瓷器皿，不用玻璃杯，也不用热水瓶代替茶壶。外国人组织的茶会一般用红茶，略备点心和地方风味小吃，也有不用茶而用咖啡的，其组织安排与茶会相同。

4. 工作餐

工作餐是现代国际交往中经常采用的一种非正式宴请形式（有的时候由参加者各自付费），利用进餐时间，边吃边谈工作（见图 9-7）。工作餐按用餐时间分可为工作早餐、工作午餐、工作晚餐。在代表团访问中，往往因日程安排不开而采用这种形式。此类活动一般只请与工作有关的人员，不请配偶。双边工作进餐往往排席位，尤其用长桌更便于谈话。如用长桌，其座位排法与会谈桌席位安排相同。

图 9-7 工作餐

9.2.2 宴请的礼仪

以宴请的方式来款待宾客，是交往中一项经常性的活动（见图 9-8）。成功的宴请能体现主人的诚意与修养，而成功的宴请更需要成功的组织。礼节在宴请中占据着举足轻重的地位。本节将具体介绍宴会各个流程当中的礼仪及注意事项。

1. 制订宴请计划

想要宴请成功，制订宴请计划就尤为重要，它可以使宴请更顺畅和谐。

宴请的礼仪

计划要确定宴请的目的、名义、参加者及时间地点等一系列问题。考虑这些问题时，必须兼顾政治氛围、文化传统、民族习惯等因素的影响。

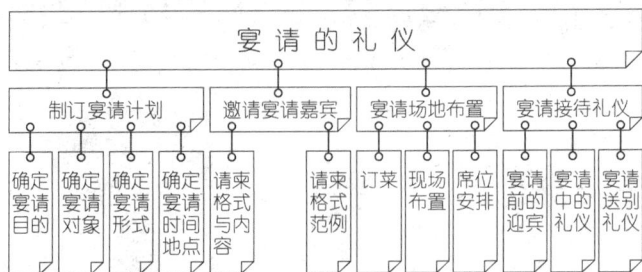

图 9-8　宴请的礼仪

（1）确定宴请目的

宴请的目的是多种多样的，可以是为某一个人宴请，也可以是为某一件事宴请，可以表示欢迎、答谢、欢送，也可以表示庆贺、纪念等。例如，为欢迎代表团来访，为庆祝某一节日、纪念日，为外交使节或外交官员的到离任，为展览会的开幕、闭幕，某项工程动工、竣工等。在国际交往中，还经常根据需要举办一些日常的宴请活动。

（2）确定宴请对象

确定宴请对象和范围的依据是宴请的性质、目的、主宾的身份、国际惯例及其他有关要求。

具体而言，确定宴请对象是指请哪些方面人士，请到哪一级别，请多少人，主人一方请什么人出来作陪，这都是要考虑的因素。邀请范围要根据宴请的性质、主宾的身份、国际惯例，以至当前政治氛围等划定。各方面都要想到，不能只顾一面。

邀请范围与规模确定之后，即可草拟具体邀请名单。被邀请人的姓名、职务、称呼，以至对方是否有配偶参加等信息都要准确。多边活动尤其要考虑政治关系，对政治上相互对立的国家是否邀请其人员出席同一活动，要慎重考虑。

（3）确定宴请形式

宴请采取何种形式，在很大程度上取决于当地的习惯做法。一般来说，正式、规格高、人数少的以宴会为宜，人数多则以冷餐或酒会更为合适，妇女界活动多用茶会。

目前各国礼宾工作都在简化，宴请范围趋向缩小，形式也更为简便。酒会、冷餐会被广泛采用，而且中午举行的酒会往往不请配偶，不少国家招待国宾宴会只请身份较高的陪同人员，不请其他随行人员。我国也在进行改革，提倡多举办冷餐会和酒会以代替宴会。

（4）确定宴请时间、地点

宴请的时间应对主、客双方都适合。驻外机构举行较大规模的活动，应与驻在国主管部门商定时间。注意不要选择对方的重大节假日、有重要活动或有禁忌的日子和时间。小型宴请应首先征询主宾意见，最好选择适当机会口头当面约请，也可用电话联系。主宾同意后，时间即被认为最后确定，可以按此约请其他宾客。宴请地点的选择要因活动性质、规模大小、形式、主人意愿及实际可能而定。官方正式隆重的活动，一般安排在政府、议会大厦或宾馆内举行，其选定的场所要能容纳全体人员。举行小型正式宴会，在条件允许的前提下，可在宴会厅外另设休息厅（又称等候厅），供宴前简短交谈用，待主宾到达后一起进宴会厅入席。

2. 邀请宴请嘉宾

各种宴请活动，一般均应发请柬，这既是礼貌，也能起到提醒、使客人备忘之用。便宴经约定后，可发亦可不发请柬。工作餐一般不发请柬。有些国家，邀请最高领导人作为主宾参加活动，需单独发邀请信，其他宾客则发请柬即可。

（1）请柬格式与内容

宴会邀请可书写请柬或电话邀请。重要宴请活动和重大外事活动一般要发请柬。宴请国宾或其他重要外宾时，应以主持宴会的领导个人名义署名发请柬，一般不宜用单位名义印发请柬。

请柬要提前发出，以便被邀请人及早安排。已经口头约定的活动，原则上仍应补送请柬，在请柬右上方或下方注上"To Remind"（备忘）字样。需安排座位的宴请活动，为确切掌握出席情况，往往要求被邀者答复能否出席。遇到这种情况，请柬上一般用法文缩写注上"R.S.V.P."（请答复）字样，如只需不出席者答复，则可注上"Regrets only"（因故不能出席请答复），并注明电话号码。另外，也可以在请柬发出后，用电话询问对方能否出席。

请柬内容包括活动形式、举行的时间及地点、主人的姓名（如以单位名义邀请，则用单位名称）。请柬行文不用标点符号，所提到的人名、单位名、节日名称都应用全称。中文请柬行文中不提被邀请人姓名（其姓名写在请柬信封上），主人姓名放在落款处。请柬格式与行文中外差异较大，注意不能生硬翻译。请柬可以印刷，也可以手写，但手写字迹要美观、清晰。正式宴会的请柬，最好能在发请柬之前排好席次，并在信封下角注上席次号（Table No.）。

⚠ **重要提示**

请柬发出的时间因宴请的形式与具体情况而定：来宾如果从外地赴约，请柬应提早 2 ~ 4 个月寄出；例行的商业午餐会，也应于三天前（最好一周前）发出请柬；办公餐会或鸡尾酒会，2 ~ 4 周前寄出请柬较为适宜。

（2）请柬格式范例

① 正式宴会请柬。

为欢迎 ××× 州长率领的 × 国 ××× 州友好代表团访问 ××，谨定于 ×××× 年 × 月 × 日（星期 ×）晚 × 时在 ×× 饭店 ×× 阁举行宴会。

敬请光临

R.S.V.P

×× 省人民政府

② 普通请柬。

谨定于 ×××× 年 × 月 × 日（星期 ×）晚 × 时在 ×× 饭店举行宴会。

敬请光临

敬请回复 ××　　　　　　　　　　　　电话：×××××××（主人姓名）

③ 英文请柬。

Mr. Li Hua requests the pleasure of the company of Miss Jin Ling at a tea party in Qilin Restaurant on Wednesday，September 9th，2009 from 20:00 to 21:00.

李华先生定于 2009 年 9 月 9 日（星期三）晚 8 时至 9 时在麒麟餐厅举行茶会。敬请金玲小姐光临。

9.2.3 宴请场地布置

宴请别人时，对于场地的布置和准备也是十分重要的，主要包括主人在宴请之前对于场地的布置，菜肴的预订及席位安排等几个方面的内容。

宴请场地布置

1. 订菜

宴请的酒菜应根据活动形式和规格，在规定的预算标准以内安排。选菜不要以主人的爱好为准，主要考虑主宾的喜好与禁忌。如果宴会上有个别人有特殊需要，也可以单独为其上菜。大型宴请则应照顾到各个方面，菜肴道数和份量都要适宜，不要简单地认为海味是名贵菜而泛用，其实不少海味外国人并不喜欢，特别是海参。在哪里举行，就宜用有地方特色的食品招待，用本地产的名酒。无论哪一种宴请，事先均应开列菜单，并征求主管负责人的同意。获准后，如是宴会，即可印制菜单，一般每桌两三份，至少一份，讲究的也可每人一份。

2. 现场布置

宴会厅和休息厅的布置取决于活动的性质和形式。官方正式活动场所的布置应该严肃、庄重、大方。不要用红绿灯、霓虹灯装饰，可以少量点缀鲜花、刻花等。

宴会可以用圆桌也可以用长桌或方桌。两桌及两桌以上的宴会，桌子之间的距离要适当，各个座位之间也要距离相当。如果安排有乐队演奏席间乐，不要离餐桌太近，乐声宜轻。宴会休息厅通常放小茶几或小圆桌，与酒会布置相似，如人数少，也可按客厅布置。

冷餐会的菜台用长方桌，通常靠四周陈设，也可根据宴会厅情况，摆在房间的中央。如果坐下用餐，可以摆四五人一桌的方桌或圆桌，总座位数要略多于全体宾客人数，以便客人自由就座。

酒会一般摆小圆桌或茶几，以便摆放花瓶、烟灰缸、干果、小吃等，也可以在四周放些椅子，供妇女和年老体弱者就座。

3. 席位安排

席位安排既要按礼宾次序原则有序安排，又要有灵活性，这样有利于增进友谊和方便席间的交谈。主要的原则有以下几个方面。

① 以右为尊，左为卑。故如男女主人并坐，则男左女右，以右为大。如席设两桌，男女主人分开主持，则以右桌为大。宾客席次的安排亦然，即以男女主人之右侧为大，左侧为小。

② 职位或地位高者为尊，高者坐上席。依职位高低定位，不能逾越。

③ 职位或地位相同，则必须依职位之伦理定位。

④ 女士以夫为贵，其排名的顺序，与其丈夫相同。但如邀请对象是女宾，而她是主宾排在第一位，此时她的丈夫并不一定排在第二位，如果同席的还有其他重要人员，而这位先生职位不显，则必须排在重要官员之后，夫不见得与妻同贵。

⑤ 在宾客有政府官员、社会团体领袖及社会贤达参加的场合，则依政府官员、社会团体领袖、社会贤达为序，这是原则。

⑥ 欧美人士视宴会为社交最佳场合，故席位采用分座的原则：男女分座，排位时男女互为间隔。夫妇、父女、母子、兄妹等必须分开。如有外宾在座，则华人与外宾杂坐。

⑦ 遵守社会伦理，长幼有序，师生有别，在非正式的宴会场合，尤应恪守。如某君已为部长，而某教授为其恩师，在非正式场合，不能将某教授排在某部长之下，贵为部长的某君，在此种场合，亦不能逾越长幼之礼。

⑧ 座位的末座，不能安排女宾。

⑨ 当男女主人在宴会中邀请了顶头上司时，如经理邀请了其公司董事长，则男女主人必须谦让其应坐的尊位，改坐次位。

阅读材料

正式宴会的座次安排

按照国际惯例，桌次高低依离主桌位置远近而定，右高左低。桌数较多时，要摆桌次牌。同一桌上，席位高低依离主人的座位远近而定。外国习惯，男女穿插安排，以女主人为准，主宾在女主人右上方，主宾夫人在男主人右上方。我国习惯按各人职务排列以便于谈话，如夫人出席，通常把女方排在一起，即主宾坐男主人右上方，其夫人坐女主人右上方。两桌以上的宴会，其他各桌第一主人的位置可以与主桌主人位置同向，也可以以面对主桌的位置为主位。

礼宾次序是排席位的主要依据。在排席位之前，要把经落实出席的主、客双方出席名单分别按礼宾次序开列出来。除了礼宾顺序之外，在具体安排席位时，还需要考虑其他一些因素。多边活动需要注意客人之间的政治关系，政见分歧大，两国关系紧张者，尽量避免排到一起。此外，适当照顾各种实际情况。例如，身份大体相同，使用同一语言者，或属同一专业者，可以排在一起。译员一般安排在主宾右侧。在以长桌做主宾席时，译员也可以考虑安排在对面，便于交谈。但又一些国家忌讳以背向人，译员的座位则不能做此安排。在他们那里用长桌做主宾席时，主宾席背向群众的一边和下面第一排桌子背向主宾席的座位均不安排坐人。在许多国家，译员不上席，为便于交谈，译员坐在主人和主宾身后。

以上是国际上安排宴会席位的一些常规。如遇特殊情况，可灵活处理。如遇主宾身份高于主人，为表示对他的尊重，可以把主宾摆在主人的位置上，而主人则坐在主宾位置上，第二主人坐在主宾的左侧；也可按常规安排。如果本国出席人员中有身份高于主人者，譬如部长请客，总理或副总理出席，可以由身份高者坐主位，主人坐身份高者左侧；少数国家亦有将身份高者安排到其他席位的习惯。如主宾携夫人，而主人的夫人又不能出席，通常可以请其他身份相当的女士作为第二主人相陪。如无适当身份的女士出席，也可以把主宾夫妇安排在主人的左右两侧。

席位排妥后应着手写座位卡。一般情况下，我方举行的宴会，中文写在上面，外文写在下面。卡片要求用钢笔或毛笔书写，字应尽量写得大些，便于辨认。

9.2.4 宴请接待礼仪

莎士比亚曾说过："在宴席上最令人开胃的就是主人的礼节。"作为主人，也是宴会的举办者，一举一动都会受到大家的关注。温馨的话语、恰当的动作、舒适的接待，都会让来宾感受到温馨和愉悦。

宴请的接待礼仪

1. 宴请前的迎宾

宴会开始之前，主人应在门口迎候来宾，有时还可有少数其他主要人员陪同主人列队欢迎客人，客人抵达后，宾主相互握手问候，随即由工作人员将客人引领至休息厅内小憩。在休息厅内应由相应身份的人员照应客人，并以饮料待客。若无休息厅，可请客人直接进入宴会厅，但不可马上落座。

主宾到达后，主人应陪同他进入休息厅与其他客人会面。当主人陪同主宾进入宴会厅后，全体人员方可入座，此时宴会即可开始。

家庭便宴则较随便，客人到达，主人主动趋前握手。如主人正与其他客人应酬，未发觉客人到来，则客人应主动前去握手问好。

2. 宴请中的礼仪

如果有正式讲话，各国安排讲话的时间不尽一致。一般正式宴会可在热菜之后、甜食之前由主人讲话，接着由客人讲。也有一入席双方即发表讲话的。冷餐会和酒会的讲话时间则更灵活。

宴会尾声，吃完水果，主人与主宾起立，宴会即告结束。

在外国人的日常宴请中，如女主人为第一主人时，往往以她的行动为准。入席时女主人先坐下，并由女主人招呼客人开始就餐。餐毕，女主人起立，邀请全体女宾与之共同退出宴会厅，然后男宾起立，尾随进入休息厅或留下抽烟（吃饭过程中一般是不能抽烟的）。男女宾客在休息厅会齐，即上茶（咖啡），之后宴会结束。

3. 宴请送别礼仪

宴请结束，主宾告辞时，主人送至门口，主宾离去后，原迎宾人员顺序排列，与其他客人握手告别。家庭便宴结束，客人如无余兴，即可陆续告辞，通常男宾应先与男主人告别，女宾与女主人告别，然后交换，再与家庭其他成员一一握手告别。

9.2.5 赴宴的礼仪

不同形式的宴请会有不同的礼仪规范（见图9-9）。越正式、越高级的宴会，礼仪规范越严格。要做到宴会合乎规范，宾主同乐，就必须对各种宴会、餐饮聚会的礼仪有一定了解。

图 9-9　赴宴礼仪的流程

1. 宴会前的准备

赴宴前充分而恰当的准备会使你成为餐桌上的儒雅绅士或气质美人，也会让你成为受欢迎的客人。

（1）应邀

接到宴请，无论是否能出席，都应迅速答复，以便主人进行安排。在接受邀请之后，不要随意改动。万一遇到不得已的特殊情况不能出席，尤其是主宾，应尽早向主人解释、道歉，甚至亲自登门表示歉意。应邀出席一项活动之前，要与宴请的主人核实活动举办的时间和地点，是否邀请了配偶及主人对服装的要求。以免记错地点，或主人未请配偶而双双出席。

（2）修饰

出席宴会前，应梳洗打扮一番，使自己看起来精神饱满、容光焕发。女士要适当化妆，男士要梳理头发并剃须。衣着要求整洁、大方、美观，使仪容、仪表符合宴请场合的要求。国外宴请非常讲究衣着服饰，往往会根据宴会的正式程度，在请柬上注明着装要求。在我国，虽然没有具体要求，但应邀者也应该穿一套得体入时的整洁服装，精神饱满地赴宴，这将给宴会增添隆重、热烈的气氛。

（3）备礼

可按宴请的性质和当地的习惯及主客双方的关系，准备赠送的花篮或花束。参加家庭宴会，可以给女主人准备一束鲜花（赠花时要注意对方的禁忌）。有时需准备一定的礼品，在宴会开始前送给主人，礼品价值不一定很高，但要有意义。

2. 赴宴礼仪

一个宴请，有时候可以改变人的一生；一次筵席，甚至可以影响职业生涯的成功与失败。如果将事业视为一次盛宴，那么，掌握其中的玄机也要从掌握餐桌礼仪开始。

（1）到达

出席宴请活动，抵达时间的迟早、逗留时间的长短，在一定程度上反映了对主人的尊重程度。过早、过迟、逗留时间过短，不仅是对主人的失礼，也有损自己的形象。按时出席宴请是最基本的礼貌。一般来说，出席宴会要根据各地习惯，以正点或提前或晚于宴请时间的二、三分钟抵达为宜。身份高者可略晚些到达，一般客人宜略早些到达，可以和主人及其他客人应酬。

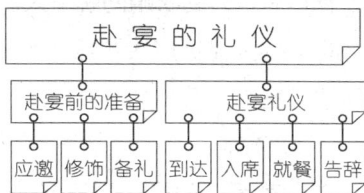

万一有特殊原因不能及时到达，应及时通知主人并致歉。一般情况下，宴会开席延误 10 ~ 15 分钟是允许的，但最多不能超过 30 分钟。否则将会冲淡宾客的兴致，影响宴会的气氛。

抵达后，先到衣帽间脱下大衣和帽子，然后前往主人迎宾处，主动向主人问好，并对在场的其他人微笑点头致意。如是节庆活动，应表示祝贺。同时，将事先准备好的礼物双手赠送给主人。

（2）入席

进了客厅，不要着急找位子坐，要等待主人为自己介绍其他客人。你可以从侍者送来的酒和其他饮料里选一杯合适的饮料边喝边和其他人聊天。等到饭厅的门打开了，男主人和女主宾会带着大家走进饭厅，女主人和男主宾应该走在最后，但如果男主宾是重要人物，女主人也可和他走在最前面。

入座应听从主人安排，不可随意乱坐，最好在进入宴会厅之前，先了解自己的座位。只有当主人或主宾入座后，你才能从椅子左方入座。入座时注意桌上座位卡上是否写着自己的名字，不要坐错座位。如邻座是年长者或妇女，应主动协助他们先坐下。入座时，切记要用手把椅子拉后一些再坐下，如果用脚把椅子推开会有失你的身份。

入座后不要东张西望，也不要坐在那儿发呆，或摆弄餐具、餐巾，而应该端坐，双腿靠拢，两脚平放在地上，把双手放在自己的腿上，神态自如、风度优雅地和邻座的客人轻声谈几句，也可以神态安详地倾听别人的谈话。

重要提示

宾客落座之后，主人拿餐巾，客人才能跟着拿餐巾。不管这时出现什么情况（如主人有饭前祷告的习惯），主人没拿餐巾之前客人不能拿餐巾。

（3）就餐

祝酒词完毕经主人招呼后，即可开始进餐。

（4）举止

就餐时应有愉快的表情，心事重重的神态、漫不经心的样子，都是对主人和其他宾客的不礼貌。即使菜不对口味，也应吃一些，而不能皱眉拒绝。席间不要吸烟，一般在宴会结束前吸烟是失礼的，尤其是有女士在的场合。用餐过程中，一般不可随便离席。如果咳嗽、吐痰，或有刺卡住，或需要将口中食物吐出来等，这时应暂时离席，否则是不礼貌的。离席时动作要轻，不要惊扰他人，更不要把座椅、餐具等物碰倒。

重要提示

不能坐在餐桌前打电话，要离开餐桌。

（5）交谈

无论是作为主人、陪客或宾客，都应与同桌的人交谈，特别是左右邻座。不要只同几个熟人或只同一两人说话。邻座如不相识，可先自我介绍。

进餐时要注意讲话分寸，要谈一些大家感兴趣的事情，不可夸夸其谈，最好不谈工作、政治和健康问题。在与女性谈话时，一般不询问年龄、婚否等问题，也不要议论妇女的胖瘦、体型等。与较陌生的男性谈话时不要直接询问对方的经历、工资收入、家庭财产、衣饰价格等私人生活方面的问题。

（6）祝酒

主人向客人敬酒时，客人应起立回敬。当主人给客人斟酒时，有酒量的也要谦让一下，不要饮酒过量，导致酒后失态；不善饮酒的可向主人说明，或喝一小口，表示对主人的敬意。

无论主人还是客人，都不应强劝别人喝酒。宴会上相互敬酒表示友好，可活跃气氛，但切忌喝酒过量。喝酒过量容易失言，甚至失态，因此，喝酒必须控制在本人酒量的三分之一以内。

（7）用餐

一般的菜谱是 3～5 道菜，前三道菜应该是冷盘、汤、鱼，后两道菜是主菜（肉或海鲜加蔬菜）、甜品或水果，最后是咖啡及小点心。吃饭的时候不要把全部的精力都放在胃的享受上，而要多和左右的人交谈。另外要注意吃相要温文尔雅，从容安静。必须小口进食，不要大口地塞，食物未咽下，不能再塞入口。闭嘴咀嚼，不要发出"吧嗒吧嗒"的咀嚼声。如果汤、菜太热时，不要用嘴去吹，应等稍凉后再吃。口内有食物或他人在咀嚼食物时，均应避免跟人说话或敬酒。

甜品用完之后，如果咖啡没有出现，那可能是等会儿去客厅喝。总之，看到女主人把餐巾放在桌子上站起来后，你就可以放下餐巾离开座位。这时，懂礼貌的男士还要站起来帮女士拉开椅子，受到照顾的女士不必对这一前一后的殷勤有特别的想法，这是男士应该具备的绅士风范。

阅读材料

注意餐巾的正确用法

当主人示意用餐开始后，应将餐巾打开或对折平摊在自己的腿上，切勿把餐巾系在腰带，或挂在西装领口。

用餐过程中如需离开，要将餐巾放在椅子上，用餐完毕才可将餐巾放在桌面上。

餐巾的基本用途是保洁，主要目的是防止弄脏衣服，兼用于擦嘴角及手上的油渍。切忌用餐巾擦拭餐具、皮鞋、眼镜，或用来擦鼻涕、抹汗。

（8）告辞

主人宣布宴会结束后，客人才能离席。客人应向主人道谢、告别，感谢主人的热情款待，如"谢谢您的款待""您真是太好客了""菜肴丰盛极了"等，并要与其他认识的客人道别。如果客人有事需提前离席，则应向主人及同桌的客人致歉。如果宴会比较正式，即使你当时向主人道谢了，在回去之后仍然可以礼貌地再写封感谢信给主人，这如同宴会的程序一样，几乎是必不可少的。

9.3 中餐的礼仪

中华饮食文化内涵丰富，源远流长。随着中西饮食文化的不断交流，中餐越来越受到外国人的青睐。而这种看似最平常不过的中式餐饮，用餐时的礼仪也是有一番讲究的。

9.3.1 中餐的组织安排

中餐的组织安排，主要是指中餐的席位安排（见图9-10）。

主人　译员　主宾　主人　主宾夫人　女主人　译员(女)

客人　主2　客人

中餐组织安排

图9-10　中餐席位

1. 中餐宴会的席位排列

这关系到来宾的身份和主人给予对方的礼遇，所以是一项重要的内容。可以分为桌次和位次排列两方面的内容。

（1）桌次排列

在中餐宴请活动中，往往采用圆桌布置菜肴、酒水。圆桌的尊卑次序，有以下两种情况。

第一种情况是由两桌组成的小型宴请。

第二种情况是由三桌或三桌以上的桌数所组成的宴请。在安排桌次时，所用的餐桌的大小、形状要基本一致。除主桌可以略大外，其他餐桌都不要过大或过小。

（2）位次排列

举办中餐宴会一般用圆桌。宴请时，每张餐桌上的具体位次也有主次尊卑的区别。排列位次的基本方法有4种，它们往往会同时发挥作用。

方法一是主人大多应面对正门而坐，并在主桌就座。

方法二是举行多桌宴请时，每桌都要有一位主桌主人的代表在座，如图 9-10 所示。位置一般和主桌主人同向，有时也可以面向主桌主人。

方法三是各桌位次的尊卑，应根据距离该桌主人的远近而定，以近为上，以远为下。

方法四是各桌距离该桌主人相同的位次，讲究以右为尊，即以该桌主人面向为准，右为尊，左为卑。

2．便餐位次排序的原则

（1）右高左低原则。

（2）中座为尊原则。

（3）面门为上原则。

（4）特殊原则。

9.3.2 中餐上菜顺序与用餐方式

中餐上菜和用餐也是有讲究的，主要注意事项有以下几个方面。

1．上菜顺序

中餐一般讲究先凉后热，先炒后烧，咸鲜清淡的先上，甜的味浓味厚的后上，最后是饭菜。当冷盘吃到只剩三分之一时，开始上第一道热菜，一般每桌要安排 10 道热菜。宴会上无论桌数有多少，各桌都要同时上菜。有规格的宴席，热菜中的主菜——燕窝席里的燕窝、海参宴里的海参、鱼翅宴里的鱼翅等应该先上，即所谓最贵的热菜先上，再辅以溜炒烧扒等其他菜肴。

上菜时，如果由服务员给每个人上菜，要按照先主宾后主人、先女士后男士或按顺时针方向依次进行。如果由个人取菜，则每道热菜应放在主宾面前，由主宾开始按顺时针方向依次取食，切不可迫不及待地越位取菜。

阅读材料

中餐上菜顺序

茶：视情况而定，不是必需的。

凉菜：冷拼、花拼。

热炒：视规模选用滑炒、软炒、干炸、爆、烩、烧、蒸、浇、扒等组合。

大菜：指整只、整块、整条的高贵菜肴，如一头乳猪、一只全羊、一大块鹿肉等。

甜菜：包括甜汤，如冰糖莲子、银耳甜汤等。

点心（饭）：糕、饼、团、粉及各种面食、包子、饺子等。

水果：果盘等。

2. 用餐方式

中餐用餐方式可以分为多种，具体有分餐式（见图 9-11）、布菜式（见图 9-12）和公筷式等。

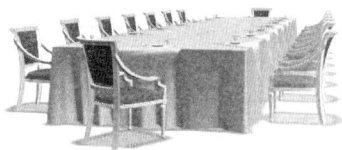

图 9-11　分餐式

图 9-12　布菜式

9.3.3 中餐礼仪注意事项

中国人热情好客，很讲究餐饮礼仪。中餐是指具有浓郁中国传统民族风格的餐会，应遵守中国人的饮食习惯和礼仪规范。

1. 中餐餐具使用注意事项

中餐的餐具主要包括：筷子、勺子、盘子、水杯、餐巾和牙签。在使用这些中餐餐具时要注意以下几点。

（1）筷子

筷子是中餐最基本、最主要的餐具（见图 9-13）。筷子通常成双使用。用筷子取菜、用餐的时候，要注意下面几个问题。

一是不要去舔筷子上的残留食物。

二是不能一边说话，一边像指挥棒似地舞动筷子，如需与别人交谈要暂时放下筷子。

三是只在祭奠死者的时候才用筷子竖插放在食物上面，所以用餐时不要这样做。

四是严格筷子的职能。筷子只是用来夹取食物的，不要用来剔牙、挠痒或是取其他物品。

（2）勺子

勺子的主要作用是舀取菜肴、食物或是辅助筷子取菜（见图 9-14）。尽量不要单用勺子去取菜。为避免食物溢出来弄脏餐桌或自己的衣服，取食物时不要盛太满。舀取食物后，应在原处"暂停"片刻，待汤汁不会再往下流时，再拿回来享用。

图 9-13　筷子

图 9-14　勺子

暂时不用勺子时，不要把它直接放在餐桌上，应放在自己的碟子上或是让它在食物中"立正"。用勺子取食物后，要立即食用或放在自己的碟子里，不要再把它倒回原处。而如果取用的食物太烫，应先放到自己的碗里等凉了再吃，不可用勺子舀来舀去，更不要用嘴对着吹。用餐时切忌把勺子塞到嘴里，或者反复吮吸、舔食。

（3）盘子

盘子（稍小点就是碟子）主要用来盛放食物，在使用方面的功能和碗基本相同。盘子在餐桌上一般要保持原位，而且不要堆放在一起。

食碟是一种用途比较特殊的盘子。食碟主要用来暂放从公用的菜盘里取来享用的菜肴。用食碟时，不要一次取过多的菜肴，也不要把多种菜肴堆放在一起，因为那样会显得繁乱不堪和没有礼貌。不吃的残渣、骨、刺要用筷子夹放到碟子的前端，不要直接用嘴吐在地上、桌上。如果食碟放满了，可以让服务员更换。

（4）水杯

水杯不是用来盛酒的，而是用来盛放清水、汽水、果汁、可乐等饮品的。另外，喝进嘴里的东西不能再吐回水杯。

（5）餐巾

在比较正式的中餐用餐前，服务员会为每位用餐者上一块湿毛巾。它是用来擦手的，用完后放回盘子等服务员拿走。有时候，在正式宴会结束前，会再上一块湿毛巾，它只能用来擦嘴。

（6）牙签

尽量不要当众剔牙。非剔不行时，要用另一只手掩住口部，剔出来的东西，不要随手乱弹，随口乱吐，也不要当众看或再次入口。牙签不要长时间叼着，更不要用来扎取食物。

2. 中餐礼仪

① 入席：按照主人安排就座，若旁边有长者或是女宾，应帮助他（她）先就座，自己再坐下。

② 注意传统习惯和寓意。如与渔家、海员吃饭时，忌讳给鱼翻身，因为很多人认为那样有"翻船"的意思。

③ 主人祝酒、致辞时不要吃东西，也不要取食物，应停止交谈，注意倾听。

④ 彼此之间可以让菜，劝对方品尝，但不要为他人夹菜。

⑤ 正式宴会由侍者布菜，不要拒绝送来的菜，也不要对菜品横加挑剔。

⑥ 用餐时坐姿要端正，肘部不要放在桌沿；餐巾可用来擦嘴但不能用来擦汗或擦鼻涕。

⑦ 用餐时不要摇头晃脑、宽衣解带、大声喧哗。

⑧ 用餐期间，不要敲敲打打、比比画画。

⑨ 用餐的时候，不要当众补妆。

朋友啊，请你干一杯！

祝酒词是在宴会开始前所发表的表示诚挚敬祝的讲话。与开幕词相仿，但更简单扼要，其篇幅简短、语言口语化、态度热情，在最后有举杯祝愿的内容。祝酒词的格式一般如下。

（1）标题

一般由事由和文种构成。有的标题由致词人、事由和文种构成，其形式是"×××同志在××××会议上的祝酒词"，也有的只写文种"祝酒词"。

（2）称谓

一般根据会议性质、与会者身份来确定称谓及称谓的修饰语。

（3）正文

致辞人（或代表谁）在什么情况下，向出席者表示欢迎、感谢和问候；谈话成果、作用、意义；展望未来，联系面临的任务、使命。

结尾

请允许我为××为××而干杯。

（4）示例

祝酒词

女士们、先生们：

晚上好！"中国国际××展览会"今天开幕了。今晚，我们有机会同各界朋友欢聚，感到很高兴。我谨代表中国国际贸易促进委员会××市分会，对各位朋友光临我们的招待会，表示热烈欢迎！"中国国际××展览会"自上午开幕以来，已引起了我市及外地科技人员的浓厚兴趣。这次展览会在上海举行，为来自全国各地的科技人员提供了经济技术交流的好机会。我相信，展览会在推动这一领域的技术进步及经济贸易的发展方面将起到积极作用。

今晚，各国朋友欢聚一堂，我希望中外同行广交朋友，寻求合作，共同度过一个愉快的夜晚。

最后，请大家举杯，为"中国国际××展览会"的圆满成功，为朋友们的健康，干杯！

9.4 西餐礼仪

西餐是西式饭菜的统称。西餐菜肴主料突出、营养丰富、讲究色彩，其烹饪和食用同中餐有着较大区别。随着改革开放的深入和对外交流的扩大，中国人越来越多地了解和接触西餐，因而有必要掌握西餐礼仪，在享用美食的同时享受用餐的情趣和氛围。

9.4.1 西餐宴会的席位和排列

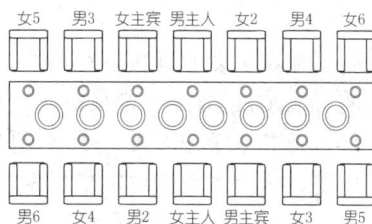

西餐的席位排列与中餐有许多相同之处，但也有不少差别。

西餐宴会的席位和排列

1. 席位排列的规则

（1）女士优先

在西餐排定用餐席位时，往往要遵循女士优先的原则。一般女主人为第一主人，在主位就位，而男主人为第二主人，坐在第二主人的位置上。

（2）距离定位

距离主位的远近决定西餐桌上席位的尊卑。近高低远。

（3）以右为尊

以右为尊是排定席位时的基本原则。就某一具体位置而言，按礼仪规范其右侧要高于左侧之位。在西餐排席时，男主宾要排在女主人的右侧，女主宾排在男主人的右侧，按此原则依次排列（见图9-15）。

（4）面门为上

在餐厅内，以餐厅门作为参照物时，按礼仪的要求，面对餐厅正门的位子要高于背对餐厅正门的位子。

图9-15 以右为尊的席位安排

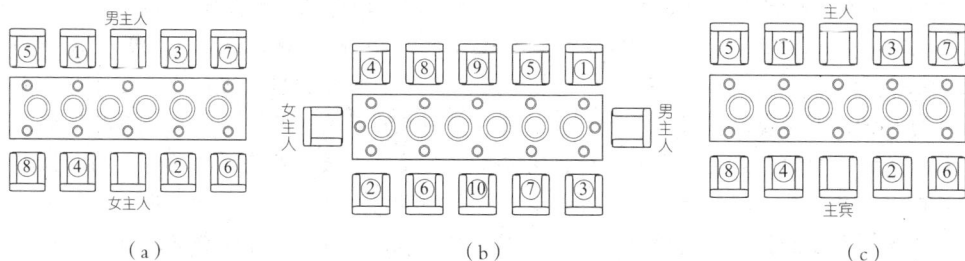

（5）交叉排列

西餐排列席位讲究交叉排列的原则，即男女应当交叉排列，熟人和陌生人也应当交叉排列。一个就餐者的对面和两侧往往是异性或不熟悉的人，这样可以广交朋友。

2. 席位的排列

西餐席位有以下3种排列方法（见图9-16）。

① 男女主人在长桌的中央相对而坐，餐桌的两端可以坐人，也可以不坐人。

② 男女主人分别坐在长桌的两端。

③ 用餐人数较多时，可以把多张长桌拼在一起，以便大家一道用餐。

（a） （b） （c）

图9-16 西餐席位排列

9.4.2 西餐上菜顺序和餐具使用

1. 西餐的上菜顺序

一般情况下，比较简单的西餐菜单是：开胃菜—面包—汤—主菜—点心甜品—咖啡。

阅读材料

西餐的代表菜

西餐是欧美各国菜肴的总称，大致可分为欧美式和俄式两大菜系。欧美式菜系主要包括英、法、美、意等国菜肴，以及少量的西班牙、葡萄牙、荷兰等地方菜肴。欧美菜系虽因国度不同而在用料、口味等方面有所区别，但差别不大，而在风格上却自成一统。下面将为大家介绍两道代表菜。

1. 法式鹅肝

肝在法文中为 Foie Gras，而煎炒则是 Saute，所以在法国餐厅如果看见开胃菜中有 Foie Gras Saute，那便是法式煎鹅肝了。煎鹅肝时最适合搭配甜酒煮成的酱汁，或加入无花果干一起煎，这样鹅肝的香味便能和无花果的风味配合一起，吃起来别有一番滋味。法式煎鹅肝有世界三大美食之称，在法国鹅饲养过程有其独特之处。

适合人群：老幼皆宜。

主料：上等鹅肝 150g。

辅料：苹果、土豆、胡萝卜、面粉、黑胡椒、红酒、烧汁少许。

配料：胡萝卜片和茄子片。

烧汁：由于掺入了黑胡椒，烧汁鲜咸带一点辣味。可以根据不同口味做出不同的烧汁，烧汁的基本原料为牛骨、洋葱、芹菜和胡萝卜，再加上番茄和番茄酱，然后把所有的原料都放入烤箱，高温烤 3 小时以上。家用的烧汁一般可以选用牛精粉，调制时加入开水，然后加入少许盐用开水煮，在家里可以稍微勾芡，使得汁能浓一些。

营养分析：它含有丰富的维生素 D，吃起来口感很松软、细腻。如果要时尚一些的话就要配上红酒，味道就更加鲜美了。

2. 意大利面

意大利面又称为意粉，是西餐品种中中国人最容易接受的一种。

作为意大利面的法定原料，杜兰小麦是硬度最强的小麦品种，具有高密度、高蛋白质、高筋度等特点，其制成的意大利面通体呈黄色，耐煮、口感好。所以，正宗的原料是意大利面具有上好口感的重要条件。除此之外，拌意大利面的酱也是比较重要的。一般情况下，意大利面酱分为红酱（Tomato Sauce）、青酱（Pesto Sauce），白酱（Cream Sauce）和黑酱（Squid-Ink Sauce）。红酱是主要以番茄为主制成的酱汁，是目前最常见的一种；青酱是以罗勒、松子粒、橄榄油等制成的酱汁，其口味较为特殊与浓郁；白酱是以无盐奶油为主制成的酱汁，主要用于焗面、千层面及海鲜类的意大利面；黑酱是以墨鱼汁制成的酱汁，其主要佐于墨鱼等海鲜意大利面。意大利面用的面粉是杜兰小麦制成的面粉，制成的意面久煮不糊。它的形状也不同，除了普通的直身粉外还有螺丝形的、弯管形的、蝴蝶形的、贝壳形的，林林总总数百种。

2. 西餐餐具的使用

西餐餐具较多，必须了解和掌握其名称与用途才能正确使用。

（1）餐具的摆放

西餐的餐具主要有刀、叉、匙、盘、碟、杯等，讲究吃不同的菜肴用不同的刀叉，饮不同的酒要用不同的酒杯。其摆法为：正面放汤盘，左手位放叉，右手位放刀，汤盘前方放匙，右前方放酒杯。餐巾放在汤盘下或插在水杯里，面包、奶油盘摆放在左前方。

（2）餐具的使用

- 刀叉。一是正确识别刀叉：西餐中每道菜都有专门的刀叉，吃一道菜就要换一副刀叉，不可乱用；二是正确使用刀叉：刀叉用法分英国式和美国式两种；三是正确用手取食：西餐桌上的食物一般都是用刀叉取用，但有些食物也是可以用手取用的；四是要知道刀叉的暗示：通过刀叉的摆放可以向侍者暗示是否加菜。

- 餐匙。一是要区分不同餐匙。汤匙通常放在食盘右边，食盘上方放的是吃甜食用的匙和叉，以及咖啡匙；二是要正确使用餐匙。

- 餐巾。一是餐巾的铺放。进餐时将餐巾平铺在双腿上，不要塞在脖颈里或系在裤腰带上，不要用餐巾擦拭杯盘，这是对主人或餐厅的不恭。二是餐巾的用途。餐巾的第一个用途就是宴会开始、结束的标志，也就是说，主人拿起餐巾意味着宴会开始，而当他把餐巾放到桌子上时，就表示宴会结束。三是餐巾有暗示作用。就餐期间离席，应把餐巾放在椅子上，表示自己还会回来吃；如果把餐巾放到桌子上，则表示自己不想再吃，示意服务员不必继续上菜。

9.4.3 西餐用餐的方法

正式的西餐宴会，一般有九至十道菜点，按上菜的顺序，吃什么菜用什么餐具，喝什么酒用什么酒杯，否则就是"外行"。

第一道是面包、黄油：面包撕成小块，抹黄油，吃一块抹一块。

第二道是冷小吃：用中号刀叉食用。

第三道是汤：饮舍利酒，用舍利杯饮用。

第四道是鱼：饮白葡萄酒，用白酒杯饮用。

第五道是副菜（小盘）：用中号刀叉食用。

第六道是主菜（大菜）：整只熏烤动物（如烤火鸡），用大号刀叉食用，这道菜可用红酒杯配饮红葡萄酒。

第七道是甜点：用点心勺和中号叉食用，用香槟杯配饮香槟酒。

第八道是水果：用水果刀。

第九道是咖啡：如加牛奶，用咖啡勺搅拌后饮用。

第十道是利口酒（蜜酒）：用利口杯饮用。

9.4.4 西餐礼仪注意事项

1. 预约

越高档的饭店越需要事先预约。预约时，不仅要说清人数和时间，也要表明是否要吸烟区或视野良好的座位。假如是生日或其他非凡的日子，可以告知宴会的目的和预算。饭店预约确定后要在预定时间内到达，这是基本的礼貌。

2. 服饰

即使是很昂贵的休闲服，也不能随意穿着进入西餐厅。吃饭时穿着得体是欧美人的常识。去高档的餐厅用餐，男士要穿着整洁的服装和皮鞋；女士要穿套装和有跟的鞋子。假如指定穿正式服装的话，男士必须打领带。

3. 入座

最得体的入座方式是从左侧入座。当椅子被拉开后，身体在几乎要碰到桌子的距离站直，领位者会把椅子推进来，腿弯曲碰到后面的椅子时，就可以坐下来。

4. 举止

用餐时，上臂和背部要靠到椅背，腹部和桌子保持约一个拳头的距离。避免两脚交叉的坐姿。

5. 谦虚

点酒时不要硬装内行。在高级餐厅里，会有精于品酒的调酒师拿酒单来。对酒不太了解的人，最好告诉他自己挑选的菜色、预算、喜爱的酒类口味，请调酒师帮忙挑选。

9.5 酒水与茶水

9.5.1 酒水的种类及饮用

在一般情况下，酒水是适用于佐餐助兴的各种酒类的统称，简而言之，酒水指的就是酒。自古以来，酒水在社交场合，尤其是在宴请、聚会活动中都发挥着重要的作用。久而久之，有关酒水的选择、饮用、待客、佐餐等一系列的做法也形成了一套规范的礼仪做法。

酒水的种类及饮用

1. 酒水的种类

酒水的具体种类非常多。就目前而言，在国内所见最多的酒水主要有白酒、啤酒、黄酒、葡萄酒、香槟、白兰地、威士忌及鸡尾酒等。

（1）白酒

白酒也叫烧酒，是中国特有的一种蒸馏酒。优质白酒都有适当的贮存期。白酒在我国各地均有生产，因工艺不同，分为了不同的香型。白酒可以净饮干喝，也可以用来佐餐，有时候也可以泡药作引。在正式场合喝白酒，讲究用专门的瓷杯或玻璃杯盛酒，它们通常杯体较小。白酒通常常温或者加热后喝，但不冷藏也不加冰。

（2）啤酒

啤酒是人类最古老的酒精饮料之一，是水和茶之后世界上消耗量排名第三的饮料。啤酒于 20 世纪初传入中国，属外来酒种。啤酒是以大麦芽、酒花、水为主要原料，经酵母发酵作用酿制而成的包含二氧化碳的低酒精度酒，被称为"液体面包"，是一种低浓度酒精饮料。饮用啤酒应用专门的啤酒杯，饮用啤酒的最佳温度为 7℃ 左右，不要冰或加冰块。

（3）黄酒

黄酒是世界上最古老的酒类之一，源于中国。黄酒产地较广，品种很多，著名的有山东的即墨老酒、绍兴的女儿红和绍兴花雕酒等。

黄酒以大米、黍米、粟为原料，一般酒精含量为 14° ～ 20°，属于低度酿造酒。黄酒含有丰富的营养和多种氨基酸，被誉为"液体蛋糕"。

（4）葡萄酒

葡萄酒是用新鲜的葡萄或者葡萄汁经发酵酿制而成的酒精饮料。以成品颜色来说，可分为红葡萄酒、白葡萄酒及粉红葡萄酒三类。品尝葡萄酒的杯子也有讲究，理想的酒杯应该是杯身薄、无色透明且杯口内缩的郁金香杯。

（5）白兰地

白兰地是一种高雅端庄的蒸馏酒，是以水果为原料，经过发酵、蒸馏、储藏后酿造而成的。白兰地的饮用方法多种多样，可作消食酒，也可作开胃酒，可以不掺兑任何东西"净饮"，也可以加冰块饮，掺兑矿泉水饮或掺兑茶水饮。

（6）威士忌酒

威士忌是一种由大麦等谷物酿制，在橡木桶中陈酿多年后，调配成 43° 左右的烈性蒸馏酒，英国人称之为"生命之水"。按照产地可以分为苏格兰威士忌、爱尔兰威士忌、美国威士忌和加拿大威士忌 4 大类。威士忌的饮用方法也很多，可以纯饮，也可以加水。

（7）鸡尾酒

准确地讲，鸡尾酒不是酒，而是一种混合饮品，由两种或两种以上的酒或饮料、果汁、汽水混合而成，有一定的营养价值和欣赏价值。鸡尾酒通常是以朗姆酒、金酒、龙舌兰、伏特加、威士忌、白兰地等烈酒或葡萄酒作为基酒，再配以果汁、蛋清、苦精、牛奶、咖啡、糖等其他辅助材料，加以搅拌或摇晃而成的一种混合饮品，最后还可用柠檬片、水果或薄荷叶作为装饰物。

2. 西餐的饮酒礼仪

西餐餐桌上饮酒有 3 种选择，即餐前酒、佐餐酒和餐后酒。

（1）餐前酒：味道比较淡，酸甜口味，如鸡尾酒、香槟酒，标准饮用是 10 度。

（2）佐餐酒：正餐时喝白葡萄酒和红葡萄酒，吃西餐时你右手的正前方有三个杯子由外向内是白葡萄酒杯、红葡萄酒杯、水杯，杯子由小到大。

（3）餐后酒：可以喝威士忌酒、雪莉酒、金酒（甜酒）、白兰地酒等。

9.5.2 茶叶的种类及饮用

中国是茶的故乡，也是茶文化的发源地，中国茶的发现和利用已有四五千年的历史，而且长盛不衰，传遍了全世界。当有客来访，可以征求其意见，选择最适合客人口味和最佳茶品来招待客人。在饮茶时，也可以适当佐以茶食、水果、菜肴等，达到调节口味和点心的功效。

茶叶的种类及饮用

根据加工制作方法的不同，茶叶可以分为绿茶、红茶、乌龙茶、花茶等。

1. 绿茶

绿茶是中国的主要茶类之一，是指采取茶树的新叶或芽，未经发酵，经杀青、整形、烘干等工艺而制作的饮品。其制成品的色泽和冲泡后的茶汤较多地保存了鲜茶叶的绿色格调。常饮绿茶能防癌、降脂和减肥。常见的绿茶品种有：洞庭碧螺春、西湖龙井、信阳毛尖、六安瓜片、黄山毛峰和崂山绿茶等。

2. 红茶

红茶的加工制作方法与绿茶相反，是以新鲜的茶叶，经过完全发酵之后制作而成的。红茶性温热，适合在冬天饮用。红茶中最出名的有以下 4 大类：产于中国的祁门红茶、产于印度的大吉岭红茶、产于斯里兰卡的乌巴茶、产于印度的阿萨姆红茶。

3. 乌龙茶

乌龙茶，亦称青茶，其加工方法介于绿茶和红茶之间，是一种半发酵的茶叶。乌龙茶品种较多，是中国几大茶类中，独具鲜明汉族特色的茶叶品类。常见的乌龙茶有安溪铁观音、洞顶乌龙、乌龙红茶等。

4. 花茶

花茶，又名香片，多为女士所喜爱，是将植物的花或叶或其果实经过泡制而成，是中国特有的一类再加工茶。它利用茶善于吸收异味的特点，将有香味的鲜花和新茶一起闷，茶将香味吸收后再把干花筛除，制成的花茶香味浓郁，茶汤色深。

9.5.3 敬茶的程序与品茶的方法

早在 3000 多年前的周朝，茶已被奉为礼品和贡品，到两晋、南北朝时，客来敬茶已经成为当时人际交往的社交礼仪。唐代刘贞亮赞美"茶有十德"，认为饮茶除了可健身外，还能"以茶表敬意""以茶可雅心""以茶可行道"。

1. 敬茶的程序

以茶敬客时，最重要的是要注意客人的嗜好、上茶的规矩、敬茶的方法及续水的时机。

（1）客人的嗜好

俗语说，"众口难调"。饮茶其实也是如此。因此当客人来访时，要根据客人的口味选择待客的茶水，尤其是主宾的喜好。有可能的话，多备几种茶叶，做到有备无患。

（2）上茶的规矩

以茶待客时，由谁来为来宾上茶体现了对来宾的重视程度。一般情况下，可以由家中的晚辈或单位的秘书为客人上茶，但是接待重要的来宾时，通常是家中的主人或女主人及单位中在场的职位最高者亲自奉茶。

（3）敬茶的方法

在上茶时，应当借此机会，向客人表达自己的谦恭与敬意。标准的上茶步骤是：双手端着茶盘进入客厅，首先将茶盘放在临近客人的茶几上，然后右手拿着茶杯的杯托，左手附在杯托附近，从客人的左后侧双手将茶杯递入。茶杯放置到位后，杯耳朝向外侧。

为客人敬茶千万不要用一只手，尤其是用左手上茶，这是对客人极大的不敬；在为客人上茶时，切勿将手指搭在茶杯杯口上；在放置茶杯时，不要把茶杯放在客人的物品上，尤其是容易碰翻的地方。将茶杯放在客人右手附近，是最适当的做法。

（4）续水的时机

为客人端上头一杯茶时，通常为七分满，当客人饮用后应及时为其续水，绝不可以让客人的茶杯空着，即"茶水不尽，慢慢饮来，慢慢叙"。

2. 品茶的方法

（1）神态要谦恭：当他人斟茶时，可以说声谢谢，还可以行扣指礼，以表达谢意。

（2）姿态要优雅：喝茶不可以发出声音、不能吸茶，可以用盖子撇一下茶末再喝。

（3）品茶要得法：上茶后，先捧到鼻子边上轻轻地嗅一嗅，然后小口地品茶。

小 结

本章系统地介绍了中西餐用餐礼仪，重点概述了中餐的组织安排与上菜顺序及西餐的上菜顺序和西餐餐具使用方法等，旨在进一步提高读者的宴会社交能力。

思考与练习

（1）西餐正式宴会的席位安排是怎样的？
（2）对于中餐最重要的餐具——筷子，应当如何文明使用？

活动与探索

（1）假如你是一所高校的领导，准备宴请远道而来的外国高校访问团，应该怎样安排座次？
（2）与同学讨论有关中餐与西餐礼仪的相同处与不同点。

Chapter 10

第 10 章

求职礼仪

　　毕业生求职是大学生涯的重要一环，而对于众多已经工作的人来说，重新求职、应聘也是屡见不鲜的。求职应聘，在很多情况下是与别人最直接的"短兵相接"，并且要求这种接触和谐、融洽。求职应聘的成功与否，与求职者自身的礼仪修养有着密切的关系，良好的礼仪有着十分重要的推动作用。

　　本章主要介绍求职应聘礼仪中面试前的准备工作、面试中的礼仪及面试后的礼仪。

名言警句

　　大多数公司录用的是有礼节的人，而不是最能干的人。

——【美】奥里·欧文斯

10.1 求职前的准备工作

　　求职应聘是大学生要完成的成长课题，也是人生的转折点，应该慎重对待，不可草率、轻视和盲目。在求职前，认真做好准备工作是十分必要的。

求职前的准备

10.1.1 心理准备

　　求职前做适度的心理调适，有助于培养良好的心态，以谨慎、乐观、认真的态度对待面试官，有助于发挥水平，成功求职。

1. 正确评价自己

　　求职是再次认识和剖析自己的过程，要实事求是地评价自己，知道自己的长处和短处所在。既不妄自尊大，也不盲目自卑。在面试时，应考虑怎样才能扬长避短，巧妙地避开或弥补自己有所欠缺的地方，更好地发挥自己的长处。

2. 降低期望值

有一种说法是"求上得中、求中得下"，意思是说无论对什么事情，期望值都不要太高。因为事情的结果往往和所预想的有一定差距，要具有从最坏处着想、向最好处努力的思想准备。如果大学生对理想职位期望值过高，势必会对不理想的结果过分恐惧而产生不必要的紧张，当然也就无法正常发挥了。事实证明，适度的紧张是有益无害的，适度的紧张可以使求职者更加严肃认真、注意力更集中；但过度的紧张只能破坏心理平衡，使头脑迟钝、思维混乱、发挥失常，最终导致失败。

尤其是在就业形势如此严峻的今天，大学生就业已成为全社会关注的问题。"就业定终身"等传统思想早已不再适用，要树立"先就业、再择业"的观念，适当降低期望值，在就职与期望不相符时，要先选择一份职业干起来，积累工作经验，为后续的发展做准备。

3. 正确对待应聘

要坚信"天生我材必有用""此处不识君，自有识君处"，充分认识到即使应聘不成，也是一次有益的尝试。只要是千里马，何愁不见伯乐！大方、真诚、坦然地面对求职应聘，只有这样才能在应试中举止得体、思维敏捷，发挥出自己的水平。

4. 消除紧张

许多人会在面试时产生紧张及焦虑的情绪，这是很正常的现象，要正确对待这种情绪。通常情况下，应聘者与面试官通常都是初次见面，你不了解对方，对方也不了解你。应聘者不要妄自菲薄，不能自己先乱了方寸。要时刻提醒自己，茫茫人海之中没有十全十美的人，每个人都不可能是万能的，每个人都各有优缺点。

> **！重要提示**
>
> 心理上战胜自己的标志是：不害怕、不紧张、泰然自若。

阅读材料

消除紧张的小窍门

1. 放松身体

开怀大笑可以放松全身肌肉，这样可以使得你的身体放松下来，同时，心里的紧张也就得到了缓解。另外，散步时，摆动双臂是一种机械运动，有助于缓解紧张。专家指出，用略高于体温的水洗澡能增强血液循环，使人得到镇静，安抚紧张的肌肉。

2. 深呼吸

我们不高兴时，常常会不自觉地"长吁短叹"。其实，长吁短叹就是一种无意的深呼吸，它无意中部分排解了焦虑和紧张。面试前，不妨主动深呼吸来缓和自己的情绪。很多时候，只要一个深呼吸便可让自己感觉到镇定和平静（见图10-1）。

图 10-1 深呼吸

3. 充足睡眠

面试前，很多人会这样推论：太紧张——睡不好觉——明天精神肯定不好——面试要完蛋，以至于最后搞得自己越来越紧张，直到极度疲倦时才能入睡。很多人睡不好往往是因为太重视睡觉的意义了。其实，以轻松的态度对待睡眠的意义，就能和平时一样自然入睡。另外，在睡前适当活动或是在睡觉时放松身体都可以提高睡眠的质量。

4. 调整饮食

香蕉等水果里面含有一种可以让人脑产生血清基的物质，而血清基则有安神和让人愉悦的作用。有人之所以患狂躁抑郁症，其中很大一个原因便是血清基的缺乏。所以，面试前的用餐应注意吃一些水果。

饮食专家认为，用餐的时候，除了常见的肉、鱼和蛋等高蛋白质之外，吃一些粗面粉做成的面包，以及马铃薯、丰富的蔬菜和水果等，更有助于乐观情绪的产生和保持。

10.1.2 简历撰写

一份吸引人的简历，是获取面试机会的敲门砖。所以，怎样写一份"动人"的简历是求职者的一项重要工作。

1. 简历的设计原则

（1）真实

简历提供的个人信息要真实、准确。阐述个人经验、能力不夸大、不误导。简历所描述的个人能力与本人实际工作水平相同。

（2）简明

简历要简单明了，表达真诚，但是语句要精练，避免繁杂冗长。

（3）突出

简历中一定要突出个人的能力、经验及过去的成就，并且用证据来证明。可以在简历最后附上个人小结，并简述自己认为与应聘职位相关的工作，以此告诉用人单位，我可以胜任这一工作，这是引起用人单位注意的较好方法。

阅读材料

撰写简历的要点

事实上，主考官看一份简历的时间只有短短几秒钟而已，所以，建议不要写得太啰唆。

在写作简历时，你处在一个推销自己的商业环境中，要时刻注意尽量使用适合这种环境的语言，尤其是在对你曾经的业绩和成就进行说明的时候。那么，什么样的语言是商业语言呢？简单地说，就是定量化的语言，你的简历中大而空、口号式的语言远不如具体数字、具体事实来得实在，所以，要力求和你所求职位相关定量化的语言，这样就能明确传达商业价值，增强简历的说服力。

时代在改变，求职用语也不断推陈出新。像"我对这个工作很有信心""我是抱着学习的目的而来的""请给我一个学习的机会"等语言已不适应当前这个时代，求职简历中出现这类辞藻，只能证明求职者能力方面的不足及信心的缺失，因此应尽量避免使用。

现在外资企业逐渐增多，对于没有经验的人来说，传统公司要求的谦虚、保守等品质，已经无法适合需求了。我们除了学历之外一无所有，如果再加上那些错误的用语，这机缘一失，可能三五年都不见得能弥补回来。

所以，在求职简历中必须明确的是：公司想知道的是你能为公司带来什么利益、贡献或成效，这才是增加求职成功的砝码，因为任何公司都不愿意花钱聘人来学习。

2. 简历的内容

简历并没有固定格式，对于社会经历较少的大学毕业生，其内容一般包括个人基本资料、学历、社会工作、获得奖励及课外活动、兴趣爱好等方面。

一般的简历正文包括以下三部分。

（1）基本情况介绍

基本情况介绍包括姓名、年龄、专业、联系方式等。

（2）概述学历情况

学历情况指学习历程、在校期间获奖情况、爱好和特长、参加过的社会实践活动、所任职务、承担的任务等。

（3）工作经历和求职意愿

在简历的第三部分可以介绍曾经工作过的单位名称、职位、个人工作成绩、培训或深造就学情况、工作变动情况、职务升迁情况、求职意愿等。

！ 重要提示

求职简历"三不"：不超过一页；不写与工作无关的事；不填薪水。要知道简历只不过是在争取面试的机会。

阅读材料

大学生求职简历

姓　名	×××	性　别	男	出生年月	1996 年 1 月
专　业	环境科学	学　历	大学本科	政治面貌	共产党员
毕业院校	×× 大学环境学院	联系电话		0532-8595×××（宿舍）	
通信地址	×× 大学 9001#（266071）			136×××6789（手机）	
E-mail					
家庭住址	×× 省 ×× 市 ×× 县 ×× 村（628200）				
工作意向	环境规划、环境监测、环境评价以及各种与专业相关的工作				
语言能力	英语六级、英语口语流利、普通话标准流利				
计算机能力	熟练操作 Java、VB、AutoCAD、Photoshop、Office 及其他常用工具软件				
获奖情况	2013 ~ 2014 年获校优秀学生二等奖学金； 2014 ~ 2015 年获校优秀学生三等奖学金； 2014 年环境学院"求真杯"辩论赛最佳辩手； 2015 年获校"优秀班干部"称号； 2016 年环境学院"祖国颂"演讲比赛第一名。				
大学担任学生 干部职务	2013 ~ 2015 学年担任班长、院生活部干事、宣传部干事； 2015 学年至今担任班长、院团总支学生会办公室主任、国旗班班长。				
兴趣爱好与特长	爱好音乐、文学，擅长写作、演讲、辩论、主持。（各种获奖、证书等材料附后）。				

10.1.3 物品准备

求职应聘前要准备好公文包、简历、记事本、个人身份证、照片等材料。所有材料要有条理地放在公文包或文件夹里，方便随时取出。大学毕业生还应准备在校期间获得的英语、计算机等级证书；专业资格证明，例如教师资格证、食品检验资格证等，还应备好能够反映个人能力和特长的各类获奖证书。

10.1.4 形象设计

进入职场"制胜"的一步——应聘的"面子"很重要。恰当的着装和妆容能够弥补自身条件的某些不足，树立起自己独特的气质，使你在面试中脱颖而出。

1. 服装

应聘是正式场合，应穿着适合这一场合的衣服。着装应该较为正式，必须符合社会大众的审美观，要有涵养、职业化，不要穿奇装异服。另外，应聘的着装也应与应聘岗位相协调，不管是男士和女士，面试时都应保持皮鞋的整洁光亮，细节之处见成败。

面试前要从头到脚再检查一遍：扣子、拉链是否扣好、拉好，领子袖口是否有破损，衣服是否有褶皱，鞋子是否干净光亮。

2. 妆容

无论是男士还是女士，应聘时都应重视妆容的整洁和适度。男士理好头发，剃好胡须，注意脸部的清洁。女士忌浓妆艳抹，忌喷洒过浓的香水，妆容应简洁、大方、亲切、自然，符合行业要求。

10.2 面试基本礼仪

每一位求职者，都希望在面试的时候留给主考官一个好印象，从而增大录取的可能性。所以，了解一些求职特别是面试的礼仪，是求职者迈向成功的第一步。

面试的礼仪

10.2.1 到达面试地点

按时到达面试地点，安静等待是求职者给予应聘单位的第一印象，这是面试的第一道题（见图10-2）。

1. 守时

守时是职业道德的一个基本要求，参加应聘应特别注意遵守时间，一般提前 5 ～ 10 分钟到达面试地点，以表示求职的诚意，给对方以可信任感。提前半小时以上到达会被视为没有时间观念，而在面试时迟到或是匆忙赶到更是致命的错误，不管有什么理由，都将会被视为缺乏自我管理和约束能力，即缺乏职业能力，给面试官留下非常不好的印象。大公司的面试往往一次会安排很多人，迟到了几分钟，就很可能永远与这家公司失之交臂了。

图 10-2　面试礼仪

如果面试地点比较远，地理位置也比较复杂，不妨先跑一趟，熟悉交通线路、地形，甚至事先搞清楚洗手间的位置。这样你就知道面试的具体地点，同时也了解了路上所需的时间。如果路程较远，宁可早到 30 分钟甚至一个小时。但早到后不宜提早进入办公室，最好不要提前 10 分钟以上出现在面谈地点，否则聘用者很可能因为手头的事情没处理完而觉得很不方便。当然，如果事先通知了许多人来面试，早到者可提前面试或是在空闲的会议室等候，那就另当别论了。

但招聘人员是允许迟到的，对此不要介意，也不要太介意面试人员的礼仪、素养。如果他们有不妥之处，你应尽量表现得大度开朗一些，这样往往能使坏事变好事。否则，不满情绪溢于言表，面露愠色，招聘人员对你的第一印象就会大打折扣，甚至导致满盘皆输。因为面试也是一种对人际磨合能力的考查，得体、周到的表现，自然是有百利而无一害的。

2. 等候面试

到了办公区，最好径直走向面试单位，而不要四处闲逛；走进公司之前，口香糖和香烟都收起来；要把手机关机或置于静音状态，避免面试时手机突然响起造成尴尬局面，同时也分散你的精力，影响你的成绩。进入面试单位，若有前台，则开门见山地说明来意，经引导到指定区域落座等候。若无前台，则找工作人员求助，这时要注意使用"你好""谢谢"等文明用语。如果没有等候室，在面试门外等候，当办公室门打开时应有礼貌地说声："打扰了"，然后向考官表明自己是来参加应聘的，绝不可贸然闯入。

等候面试期间可自带一些试题重温。也有的公司会发放公司的介绍材料，这时应仔细阅读以先期了解其情况。注意不要来回走动显得浮躁不安，也不要与别的面试者聊天，因为他们可能是你未来的同事，你的谈话对周围的影响是你难以把握的，这也许会导致你应聘失败。更不要随便在公司内走动，或观看其他工作人员的工作状态。

! 重要提示

等候面试时要坚决杜绝的事情：旁若无人地大声说话或笑闹、吃口香糖、抽烟、接听电话。

10.2.2 进入面试

面试是应聘单位与求职者最直接的对话。面试可以反映应聘者的修养和素质，流露个性和品质。掌握面试中的技巧，有助于求职成功，获得理想职位。

1. 把握进门的时机

如果没有人通知，即使前面一个人已经面试结束，也应该在门外耐心等待，不要擅自走进面试房间。当自己的名字被喊到时，应有力地答一声"到"，然后再敲门进入。敲两三下是较为标准的，敲门时千万不可敲得太用劲，以里面的招聘人员听得见的力度敲门即可。听到招聘人员说"请进"后再进入房间。开关门尽量要轻，进门后不要随手将门关上，应转过身去正对着门，用手轻轻将门合上。回过身来将上半身前倾 30°左右，向面试官鞠躬行礼，面带微笑地称呼一声"老师好"或"您好"，要彬彬有礼、大方得体，不要过分殷勤、也不要过分拘谨或谦让。当面试官者没有请你坐下时，切忌急于落座，请你坐下时应道声"谢谢"，然后等待询问开始。

2. 面试中的语言

语言艺术是一门综合艺术，包含着丰富的内涵。一个语言艺术造诣较深的人需要具备多方面的素质，如具有较高理论水平、广博的知识、扎实的语言功底。如果说外部形象是面试的第一张名片，那么语言就是第二张名片，它客观反映了一个人的文化素质和内涵修养。谦虚、诚恳、自然、亲和、自信的谈话态度，会让你在任何场合都受到欢迎，动人的公关语言、艺术性的口才将帮助你获得成功。面试时要在现有的语言水平上，尽可能地发挥口才作用，力争对所提出的问题对答如流、恰到好处，又不夸夸其谈、夸大其词。

（1）自我介绍

自我介绍通常是面试的开始，也是很好的表现机会。在进行自我介绍时应把握以下几个要点。

■ 突出个人的优点和特长，并要有相当的可信度。语言要概括、简洁、有力，不要拖泥带水、轻重不分。

■ 展示个性，使个人形象鲜明，可以适当引用别人的言论，如老师、朋友等的评论来支持自己的描述。

■ 坚持以事实说话，少用虚词、感叹词之类的词语。

■ 符合常规，介绍的内容和层次应合理、有序地展开。

■ 尽量不要用简称、方言、土语和口头语，以免对方难以听懂。当不能回答某一问题时，应如实告诉对方，而不要含糊其辞和胡吹乱侃。

> **! 重要提示**
>
> 面试要避免与面试官套近乎、言而无物、假扮完美。

（2）回答问题

在应聘中对面试官的问题要一一回答。要口齿清晰，声音大小适度；答句完整，不可犹豫，不用口头禅。切忌把面试当作是你或他唱独角戏的场所，更不能打断面试官的提问，以免给人以急躁、随意、鲁莽的不良印象。当不能回答某一问题时，应如实告诉对方，不要不懂装懂，考官都是专家，不懂装懂的回答不仅不能侥幸得分，面试官甚至会因此对你的人品产生怀疑。

> **! 重要提示**
>
> 尊重对手：在面试中的集体面试和小组讨论环节中，即使小组中有人的观点错误或很幼稚，也要尊重自己的对手，不要对对方显示出蔑视或不屑。

3. 面试中的形体语言

除了讲话以外，无声胜有声的形体语言也是重要的公关手段，不通过举止、姿态、神情、动作来传递信息，它们在交谈中往往起着有声语言无法比拟的效果，是职业形象的更高境界。形体语言对面试成败非常关键，好的形体语言可以在考官眼中形成一道绚丽的风景，增强求职竞争能力。

（1）微笑

微笑是自信的第一步，也能为求职者消除紧张。面试时要面带微笑、亲切和蔼、谦虚虔诚、有问必答。面带微笑会增进与面试官的沟通，会百分之百地提高求职者的外部形象，改善求职者与面试官的关系。带着赏心悦目的面部表情，应聘者的成功率将远高于那些目不斜视、笑不露齿的人。不要板着面孔，苦着一张脸，否则不能给人以最佳的印象。听对方说话时，要不时点头，表示自己听明白了或正在注意听。同时也要不时面带微笑，当然也不宜笑得太僵硬，一切都要顺其自然。表情呆板，动作大大咧咧、扭扭捏捏、矫揉造作，都属于美的缺陷，会对自然美产生破坏作用。

> **重要提示**
>
> 面试过程中要始终面带笑容，谦恭和气。表现出热情、开朗、大方、乐观的精神状态，轻松自然、镇定自若，不卑不亢。

（2）手势

恰当的手势，能够加大对某个问题形容的力度，这是很自然的，但面试中切忌手势太多，这样容易分散人的注意力。交谈很投机时，可适当地配合一些手势讲解，但不要频繁耸肩，手舞足蹈。有些求职者由于紧张，双手不知道该放哪儿，而有些人过于兴奋，在侃侃而谈时舞动双手，这些都不可取。太多小动作是不成熟的表现，而抓耳挠腮、用手捂嘴说话更是紧张、不专心交谈的表现。很多人都有为表示亲切而拍对方肩膀的习惯，但对面试官而言，这是非常失礼的。

与面试官的初次见面，握手这种手与手的礼貌接触是建立第一印象的重要开始，不少企业把握手作为考察一个应聘者是否专业、自信的依据。所以，在面试官的手朝你伸过来之后就握住它，要保证你的整个手臂呈"L"形，有力地摇两下，然后把手自然地放下。握手应该坚实有力，有"感染力"。双眼要直视对方，自信地说出你的名字，即使你是位女士，也要表现出坚定的态度。但要注意不要太使劲，不要使劲摇晃，更不要用两只手，而且应保持手部的干燥、温暖。

（3）坐姿

坐姿也有讲究，良好的坐姿是给面试官留下好印象的关键要素之一。坐椅子时最好坐满三分之二，上身挺直，这样显得精神抖擞；保持轻松自如的姿势，身体要略向前倾。不要弓着腰，也不要把腰挺得很直，这样反倒会给人留下死板的印象，应该很自然地将腰伸直，并拢双膝，把手自然地放在上面。有两种坐姿不可取：一是紧贴着椅背坐，显得太放松；二是只坐在椅边，显得太紧张。这两种坐法都不利于面试的进行。要表现出精力和热忱，松懈的姿势会让人感到你疲惫不堪或漫不经心。切忌跷二郎腿并不停抖动，两臂不要交叉在胸前，更不能把手放在邻座椅背上，或有玩笔、摸头、伸舌头等小动作，这样容易给别人留下轻浮傲慢、有失庄重的印象。

（4）目光

面试一开始就要留心自己的身体语言，特别是自己的眼神，对面试官应全神贯注，目光始终聚焦在面试人员身上，展现出自信及对对方的尊重。眼睛是心灵的窗户，恰当的眼神能体现出智慧、自信及对工作的向往和热情。注意眼神的交流，这不仅是相互尊重的表示，也可以更好地获取一些信息，与面试官的动作达成默契。正确的眼神表达应该是：礼貌地正视对方，注视的部位最好是面试官的鼻眼三角区（社交区），目光平和而有神，专注而不呆板。如果有几个面试官在场，说话的时候要适当用目光扫视一下其他人，以示尊重。回答问题前，可以把视线投在对方背面墙上，思考两三秒钟，但不宜过长，开口回答问题时，应该把视线收回来，并切记要避免眼神游离不定。

10.2.3 结束面试

求职面试犹如奏乐演唱，需要讲求结束的技巧，虎头蛇尾很可能前功尽弃或丢掉即将到手的机会。因此求职过程中必须时刻牢记善始善终。

面试即将结束时，如果对方没表示和你联系，可以询问对方什么时候做出最后决定，好让自己有一个心理准备，或者询问是否可以在一段时间内来电话询问。不要不敢问及有关未来工作的问题，但也不可急于问有关薪水、休假、福利的情况，这类问题通常是在第二轮面试时才讨论的。

不要在面试官结束谈话前表现出浮躁不安、急欲离去的样子，你应该知道在什么时候告辞，有些接见者会以起身表示面谈的结束，另一些则用"同你谈话我感到很愉快"或"感谢你前来面谈"这样的辞令结束谈话。应聘者应一面慢慢起立，一面以眼神正视对方，趁机进行最后的表白，以显示自己的满腔热忱，并打好招呼。离开时，如果之前有秘书或接待员接待过你的话，也应一并向他们致谢告辞（见图10-3）。

图 10-3 面试结束

> ! **重要提示**
>
> 　　告别话语要说得真诚，发自内心，才能让面试官"留有余地"，产生"回味"。

10.3 面试后礼仪

许多大学生求职者只留意面试时的细节，而忽略了面试后的礼仪。实际上，面试结束并不意味着求职过程的完结，求职者不应该仅仅翘首以待聘用通知的到来，还可以做一些其他工作。

为了加深招聘人员对你的印象，增大求职成功的可能性，对想抓住每个工作机会的人来说，面试后的两三天内，最好给招聘人员打个电话或写封信表示感谢。

面试后的礼仪

1. 打电话

面试后的一两天之内，可在合适的时间给招聘人员打个电话表示感谢。电话要简短，最好不要超过 3 分钟，电话里不要询问面试结果。因为这个电话仅仅是为了表现你的礼貌和让对方加深对你的印象而已。

2. 写面试感谢信

招聘人员对应聘者的记忆是短暂的。感谢信是你勾起他回忆的最好机会，并能彰显你与其他求职者的不同。面试感谢信包括电子邮件和书面感谢信两种方式。

如果平时是通过电子邮件和公司联系的话，那么在面试结束后，发一封电子感谢信是既方便又得体的做法。

但大多数情况下还是写书面感谢信为宜，特别是在面试的公司非常传统的情况下，更应如此。书面感谢信最好用白色的 A4 纸，字体颜色要求是黑色，信的内容要简洁，最好不要超过一页纸。在书写方式上有手写和打字两种，打印出来的感谢信较为标准化，表示你熟悉商业环境和运作模式，但有时难免给人留下千篇一律的印象。如果想与众不同，或是想对某位给予你特别帮助的招聘人员表示感谢，手写则是最好的方式，其前提是你的字要写得比较正规而且容易辨认。

一封标准的感谢信应包括以下内容：首先在信的起始处写明上次面试的时间、地点、应聘的职位和面试官的名字。如果信是写给面试官本人的，可以不写面试官的名字。感谢面试官为你提供了面试的机会，可以适当地夸奖面试官，如面试官哪一点给你留下了深刻的印象，但是不要显得与面试官套近乎。对职位的看法可以简短地写一两句，但不宜过多。再简短地说明一下自己与职位要求相吻合的才能。最后真诚地说明你非常希望得到这个职位，你正在等回音。

要注意的是，感谢信的内容不要太多，以二三百字为宜。最好再随信附上一张照片（最好与简历上的同版），以加深面试官对你的印象。

阅读材料

感谢信

尊敬的××先生：

您好！我是××月××日（今天）上午到贵公司应聘××××的××。非常感谢您给了我这次笔试、面试机会，让我有向您学习与交流的机会。

通过这次面试，我对贵公司有了更加深刻的认识，同时也很高兴有一次与您沟通的机会。在投身于社会之际，为了找到符合自己专业和兴趣的工作，将自己所学的知识真正应用到实际生活中，我希望加入贵公司，如果能够成为贵公司的一分子，我相信我一定能在自己的岗位上尽职尽责、踏踏实实地贡献自己的一份力量。我对贵公司的前途十分有信心，希望有机会和您共同工作，为公司的发展共同努力。

期待您的回音！再一次感谢您。希望有机会与您再谈。

应聘者：××

××××年××月××日

3. 询问结果

一般面试后，招聘人员都会许诺一个通知的时间，如果通知时间到了还没收到答复的话，那么就应该主动给招聘单位或招聘人员打个电话，询问一下结果是否出来，询问自己是否被录用。这其中有两个礼仪细节必须要注意：什么时候问？怎么问？

（1）什么时候询问结果

从礼仪角度来说，打电话最得体的时间应该是对方方便的时间。除工作繁忙、休息、用餐、生理疲倦，都可以认为是方便的时间。因为询问面试结果是公事，所以当然必须是在正常工作日的时间段内打电话。

工作繁忙时间：一般是周一上午和周五下午，因为这两个时间段很多单位都有开例会的习惯。即使不开例会，因为周一早上是新的一周的开始，往往还处于适应期，而且还有工作上的事宜需要安排；周五下午又面临着周末，所以从心理上自然会"排斥"给他添麻烦的事情。还有就是每天刚上班的一个小时和下班前的一个小时。这个时间段内不是要忙着安排一天的工作就是没法再集中精力处理公事，询问结果应尽量避开这些时间。

（2）如何询问

在电话里，同样的一句话，问候方式的不同，虽不至于有不同的结果，但起码会给人不同的印象：或有礼貌，或显唐突。所以在通话的过程中，自始至终都要尊重自己的通话对象，待人以礼，表现得有礼、有节。

接通电话后，首先说一声："您好！"接下来要自报家门，让对方知道自己是谁。自报家门的内容应该包括自己的全名、何时去面试的何职位。这样，以便对方能及时知道你是谁。在电话中要表明自己对公司的向往和愿意为公司的发展做贡献的心情。如果碰上要找的人不在，需要接听电话的人代找，态度同样要文明而有礼貌，并且要使用"请""麻烦""劳驾""谢谢"之类的词语。留言或转告，都不是询问面试结果的首选方式，可以打听要找的人什么时间在，然后到时候再打。如果边打电话边吃东西，对方会感觉得到你是不用心和他通话，还能指望别人对你有好印象吗？通话也要注意控制音量。不管打还是接电话话筒和嘴都要保持3厘米左右的距离，声音宁小勿大。用电话谈话，必须完全依靠声音，电话声音就是唯一的使者，你必须通过它给对方一个良好的印象。所以，传到电话那端的必须是一个清晰、生动、中肯、让人感兴趣的声音。首先音量要适中，其次要注意发音和咬字准确。

打电话询问的时间长度要有所控制，基本的要求是宁短勿长。其实，就询问本身来说，两三分钟的时间足能解决问题。所以，除直接询问结果之外，"表白"的内容长度也要有所控制，不要没完没了地说。

注意倾听的方式。打电话时要认真倾听对方讲话，重要内容要边听边记。同时，还要礼貌地呼应对方，适度附和、重复对方话中的要点，不能只是说"是"或"好"，要让对方感觉到你在认真听他讲话，但也不要轻易打断对方的谈话。作为打电话的一方，通话终止时，本着尊重对方的原则，不妨让对方先挂电话。当通话因故暂时中断后，要立刻主动给对方拨过去，不能不了了之，或等着对方打来。

如果知道自己没被录用，就应请教一下原因，此时你的情绪要保持镇定。同时，冷静且仍然热情地请教一下未被录用的原因，可以说"对不起，我想请教一下我没有被录用的原因，我好再努力"。谦虚有可能赢得对方的尊重，同时也有可能给你带来下一次的面试机会。

需要说明的是，打电话询问面试结果，最多打3次电话询问也就可以了。因为即使再研究，经过前后3个电话询问的周期，再复杂的研究程序也早该最后确定了，而且3次的电话询问，也会令对方对你有足够的印象了。如果想聘用你就会直接告诉你或及时和你联系。再多的电话，反而会适得其反，甚至会给人"骚扰""无聊"的感觉，感谢信也是如此。

4. 接收录取通知

作为一个求职者，在经过数日的奔波、多次的面试之后，终于"修成了正果"，得到了被录用的消息。这时，你可能会庆幸自己数月的辛苦和努力没有白费，甚至还会欣喜若狂、大筵宾朋、一醉方休。

收到心仪的公司的录用通知是一件喜事，值得好好放松一下。但同时还有一件事情需要你认真地面对：了解公司、了解工作。在正式报到之前，先对所要服务的公司有所了解，这样在开展工作的时候就会顺畅很多。

5. 整理心情做好再次冲刺的准备

在一家公司面试结束后，你就完成了一个阶段，但只是完成一个阶段而已，没有收到录用通知就不算成功。如果你同时在向几家公司求职的话，那就要整理好心情，全心地投入到第二家公司的面试状态中，因为前面一家还没得到结果，还不能确定能否被录用，所以千万不要放弃任何一个机会。

应聘中很少有人一次就成功的，当你在一次竞争中失败了，那也没必要气馁。机会不只一次，当应聘失败后，关键是要总结经验教训，找出自己失败的原因，然后针对自己的不足，找出更好的应对方法，然后重新进行准备，总有一次你会取得成功。

小 结

本章重点介绍了求职应聘面试前的心理调适及面试时的面谈礼仪内容，旨在通过应聘礼仪知识的讲解提高读者的求职能力。

思考与练习

（1）面试前要做哪些准备工作？
（2）面试时回答问题应注意什么？

活动与探索

（1）为自己设计一份有特色的求职简历。
（2）结合所学专业的职业特点，为自己设计一个符合面试礼仪的形象。

Chapter 11

第11章

办公室礼仪

办公室是日常工作的地方，最能体现一个人是否具备良好的素质和个人修养。良好的办公室礼仪不仅能树立个人和组织的良好形象，也关系到一个人的个人前程和事业发展。

本章主要介绍办公室着装、办公室礼仪与禁忌等内容。

11.1  工作态度

个人的工作表现与能力有关，同时也与个人的性格和工作态度有关。偏执、专横或者盲从等消极的性格特质，都会对工作产生不良影响。如果说能力与性格短时间内难以改变的话，人们对待本职工作的态度却是可以改变的，并且态度的变化会在工作实践中对能力的提高与性格的改变产生潜移默化的影响。

正确积极的工作态度是职场人士谋求自身发展的强大动力，对个人的职业发展大有裨益（见图 11-1）。你会发现，拥有正确工作态度的自己，在职场的拼搏之路上，往往表现得越来越出色。

1. 强烈的责任心

对待自己的本职工作，要兢兢业业、尽职尽责、勇挑重担，不推脱责任。这是基础，也是对待事业最起码的要求。尤其是初入职

图 11-1　正确的工作态度的作用

的新人，更要对工作充满热忱，认真负责，否则就容易偏离方向。

职场中的一些人，把薪水的高低作为衡量成败的唯一标准，整日埋怨公司不识人才，给自己的薪资太少，因此对工作毫无热情、毫无责任心，他们以应付的态度对待工作，偷懒、逃避，不愿意为公司多做一点点工作。他们的工作仅仅就是为了对得起这份薪水，而从来没有想过这会和自己的前途有什么关系。这种缺乏责任心的想法和做法是十分消极的工作态度，职场人士应当努力避免。

2. 健康的进取心

进取心是成功的关键要素。不断进取，就是要始终保持一种追求更卓越的表现、努力学习和提高、把事情做得更完善的精神动力，不消极，不甘落后，不断追求成功。"领导才能"是获得成功的基本条件，而"进取心"则是建立"领导才能"这个基本条件的基础。两者的关系就如轮辐与车轴。但是也不能把进取心理解为野心，以至于造成同事之间的钩心斗角。工作能否出色，关键在于是否积极进取，这是必要的精神动力。

阅读材料

积极进取　克服拖延

拿破仑·希尔告诉我们，进取心是一种极为难得的美德，它能驱使一个人在不被吩咐应该去做什么事之前，就能主动地去做应该做的事。

胡巴特对"进取心"做了以下说明：这个世界愿对一件事情赠予大奖，包括金钱与荣誉，那就是"进取心"。什么是进取心？我告诉你，那就是主动去做应该做的事情。仅次于主动去做应该做的事情的，就是当有人告诉你怎么做时，要立刻去做。更次等的人，只在被人从后面踢时，才会去做他应该做的事，这种人大半辈子都在辛苦工作，却又抱怨运气不佳。最后还有更糟的一种人，这种人根本不会去做他应该做的事，即使有人跑过来向他示范怎样做，并留下来陪着他做，他也不会去做。他大部分时间都在失业中，因此，易遭人轻视。你属于上面的哪一种人呢？

如果你想成为一个具备进取心的人，你必须克服拖延的习惯，把它从你的个性中除掉。这种把你应该在上星期、去年或甚至于十几年前就要做的事情拖到明天去做的习惯，正在啃噬你意志中的重要部分，除非你革除了这个坏习惯，否则你将难以取得任何成就。

克服拖延的习惯，可以使用下列方法。

（1）每天从事一件明确的工作，而且不必等待别人的指示就要能够主动而完成。

（2）到处去寻找，每天至少要找出一件对其他人有价值的事情来做，而且不要期望一定能获得报酬。

（3）每天要把养成这种主动工作习惯的价值告诉别人，至少要告诉一个人。

---

3. 宽容的心

凡事要就事论事，同事间互相团结，在意见不一致的情况下要学会宽容、求同存异，坚持原则但不斤斤计较。减少摩擦、减少抱怨会使你在人际关系中游刃有余，便于加强同事之间的合作与赢得上司的信任。

4. 感恩的心

要认识到企业提供的岗位就是自己施展才艺的舞台，要心存感激并且珍惜；同事之间的互相配合与帮助是自己履行岗位职责的必要保障，要感谢同事的合作；家人的支持与付出是自己做好工作的坚实后盾，要感激并保持家庭和谐。有了感恩的心态，减少了偏执与孤傲，消除了不平之心，处理好了家庭关系，做好工作就是水到渠成的事了。

11.2 办公室妆容与着装

办公室里的个人形象包括妆容与着装，这些都直接反映出一个人的精神面貌、文化素养和审美水平，也直接反映着一个单位或企业的形象和文化。不可小视办公室妆容着装要求与生活、休闲等场合的区别，办公室妆容与着装具有职业、干练、与环境和工作内容协调的特点，要得体、讲究分寸，要与办公场所的气氛、环境及所从事的工作性质相协调。搭配得当的妆容与着装可提高工作效率，增添职业魅力。

办公室妆容与着装

11.2.1 办公室妆容

首先要保持脸部和头发的清洁，男职员应每天刮胡子，如果条件允许可天天洗发，保持头发的清爽洁净。女职员忌浓妆艳抹，清新的淡妆能使人充满自信，增添魅力；忌用过浓的香水、佩戴过多的首饰。

11.2.2 办公室着装

办公室着装礼仪越来越被人们所关注。因为服装无声地诠释了人们所在行业的职业态度，使着装者有一种职业的自豪感、责任感，是敬业、乐业在服饰上的具体表现。规范穿着职业服装的要求是整洁、合体、规范。

1. 整洁

整洁是着装的基本要求。这并不是要求衣着华丽鲜亮，一味地追求品牌，而是要做到干净平整，朴素大方。

保持着装整洁，主要靠"四勤"。

一是勤换。衣服常换常新，适时更换，不仅自己感觉更有精神、更加自信，而且能让别人产生一种视觉上的变化，给人一种向上的感觉。

二是勤洗。干净是对着装最起码的要求。有的人认为自己衣服脏一点无伤大雅，其实这种观点是不对的。脏兮兮的衣服不仅暴露了自己的懒惰，也会"污染"别人的视觉，让人觉得不舒服，是对身边人的不尊重。

三是勤熨。"人老怕皱，衣服怕褶"，衣物不怕旧，就怕不保养，要坚持做到衬衣熨烫平整，裤子熨出裤缝，始终保持笔挺有型。

四是勤检查。每天出门前都要认真地检查自己的着装，衣扣、裤扣是否扣好，裤带、鞋带是否系好，衣服上是否有污点、脏物等，发现问题要及时处理。

2. 合体

合体就是追求着装与人体特点的统一。服装只有与人体相适合，衣服的色彩、式样、比例等均相宜于人体的"高、矮、胖、瘦"，显得自然而协调，才能真正穿出艺术，穿出风采。过肥或过紧的衬衫、过大或过小的裤腿、过高的高跟鞋及不得当的颜色搭配等，都会影响个人的形象。此外，还要注重服装和人体的互补，巧妙利用服装的特点，弥补自己体形上的缺点。在这方面若不注意，则有可能使自己的缺点更为明显，让人感觉很不协调。如身材较瘦者不宜选用直条纹的服装，这样会显得更加单薄；身材较胖者不宜选用横条纹的服装，这样会显得更加笨拙。

3. 规范

礼仪最重要的一个特点就是讲究规范。具体到着装，遵循那些约定俗成的规矩和惯例也非常重要。

① 对于男职员而言，最适合的搭配是穿深色西装套装、白衬衫，打素色领带，配深色皮鞋。

阅读材料

腰间的品位——男士皮带的选择与佩戴礼仪

男士皮带是男士腰间的品位象征。

现代都市生活似乎让男人承受的压力越来越大。从男人腰间的皮带上，就能体会到其忙碌的状态。他们总是挂着或别着手机、钥匙包，甚至打火机，这很容易使人联想到古人腰带上携挂着的弓、剑、砺石、算盘等。挂弓、剑等在古代是地位高的象征，也必然会受到别人的羡慕。可是在今天，如果一个男人再在腰上挂一大串东西的话，那么就显得没有品位、没有内涵了。现实生活中，大多数男人也都会不以为然地在腰间挂一些东西，甚至还美其名曰能显示自己的身份，殊不知这样做，在别人眼里，尤其是在一些有品位、有见识的女性眼里，这些举止看起来是那么俗气和没有档次。

一个成熟的男人是不会让自己的腰间挂满细小东西的。他们会在腰间系上一条高雅的腰带，简单而干练，还能在一定程度上反映男人的身份、品位和个性。

男人该如何选择适合自己又彰显品位的皮带呢？

（1）在皮带的选择上请千万保持低调。黑色、栗色或棕色的皮带配以钢质、金质或银质的皮带扣，既适合各种衣物和场合，又可以很好地表现出职业男士的气质。不要轻易使用式样新奇的和配以巨大皮带扣的皮带。

（2）要考虑皮带的装饰性，不要挂过多的物品。因为简洁、干练是男人的特征。

（3）皮带的长度应介于第一和第二裤扣之间，宽度应保持在3cm。皮带太窄会失去男性的阳刚之气，皮带太宽则只适合于休闲、牛仔风格的装束。

总之，在时尚潮流中，一个在意风度形象的男人，总会在腰间这一细节上多花点儿心思，而不是随意对待，让一些小饰物挡住皮带的光芒。

② 女职员最适宜的着装是职业套装。选择合身的短外套，既可以搭配裙子穿，也可以搭配长裤来穿。衬衫则易选择与外套和谐自然的，不太夸张的款式。穿长筒或连裤式肉色丝袜，配黑色高跟皮鞋或半高跟皮鞋更能令女性体态优美。女职员不适合穿着过于暴露或紧身的服装，例如，不宜穿具有很强透视效果的服装、高开衩裙、紧身裤或"热裤"等。

> **！ 重要提示**
>
> 女职员只有在穿长裤的情况下才可以穿短丝袜，穿裙子或短裤配短丝袜非常不雅观；夏天最好不要穿露趾的凉鞋，更不适合在办公室内穿凉拖；秋冬的靴子不能太长。

11.3 办公室一般礼仪

遵守办公室一般礼仪和制度是保证工作正常进行的重要前提。

1. 守时

上班要准时，遵守午餐、上班、下班时间，不迟到早退，否则会给公司留下一个懒散、没有时间观念的印象。另外，要严格遵守上班时间，不在上班时间随便出去办私事。国外一个著名企业老板，针对商务白领归纳出 13 条戒律，其中一条就是没有守时的习惯，经常迟到早退。

办公室一般礼仪

2. 整洁

我们往往有这样的感觉，如果某个办公室里杂乱无章，办公桌椅随意摆放，桌面上文件成堆、纸张与文件交杂，报纸胡乱地摆在沙发上等，那这样的办公室定会让人望而生畏，也会引起人们对办公室里工作人员的素质和专业程度的怀疑，所以办公场所的整洁十分重要。

（1）桌椅

桌椅等办公设施，都需要保持干净、整洁、井井有条。从办公桌的状态可以看到当事人的状态，会整理自己桌面的人，做起事来肯定也是干净爽快。他们为了更有效地完成工作，桌面上只摆放目前正在处理的工作文件；在休息前应做好下一项工作的准备；因用餐或去洗手间暂时离开座位时，应将文件覆盖起来；下班后文件或是资料应该收放在抽屉或文件柜中。常用物品要各就各位，不要随手乱扔。要尽量不在办公桌上放自己的私人物品，如孩子的照片、恋人的信物、备用的化妆品，个人的收藏品等。对柜内物品也要经常进行清理、以保持清洁整齐。

随着办公室改革的推进，有的公司已废弃掉了个人的专用办公桌，而是用共享的大型办公桌。无论是哪一种，为了下一个使用者，我们都应对办公桌爱惜。

（2）地面

办公室的地面要保持清洁，水泥地面要常清扫、擦洗，地毯要定期吸尘，以免滋生寄生虫、尘螨。窗户要经常打开换气，以免，室内空气混浊，会给访问人带来不便。

（3）墙壁

办公室的墙切忌乱刻乱画，不能在办公室的墙上记录电话号码或张贴记事的纸张。墙面可悬挂地图、公司有关图片等。

（4）盆栽

宽敞的办公室可以放置盆花，但盆花要经过认真选择。一般不用盛开的鲜花装点办公室，因为过艳的色彩会吸引来访者的注意力，使人们的关注力发生偏移；可以选用以绿色为主的植物，绿色植物是装点办公室的主要材料，绿色可以给人舒适的感觉，可以调节人的情绪。对盆花要经常给予浇灌和整理，不能让其枯萎而出现黄叶。可以在绿叶上喷水，使其保持葱绿之色。

花盆的泥土不能有异味，肥料要精选。有异味的肥料会引来苍蝇或滋生寄生虫，反而会成为办公室的污染源。

总之，办公场所一定要整洁，才能体现效率与专业性。

3．礼貌

（1）妥当称呼

在办公室里对上司和同事们都要讲究礼貌，不能由于大家天天见面就将问候省略掉了。同事之间不能称兄道弟或乱叫外号，而应以姓名相称。对上司和前辈则可以用"先生"或其职务来称呼，最好不要与他们在公共场合开玩笑。

对外来办事人员，可视其性别、年龄、职务，称呼"先生""小姐""经理"等。除礼貌称呼外，还应热情接待，真诚相助，办完公事后应礼貌相送。

（2）避免打扰

要注意在办公室里不要随便打扰别人。当你已经将手头的活干完时，一定不要打扰别人，更不要与没有干完活的人交谈，这样做是很不礼貌的。

（3）热心助人

当看到同事有需要帮忙的事情时，一定要主动提供帮助。

（4）尊重女士

要尊重一起工作的女性同事。在工作中要讲究男女平等，一切按照社交中女士优先的原则去做未必会让女同事高兴。

（5）预约造访

去别的办公室拜访同样要注意礼貌问题。一般需要事先联系，准时赴约，经过许可，方可入内。在别的办公室里，没有主人的提议，不能随便脱下外套，也不要随意解扣子、卷袖子、松腰带。未经同意，不要将衣服、公文包放到桌子和椅子上。公文包很重的话，则放到腿上或身边的地上。不要乱动别人的东西。在别的办公室停留的时间不宜太久，初次造访以停留 20 分钟左右为宜。

4. 公私分明

一名好员工的重要标志就是公私分明，这意味着在工作时就是工作，不应将私人事务掺杂到工作中，也不应占公司和单位的小便宜。

不接打私事电话（见图 11-2），不干私活，如织毛衣、写家信、会晤私交等。不在办公室玩扑克、下棋等。即使有的公司允许用公用电话谈私事，也应该尽量收敛一些，不要在电话里与自己的家人、孩子、恋人等说个没完，这样会让人感觉很不舒服，有损于你的敬业形象。

爱惜办公室公共用品这些物品用于办公，不能随便带回家，也不能浪费。

图 11-2　公私不明

5. 不越过

遇到问题，要首先报告给顶头上司，切莫越过或越级上告。如果有些小的事情办错了，当上司询问起来时，如果这事与自己有关，即使别的同事也有一些责任，你也可以直接向大家解释或道歉；如果是自己做错了事，更要勇于承担责任，绝不可以越过于别人。

> **重要提示**
>
> 在国外，如果在老板面前打同事们的小报告，常会被当成不务正业者，弄不好还会丢掉自己的饭碗。

11.4 办公室禁忌

要塑造成功的职场人生，就需掌握说话的分寸。职场人生风云变幻，害人之心不可有，防人之心不可无。保护自己的隐私并尊重他人的隐私，不去触碰职场中的禁忌问题是明智的做法，也是竞争压力下的自我保护。而办公室的谈论禁忌，主要包括以下几个方面。

1. 忌谈薪金等问题

办公室文化中，员工习惯对自己的收入保密。询问薪水多少如同询问女士年龄一样，属禁忌话题。很多公司不喜欢下属之间互相打听薪水，因为员工之间工资往往有不小差别，所以发薪时老板有意单线联系，不公开数额，并叮嘱不让他人知道。

2. 忌背后谈论老板和同事

不谈论老板和同事的是是非非，不谈道听途说的事情。每个人都有优点和缺点，无论在习惯上，还是性格、脾气、品德上。每个人都会犯错，干一些傻事、蠢事，而任何人对自己的保护意识都是相当强的。在办公室谈的一些是是非非会在某一天因为"世上没有不透风的墙"而被同事知道，出现这种情况时，将会非常糟糕。

3. 忌谈公司的任何机密

任何人都有一种表现或卖弄欲，喜欢把自己知道的一些秘密说出来以显得自己高明，殊不知其结果害人害己。企业一般或明或暗地都有自己的机密，如客户信息、供应商信息、技术信息（新产品、新技术、新工艺、新设备等）、私下交易等，泄露这些机密会导致严重的后果。

4. 忌讲粗话

在平时的工作中，总有一些男同事喜欢说一些粗话，还有一些人不管旁边是否有异性，经常说一些"黄段子"，这都是非常不合适的。

5. 忌抱怨

不要经常愤愤不平。世界上没有绝对公平、公正的事，所以受一些委屈、遇到不公平不公正的对待，甚至被冤枉了，都是很正常的。没有必要在办公室大肆抱怨，抱怨解决不了任何问题，只会破坏自己的形象。

重要提示

在办公室"多听少说"是至理名言，有关工作上的事怎么谈都不过分，但闲聊一定要注意分寸，多说一些好听的、正面的、肯定的话。

11.5 上下级相处的礼仪

与上级保持良好的关系，这是下属能顺利开展工作的重要条件，也是保持自己身心愉快、事业长进的重要因素。

1. 尊重

从工作的角度看，领导就是领导，下属就是下属。领导与被领导的关系是为了更好地做好工作而形成的，而非完全依据年龄大小、阅历深浅而定。所以，下属要尊重领导，服从领导，维护领导的尊严。遇到领导要主动打招呼，遇到自己难以决断的事要向领导请示，以争取得到领导的支持。

领导应率先垂范，以身作则。"己所不欲，勿施于人"，做到对下属关心爱护，同时又严格管理和要求。领导要尊重下属的人格，尊重下属的劳动，重视下属的建议，不要对具体工作干涉过多，不要忘记集思广益。

2. 平等

平等是上下级相处的基本要求。职务上有高低不同，但这仅仅是分工的不同，在人格尊严上，上下级之间是完全平等的。

作为领导，在与下属的接触中，应本着谦虚谨慎的态度，在工作决策前要不耻下问，真诚地采纳下属有益的建议。

下属在人格上与领导者是平等的，要不卑不亢。平时保持适当的距离，不可动辄称兄道弟。工作上应勤奋积极，成为领导的参谋和助手，并经常主动向领导学习，提高自己的工作能力。还应注意，对不同的领导要做到在人格上一样尊重，在工作上一样支持，在组织上一样服从，不搞亲疏有别。

3. 沟通

一般来说，上下级之间主观上都希望建立良好的关系，希望消除误会和隔阂。现实生活中，往往有上下不合彼此争斗的状况。其主要原因在于上下级之间沟通不及时、不主动。

作为领导应主动营造良好的交流环境，采取灵活多样的沟通方式。

下属在接受下发的任务时，要多问，以确保对任务信息的正确接收和理解，可采用倾听、询问、商讨问题等形式。

有时候一个眼神的交流，一次开诚布公的交谈，往往会使得你与上级的关系获得出乎意料的进展。掌握与上级交流的手段和技巧，不仅会使你与上级之间的信息交流通畅，也有利于建立和谐的人际关系，进而提升你在上级眼中的地位。

11.6 同事相处的礼仪

同事互相尊重、彼此信任，是一种相互支持、相互配合的协作关系。遵循同事相处的礼仪，能创造和谐的办公环境，增加职场的魅力指数。

1. 多看多做少说

首先，初入新环境，人生地不熟，要多看少说。因为不了解情况，轻易对一些事情发表评论，很容易因所言不符实际，误解别人而导致矛盾或受人轻视。其次，要有自知之明，对现实不要期望太高。不要认为自己很能干，什么都懂，从而指手画脚；也不要老觉得自己怀才不遇，似乎自己的才识得不到赏识，从而对新的职业环境感到不满。最后，要学会待人处事的艺术，要尽快熟悉周围的同事，要真诚待人，关心他人，尽量克服使人讨厌的性格和习惯，也不要斤斤计较、小里小气。

2. 尊重

在单位与同事相处要尊重同事之间的距离感，必要时还要巧妙地运用回避之术。首先是尊重他人的空间感。对正在办公的同事，无论他在看什么，或在写什么，只要他不主动和你聊，你最好回避不问，忌刻意追问，刨根究底。如"谁来的信""写什么东西呀"。其次是不可轻易翻动同事的东西。如同事不在，而你又确实急需找东西，事后要主动说明并致以歉意。最后，对同事的私事要采取不干预的态度。

3. 一视同仁

由于个体不同，同事在性别、性格、年龄、阅历、能力、家庭和文化水平等各方面都有差异，但在交往中我们还是要注意一视同仁。如对上司和对一般同事应一视同仁；对年长者和对年轻者要一样关心；对一线职工和对后勤服务职工需同等看待；对志同道合者和对与己有分歧者应和平共处。在工作方面，同事之间应相互协作；在贡献方面，提倡彼此竞争；在荣誉方面，应当礼让谦恭。

4. 忌飞短流长

与同事交谈时，应避开敏感话题、敏感时期和敏感人物，应有分寸，多谈些内容高雅之事，背后谈论他人或窥探别人隐私都是一种不光彩的、有害的行为。如果从他人口中听到闲言闲语时，绝不可以附和他，而应该不加任何评论，培养成熟的个性。

小 结

本章的第一部分是工作态度，主要讲述了怎样选择积极的工作态度，使自己在工作中更加出色；之后重点介绍了办公室的礼仪和禁忌；最后又单独介绍了与同事相处和与上司相处过程中需要注意的礼仪问题。

思考与练习

（1）办公室的一般礼仪有哪些？
（2）与上级相处应注意什么？

活动与探索

（1）假如你是外企公司职员，如果办公室有人主动跟你讨论工资，你该怎样对待？
（2）遇到棘手的问题时，可以越级直接去见更高层的上司吗？

Chapter 12

第 12 章

通信礼仪

如今是信息社会时代，信息是资源、信息是财富、信息是生命，谁掌握了信息，谁就掌握了主动权。电话、传真、电子邮件、手机、微信、QQ 等通信工具为我们获取信息、传递信息和使用信息提供了越来越多的选择。

本章主要介绍电话、传真、电子邮件、手机、文书、微信等通信相关礼仪。

💡 **名言警句**

谁掌握了信息，控制了风格，谁就能拥有整个世界。

——【美】阿尔文·托夫勒

12.1 👥 电话礼仪

现代社会是一个快节奏、高效率的社会。电话已成为现代社会的主要通信工具之一。电话具有传递信息迅速、使用方便、失真度小和效率高的优点，因此人们对许多事务的处理都是借助电话来完成的。美国《电话综述》中介绍，一个人一生中平均有 8760 个小时在打电话，所以电话通信又是一种重要的社会交往方式。但是，如果缺乏使用电话的常识与素养，不懂得打电话和接电话的礼仪，那么电话所传递的信息就可能产生障碍。

12.1.1 电话中的语言

电话中的信息传递和交换主要靠语言来完成。语言包含着非常丰富的内容：尊重还是轻视，信任还是怀疑，快乐还是悲伤，都能从中得知。日本著名企业家松下幸之助曾说过："不管是在公司，还是在家里，通过这个人打电话的方式，就基本可以判断其教养的水准。我每天除了收到好多预约演讲的信件，还接到很多委托演讲的电话。我凭着电话里的说话方式，就能判断其教养如何，凭对方在电话里的第一句话，就可以基本决定我是去讲，还是不去。"由此可以看出电话中的语言具有非常重要的作用，电话语言要求礼貌、简洁、清晰和富有情感。

1. 礼貌

要将电话的另一端当成坐在对面正在交谈的人，给予充分的尊重与重视（见图12-1）。在电话中应使用礼貌用语，如"您""请""谢谢""对不起""请稍候""再见"等；语气要柔和耐心，彬彬有礼且温文尔雅。办公电话不仅关乎个人的素质与修养，同时也体现着公司的管理水平和企业文化。

2. 简洁

简洁就是一种力量，特别在当今这个讲究效率和速度的年代，时间对于每一个人来说都很紧迫。随意占用对方的电话线路和工作时间是不为对方考虑的失礼行为。对于许多人来说，尤其是销售、服务等行业

图12-1　电话礼仪

的工作人员，每天接打电话的数量都不在少数。那么，这时的语言表达就必须简洁。做到这一点有一个小窍门，那就是每次打电话之前，将自己要表达的核心内容写一个提纲，这样在打电话时自己就会胸有成竹，讲话也会简单明了；而如果没有这个提纲，想起什么就说什么，就会让对方觉得你的思路不清，说话啰唆唠叨，打电话的效果自然就大打折扣。接电话也是一样的道理，要简单明了，节省时间，提高效率。

阅读材料

林肯的演讲

林肯还没当总统时，有一次被邀请到一个学术会议上发表讲话。可是在他前面安排了另外两个教授先讲，这两个教授的讲话空洞无物，又特别冗长，等他们讲完，台下的与会者已经被折磨得疲惫不堪。终于等到林肯上演讲台，他望了一下台下，用力敲了敲桌子，然后提高嗓门，说了一句话："绅士的演讲应该像女士的裙子越短越迷人。我的演讲完了。"台下顿时爆发出雷鸣般的掌声。这一句话堪称古今中外演讲历史上的典范，任何时候都令人深思。

---

3. 清晰

电话中的语言，发音要标准，吐字要清晰，语速要适中。语速太慢往往让人觉得缺乏激情而有怠慢之嫌，语速太快容易造成对方听不清楚。一般情况下，语速保持在每分钟120～140字比较合适。当然，如果能够根据对方的语速而调整自己的语速，效果会更好。

说话声音不要太大也不要太小，说话语调过高，语气过重，会使对方感到尖刻、严厉、生硬、冷淡、刚而不柔；语气太轻，语调太低，会使对方感到无精打采、有气无力；语调过长显得懒散拖拉；语调过短又显得不负责任。

4. 富有情感

在电话里，交谈对方看不到彼此的表情，但是听得到带着微笑的声音。因此，带有微笑的声音是非常甜美动听的，也是极具感染力的。在声音中赋予情感，如热情、快乐、温暖，可以让对方感受到友好和真诚。

阅读材料

热　情

成功学大师拿破仑·希尔花了 25 年的时间，分析和研究了全世界 500 名各行业顶尖成功人士的成功原因，最后归纳出 17 条成功定律，其中热情排在最前面。由此可见保持热情的重要性。热情一定是由内而外自然流露的，只有那些从内心热爱自己工作的人，心中才会有一团火焰，这团熊熊燃烧的火焰会使充满热情的人魅力四射，从而具有非凡的影响力。

12.1.2 打电话礼仪

打电话是一门艺术，如何打电话，是我们现代人的一门必修课。打电话的人作为主动行为者，应该考虑被动接听者的感受。

1. 时间选择

时间选择包括选择打电话的时间和电话交谈所持续的时间长短。除了紧急要事之外，一般不在早上 7:00 以前、三餐时或晚上 10:30 以后打电话，同时还应注意到各个国家和地区的时差。给单位打电话，应避开刚上班时及快下班时两个时间，因为这时接电话的人容易缺乏耐心。最好是细心地积累、分析对方通常接电话的时间段并记住它。

2. 做好准备

打电话前要考虑好通话的大致内容，如怕打电话时遗漏，则应事先记下几点以备忘。另外在电话机旁应备有常用的电话号码表和做电话记录的笔和纸。

3. 自报家门

无论是正式的电话业务，还是一般交往中不太正式的通话，自报家门都是必需的，这是对对方的尊重，即使是非常熟悉的人，也应主动报出自己的姓名，因为接电话方往往不容易通过声音准确无误地确定打电话人的身份。另外，自报家门还包含着另外一层礼仪内涵，那就是，直接将你的身份告诉对方，即是向对方提供了选择与你通话或拒绝与你通话的权利。

4. 拨错号码

如果电话号码拨错了，应向对方表示歉意，说声"对不起，我拨错号了"。切不可无礼地直接挂断电话。

5. 请人接听

拜托对方请其他人来听电话，语气要诚恳，态度要友好。对方帮忙去找人时，打电话的人应手握话筒等待，不能放下话筒去做其他事情。在比较紧急的情况下请教对方其他的可能联系方式或联系时间时，可以说："请问我什么时候再打来比较合适？"或"我有紧急的事情要找王经理，不知道您有没有他其他的联系方式？"不管对方是否为你提供了其他联系方式，都应该礼貌地说"再见。"

6. 通话中断

在通话时，若电话中途中断，按礼节应由打电话者再拨一次，拨通以后稍做解释，再继续通话。因为打电话者是主动者，接电话者是被动者。

7. 结束通话

电话结束时，一般以拨打电话一方先结束谈话，然后以"再见"结束通话。

12.1.3 接电话礼仪

接电话的态度不仅反映着个人的涵养和风度，更体现着一个组织的文明和礼貌。

1. 适时接听

电话最好在铃声响三声之内接起。如果立即拿起，会让对方觉得唐突；但响铃超过三声以后再接听，又是缺乏效率的表现，势必给来电者留下公司管理不善的第一印象，同时也会让对方不耐烦，变得焦急。

2. 规范问候

在工作场合，接听电话时，首先应问候，然后自报家门。对外接待应报出单位名称，若接内线电话应报出部门名称。比如："您好，××公司""你好，××大学××学院"或"你好，销售部办公室，我是××"。

3. 认真倾听

接电话时要认真倾听对方的电话内容。在听电话时，应注意不时说些"是""好"之类的话语，让对方感到你在认真地听，不要轻易打断对方的话。

4. 热情代转

如对方不是找你，而是请某某听电话，那么你应礼貌地对对方说"请稍候。"如找不到听电话的人，你可以主动提供一些帮助，如"需要我转告吗？"或"有话要我记录吗？"

> **重要提示**
>
> 　　当对方要找的人不在或不能接听电话时，在询问对方姓名前，先告知他要找的
> 人不在，以免发生误会。

5. 做好记录

　　对方如果要求电话记录，你应马上拿来纸和笔进行记录。电话记录一般包括以下内容：来电时间，来电单位，来电人姓名，找谁，来电内容，来电原因，来电提到的地点，来电提到的时间。对数字或有关重要内容可重复一遍以进行核对。通话完毕后，写上电话记录的时间及何人所记，及时交给有关人员。

6. 接错拨电话

　　接到错打的电话，人们很容易忽略了礼貌问题，甚至很粗鲁，这是因为人们认为错打的电话与自己没有关系。但事实上，并非错打的电话都必定与自己没有关系，有时，对方也恰恰是与自己有重要关系的人。

7. 善于听辨

　　在办公室工作的人员，应该有意识地训练自己的听辨能力。假如对方是老顾客，经常打电话来，一开口就能听出对方的声音，那么可以用合适的称谓问好："您好，王经理。"这样一来，会给对方留下特别受到重视的感觉，增强对方对你的好感。

8. 礼貌挂断

　　当对方向你说"再见"时，别忘了你也应该说"再见"。通话完毕后不要仓促地直接挂断电话，甚至对方话音没落，就挂断电话。如果对方是长辈、上级、外宾或女性，要听到对方放下话筒后你再挂电话。挂电话时应小心轻放，声音不要太响，以免让人产生粗鲁无礼之感。

12.2 传真礼仪

　　目前，在商务交往中，经常需要将某些重要的文件、资料、图表即刻送达身在异地的交往对象手中。传统的邮寄书信的联络方式，已难以满足这一方面的要求。在此背景之下，传真便应运而生，并且迅速、广泛地被人们所使用（见图12-2）。

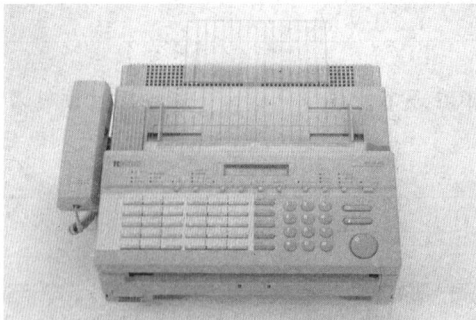

图 12-2　传真

12.2.1　传真简介

传真，又叫做传真电报。它是利用光电效应，通过安装在普通电话网络上的传真机，对外发送或是接收外来的文件、书信、资料、图表、照片真迹的一种现代化的通信联络方式。现在，在国内外的商界单位中，传真机早已普及成为不可或缺的办公设备之一。

利用传真通信的主要优点是操作简便，传送速度非常迅速，而且可以将包括一切复杂图案在内的真迹传送出去。它的缺点主要是发送的自动性能较差，需要专人在旁边进行操作，并且有些时候，它的清晰度难以确保。

12.2.2　发传真

在发送传真时，必须在具体的操作上力求标准而规范。不然，也会令其效果受到一定程度的影响。

1. 完整

在发送传真时，应检查是否注明了本公司的名称、发送人姓名、发送时间及自己的联络电话。同样，应写明对方收传真人的姓名、所在公司、部门等信息。所有的注释均应写在传真内容的上方。即便在发送传真时已经给予了口头说明，也应该在传真上注明以上内容，这是良好的工作习惯，对双方的文件管理非常有利。

有些正式的传真要求有封面。封面页一般较为正式，有的公司使用"填空式"封面专用纸。其上注明传送者与接收者双方的公司名称、人员姓名、日期、总页数等，这样可以使接收的人一目了然。发急件时应在封面页注明，因为有的大公司定时分批发送公函和信件，如不标明急件，就容易被耽误。

> **！重要提示**
>
> 书写传真件时，在语气和行文风格上，应做到清楚、简洁且有礼貌。传真信件时必须用书写的礼仪，如称呼、签字、敬语等均不可缺少，尤其是信尾签字不可忽略，这不仅是礼貌问题，而且只有签字才代表这封信函是发信者同意发送的。

2. 清晰

发送传真时应尽量使用清晰的原件，避免发送后出现内容看不清楚的情况。另外，必须按规定程序操作，并以提高清晰度为要旨。

3. 保密

公共传真机保密性不高。任何刚好经过传真机旁边的人都可以轻易看见传真纸上的内容，所以传真件保密度较低。因此，任何涉及比较隐私和秘密的事，最好不用传真机传达。未经事先许可，不应传送太长的文件或保密性强的材料。由于传真机所用纸张的质量一般不高，印出的字迹可能不太清楚，要长久保存请将传真件复印。如果接收人需要原件备案，像一些需要主管人员亲笔签名的材料如合同等，则应在传真后将原件用商业信函的方式寄送。

4. 发送

传真机有手动和自动两种。手动方式需要接听传真电话的人给你传真开始的信号，在听到滴滴长音后再开始传真文档。而自动方式不需要对方人工操作，在拨通传真电话后，待听到几声正常电话回音，就会自动出现滴滴的长音，此后就可以开始传真文档。

5. 询问

如有可能，在发传真前，应该先打电话询问对方现在是否方便接传真，并说明发送的部门和人员姓名。很多单位是公用一台传真机。如果不通知，信件就有可能会发到别人的手里，或许会因为别人收到，但是不知道是谁的信件而发生遗失。

如果传真机设定在自动接受的状态，发送方应尽快通过其他方式与收件人取得联系，确认其是否收到传真。

如果没有得到对方的允许，不要将发送时间设定在下班后，这是非常不礼貌的行为。

6. 中断

当正在发传真时，由于某种原因，领导改变了主意要求马上中断传真，那么可以告知对方说："对不起，传真机突然卡住了，我待会儿再给您传过去，好吗？"如果处理不好，会让对方误认为你并没有诚意发传真，或者认为你并不重视这个传真，从而引起误会。

12.2.3 接传真

人们在使用传真设备时，最为看重的是它的时效性。因此在收到他人的传真后，应当在第一时间即刻采用适当的方式告知对方，以免对方惦念不已。需要办理或转交、转送他人发来的传真时，千万不可拖延时间，避免因任何疏漏造成传真丢失，耽误对方的要事。

如果对方不能准确说出要发送传真的部门和个人，不能说公司没有这个人，就挂断传真电话，粗暴地拒绝接收传真，这样做的后果不仅会破坏公司形象，还有可能拒绝了诚心想进行商务交往的对方，从而失去合作的机会。

12.2.4 使用传真注意事项

1. 合法

国家规定：任何单位或个人在使用自备的传真设备时，均须严格按照电信部门的有关要求，认真履行必要的使用手续，否则即为非法之举。安装、使用的传真设备，必须配有电信部门正式颁发的批文和进网许可证。如果想安装、使用自国外直接带入的传真设备，必须首先前往国家指定的部门进行登记和检测，然后方可到电信部门办理使用手续。使用自备的传真设备期间，按照规定，每个月都必须到电信部门交纳使用费用。

2. 得法

本人或本单位所用的传真机号码，应被正确无误地告知自己重要的交往对象。一般而言，在商用名片上，传真号码是必不可少的一项重要内容。

对于主要交往对象的传真号码，必须认真地保存好，为了保证万无一失，有必要在向对方发送传真前，先向对方通报一下。这样做既提醒了对方接收传真，又不至于发错对象。

单位所使用的传真设备，应当安排专人负责。无人在场而又有必要时，应将其调整为自动接收状态。为了不影响工作，单位的传真机尽量不要同办公电话采用同一条线路。

3. 依礼

在使用传真机时，必须牢记要维护个人和所在单位的形象，必须处处不失礼数。语言要礼貌不要生硬，不能说："给我信号，我要发传真。"或者没有在传真上注明是给某某部门和某某人的情况下，说："传真是给某某的。"不等对方记下就挂断电话，对方可能会因为匆忙之中没有记牢而无法送达。

在发送传真时，一般不可缺少问候语与致谢语。发送文件、书信、资料时，更是要谨记这一条。

出差在外，有必要使用公共传真设备，即在使用电信部门设立在营业所内的传真机时，除了要办好手续、防止泄密之外，对于工作人员亦应以礼相待。

12.3 电子邮件礼仪

当今社会已进入网络时代，电子邮件（E-mail）成为重要的互通信息的手段之一。电子邮件礼仪也受到越来越多人的重视。

12.3.1 电子邮件

电子邮件（Electronic mail），简称 E-mail，标志为 @，被大家昵称为"伊妹儿"，又称电子信箱、电子邮政，它是一种用电子手段提供信息交换的通信方式，是互联网应用最广的服务之一。通过电子邮件系统，可以非常快速（几秒钟之内可以发送到世界上任何你指定的目的地）地与世界上任何一个角落的网络用户联系。

电子邮件可以是文字、图像、声音及视频等的组合文件。这是任何传统的方式无法比拟的。正是由于电子邮件使用简易、传递迅速、收费低廉、易于保存、全球畅通无阻等特性，它已得到广泛的应用，并极大地改变了人们的交流方式。

电子邮件还可以进行一对多的邮件传递，同一邮件可以一次发送给许多人。最重要的是，电子邮件是利用网络直接面向人与人之间信息交流的系统，它的数据发送和接收都是人，是人与人之间的联系，所以极大地满足了大量存在的人与人通信的需求。

12.3.2 电子邮件礼仪

在收发电子邮件时，应特别注意以下礼仪。

1. 简洁

在编写电子邮件时，应注意简洁、清楚地表达想说的内容。语言要简略、不要重复、不要闲聊，写完后检查一下有无拼写错误和不必要的话语。因为你的邮件后来很有可能变成打印出来的正式文件，或是贴在公告牌上。

2. 礼貌

和写普通的信件一样，电子邮件中称呼、敬语必不可少，写好电子邮件后还要审查核定所用的字体和字号大小，太小的字号不仅收件人看起来费力，也显得粗心和不礼貌。写邮件时最好在主题栏写明主题，以便让收信人一看就知道来信的要旨。最好不要只发附件而空着正文栏，除非是因各种原因出错后重发的邮件，否则不仅不礼貌，还容易被收件人当作垃圾邮件处理掉。

发送完毕后，可以通过电话等询问是否收到邮件，通知收件人及时接收阅读。收到邮件后，要注意尽快回复来信。如果暂时没有时间，就先简短回复，告诉对方你已经收到他的邮件，有时间再详细回复。

3. 安全

在发送电子邮件时，要尽量保证邮件不携带计算机病毒。因此，如果没有反病毒软件实时监控，发送邮件前务必要用杀病毒软件杀毒，以免不小心把带有病毒的邮件发送给对方。

接收电子邮件时的安全问题很重要，来历不明的信件必须谨慎处理，如无法确认其安全性则最好删除。在删除怀疑有病毒的邮件后，要及时清空邮件的垃圾箱，否则，病毒还在你的计算机硬盘里，并没有完全清除。

要注意网上的保密工作，不要将公司的账号或私人存款账号保存在邮件中。

慎重选择电子邮件的功能，避免带来不必要的干扰。

> **！重要提示**
>
> 许多邮箱容量有限，要定期及时清理邮件收件箱、发件箱、垃圾箱，确保有足够的邮箱容量空间。另要及时将一些有用的电子邮件地址记下来并存入通信簿中。

电子邮件有异地接收功能，不论你在何时何地上互联网，只要打开你的邮箱，就可以接收你的电子邮件。利用这个功能，可以将你的许多常用资料存入你的邮箱备份，在你出差在外时如有需要就可打开邮箱，从中复制使用，既方便又安全。

12.4 手机与短信礼仪

无论是在社交场所还是工作场合，不顾场合地使用手机接听电话、收发短信，已经成为礼仪的最大威胁之一，手机和短信礼仪越来越受到关注。在国外，如澳大利亚的各电信营业厅就采取了向顾客提供"手机礼节"宣传册的方式，宣传手机礼仪。

12.4.1 手机礼仪

中国已成为世界第一大手机用户国，手机已成为整个社会必不可少的通信工具（见图12-3），有礼貌地使用手机成为亟待普及的社会公德。

1. 放置位置

在一切公共场合，手机在没有使用时，都要放在合乎礼仪的常规位置。不要在不使用的时候拿在手里或是挂在上衣口袋外。放置手机的常规位置有：一是随身携带的公文包里，这种位置最正规；二是上衣的内袋里；也可以放在不起眼的地方，如手袋里。

2. 使用场合

开车、乘坐飞机时禁止使用手机。

在会议、谈判、聚餐时；在图书馆、教室、音乐厅、电影院、医院等公共场所，最好还是关闭手机，起码也要调到静音或震动状态。这样既显示出对别人的尊重，又不会打断讲话者的思路。

图 12-3　手机礼仪

在办公室、楼梯、电梯、路口、人行道等公共场合，不可以旁若无人地打电话，而应该把自己的声音尽可能地压低一些，绝不能大声说话。

当与朋友面对面聊天时，不要正对着朋友拨打手机。

3. 尊重对方

给对方打手机时，最好避开休息和用餐时间。给对方电话时要考虑到，这个时间对方方便接听电话吗？并且要做好对方不方便接听的准备。通话时，注意从听筒里听到的回音来鉴别对方所处的环境。如果安静，应想到对方在会议中；当听到噪声时，对方就很可能在室外。有了初步的鉴别，对能否顺利通话就有了准备。但不论在什么情况下，是否通话还是由对方来决定为好，所以"现在通话方便吗？"通常是拨打手机的第一句问话。其实，在没有事先约定和不熟悉对方的前提下，我们很难知道对方什么时候方便接听电话。所以，在有其他联络方式时，还是尽量不拨打对方手机为好。

另外，对待打错电话的人要有风度，不要粗暴地挂断。

案例分析

课堂上的手机礼仪

上课前，其他同学都在自习，静静地等待老师的到来，而张峰则用手机大声地播放音乐，全班同学都投去好奇的目光，但他自己却没有发现，还沉浸在音乐的世界中，直到坐在附近的同学提示他，他才关掉外放，插上耳机继续听。

等到上课时间到了，张峰还没有开始好好听课，继续听音乐，这时候老师发现了，来到他身前制止了他，张峰才很不情愿地收起了手机，开始好好听课。

课程进行到一半，老师的手机响了，老师的手机也没有调到震动或者静音状态。而且他并没有挂掉手机或者先离开教室再接来电，而是直接在讲台上接起了电话，虽然他的声音很小，并告诉对方自己在上课，然后很快挂掉了电话，跟大家道歉后，继续上课。

分析：这个案例中出现了哪些不文明使用手机的行为？我们应该怎么做？

12.4.2　短信礼仪

手机短信因其简洁方便而成为人们待人处事和开展商业活动的重要手段，收发短信也有应遵循的礼仪（见图 12-4）。

1. 内容健康

在短信的内容选择和编辑上，应该和通话文明一样重视。因为短信是通过你的手机发送的，这意味着你赞同或至少不否认短信的内容，也同时反映了你的品位和水准。所以不要编辑或转发不健康的短信内容，特别是一些讽刺公众人物的短信，更不应该转发。收到无聊、不健康的短信应立刻删除，不要传播。

2. 编辑规范

编发短信用字、用语要规范准确，表意清晰，规范礼貌。

3. 必要署名

短信内容后要留姓名，以便接收方知晓发送人。短信署名既是对对方的尊重，也是达到目的的必要手段。如果是比较重要的事情，不署名更会造成不必要的损失。

4. 及时整理

接到短信应及时整理，将重要短信移至收藏夹，不用的短信应及时删除，避免保密内容在无意间泄露或传播。

图 12-4　手机短信礼仪

5. 使用场合

不要在别人能注视到你的时候查看短信。一边和别人说话，一边查看手机短信，也是对别人不尊重的表现。在需要保持安静的公共场所，或在与人交谈时，请将短信接收提示音调至静音或振动状态。有些重要电话可以先用短信预约。当要给身份高或重要的人打电话时，知道对方很忙，可以先发短信"有事找，是否方便给您打电话？"如果对方没有回短信，说明对方不是很方便，可在以后再拨打电话。

12.5 文书礼仪

文书礼仪是指在文书写作时，在文字的表达、语气的运用、问题的掌握方面及文字传输过程中，要注意体现礼仪的原则，遵守礼仪在文书中所具备的礼仪功能，符合相应的礼仪规范。文书通常所指的是公关礼仪文书。

1. 公关礼仪文书含义

公关礼仪文书指的是国家、单位、集体或个人在喜庆、哀丧及其他社交场合用以表示公关礼节的、具有较固定格式的文书。

2. 日常公关礼仪文书

以下介绍几种日常公关礼仪文书的写作规范。

（1）请柬、邀请函

■ 请柬：又称请帖，是行政机关、企事业单位、社会团体或个人请有关客人共同庆祝节日或各类喜事而发出的邀请文书。

■ 邀请函：是邀请对方来参加会议、帮助指导工作或各类喜丧活动的专用书信。

案例分析

请柬和邀请函的区别

相同点：两者都是邀请类文书，都可以作为参加活动的凭证；措辞上都要求礼貌恭敬、简洁得体。

不同点：

在内容上，邀请函比请柬复杂，除了要写明被邀请的对象、活动的时间、地点外，还要交代有关事项，如行车路线、费用安排、要做的事情等，并且要求对方返回回执。

在正式程度上，请柬优于邀请函，请柬更具礼仪色彩，外观的要求比邀请函高，因此请柬可以用较高档纸张印刷。

在使用范围上，邀请函比较朴实，内容也较详细，更具工作性、事务性，而请柬多用于喜庆活动。

（2）欢迎词、答谢词、欢送词

■ 欢迎词：是单位或个人在公关社交场合欢迎友好团体或个人来访时致辞的文稿。欢迎词具有喜悦性和完备性的特点。

■ 答谢词：是在专门仪式、宴会、招待会上宾客对主人的热情接待表示衷心感谢的致辞。

■ 欢送词：是单位或个人在公共社交场合送别友好团体时致辞的文稿。

3. 信函类文书

信函类文书是国家、单位、个人用来协商事务、经济往来、交流思想感情的专用文书，其涵盖面很广，也有多种表现形式，大体有以下几种类别。

① 私人书信：私人书信的一般的结构主要由5个部分组成。

■ 称呼：传统的称呼形式，即尊称（爱称、敬称）+ 称谓 + 提称 + 启事者，如"亲爱的爷爷奶奶膝前 敬禀者"。现代很多私人信件已经省略了这些复杂的文本写作方法，直接写"尊敬的某人"或者"某某先生"等，即简单地使用称谓。

■ 应酬语：传统的私人信件，尤其是给尊长的信，时常加上一些寒暄语，如值此"阳春时节""初夏时节""深秋时节""隆冬时节"……"谨致问候"等此类话语。

■ 主体：主体的写作要因人、因事而宜，正文的开头，应先写对方最为关心的事情，有多件事情时要一件一件地写清楚。

■ 结束语：结束语一定要简洁明了。

■ 具名及日期：写信人具名时应当具真实的姓名全称，并应当亲自签名。

案例分析

私人信件要注意的问题

写信的用纸很讲究。在一般情况下，用通用纸即可，但应注意以下几点。

- 与公务无关的事，最好不要用公务信笺。
- 丧事和其他不幸的事件的信应选用素色信笺、信封。喜事可用有颜色的信笺。
- 行款礼仪：单字不成行；单行不成页；通幅至少要有一行写到底，不宜行行吊脚；名字不宜拆成两行写；给长者的信及用于隆重场合的信，字体要端正，行款应正直，书写宜用楷书。
- 庆贺信、吊唁信字数应计较，不可草率，以四五行为宜。
- 写信不能用红墨水或铅笔；不要写错别字。
- 信封上的收信人姓名是供邮递员参考的提示，因此不能用信中的称呼，应用社会的一般称呼。
- 明信片收信人的开启语，不能用启、拆，而应用收；寄信人封缄语，也不能用"缄"，而用"寄"。

② 感谢信：是为了感谢某个单位或个人曾对自己给过的某种关怀、支援、祝贺或勉励而表示回谢的一种信件。

③ 慰问信：是以组织或个人名义向某一集体或个人表示关怀和问候的信件，多在节日、遇到重大事件等这类特殊情况下才使用。

④ 商务函件：是工商贸易者进行业务联系、洽谈商务、磋商有关经济贸易和业务管理等问题的函件。根据内容不同，主要有邀请信、应邀信、推荐函、聘用函等。商务函件的特点为：内容单一；有标题、文件编号；是彼此协商的往复函件；多采用国际通常英文商贸格式。

12.6 微信礼仪

随着智能手机等客户端的飞跃式发展，QQ、Skype、微信等即时在线通信软件已成为当今最为流行的休闲和工作辅助工具软件之一。此类即时聊天工具具有跨通信运营商、跨操作系统平台，通过网络快速发送免费语音、视频、图片和文字的特点。本部分将以微信为例，讲述此类即时聊天工具在使用时应当注意的礼仪规范。

12.6.1 微信的使用现状

据 2016 年微信用户数据报告显示，截至 2016 年 7 月，微信具有 7 亿位月活跃用户，其中有约 2 亿用户将微信与信用卡绑定。在微信公众号中，官方公众号数量约为 1000 万个，企业号为 56 万个，日生成文章约 70 万篇。微信城市服务在 16 个省的 78 座城市上线，微信支付接入超过 20 万线下商户门店，微信的使用范围极其广泛。

微信提供公众平台、朋友圈、消息推送等功能，用户可以通过"摇一摇""搜索号码"，以及添加"附近的人"、扫二维码等方式添加好友或关注公众平台，同时用户可以将内容分享给好友及微信朋友圈。

12.6.2 微信的使用礼仪

在使用微信进行即时沟通时，应注意以下礼仪规范，合理地使用此类即时聊天工具可以让沟通更加及时有效。

1. 一般微信使用礼仪

① 转发他人发布或者分享的文章前应先点赞，或在评论中表达转发分享的原因。

② 转发他人的原创内容到自己的微信朋友圈时，一定要署名发表者或申明转发自何人的微信，将版权归属交代清楚。

③ 不在微信朋友圈中传递负面情绪。

④ 不在微信中发布带有强制性或诅咒性字眼的内容。

⑤ 忌讳不事先沟通就把自己相互不认识的朋友拉进一个群里。

⑥ 节庆时可在朋友圈群发一条针对所有微友的祝福微信。但是对师长、好友应该单独发送祝福微信。

⑦ 收到群发的祝福微信，应该提名回复并祝福。

⑧ 不应该在微信朋友圈里一直保持沉默，要适时为优秀的图文点赞或发表评论。

⑨ 转发诸如需要捐款、救助、收养等的求助类微信时，如果有联系人的电话号码，应当先行落实。对于虚假不实的，甚至涉嫌吸费、诈骗的信息应当"止于己"。

⑩ 夜晚 12 点之后不要在朋友圈或群里发送微信。

⑪ 对重要信息，需要即刻得到回复的，应电话告知或者询问，不应因为对方没有回应就责备埋怨。

⑫ 不要发布低俗不雅的信息、涉及国家或工作单位的机密信息及涉及他人隐私等的信息。

2. 微信商务礼仪

当微信更多地用于工作时，要特别注意以下几个方面的礼仪规范。

① 昵称：建议使用真实姓名，最好附加上公司名称或者产品名称。

② 头像：便于他人识别，尽可能接近本人真实图像或者与本人某方面有联系的图像。

③ 签名：尽量使用一些有效信息，以方便他人了解。

④ 打招呼时不应只说"你好"或者只问"在不在"，应当直接说明来意。

⑤ 朋友圈：做商务使用时，每天推送的消息不应多于 5 条。

⑥ 发数字：如果需要发送一串数字，如电话号码、银行卡号等，应当单独列出。

3. 微信群礼仪

微信群的基本礼仪，需要注意以下几个方面的内容。

① 群名称应当清晰明了，以便群友了解群的主题和建群意图。

② 针对群的主题修改自己的群昵称。

③ 拉好友入群前，应先征求被拉对象的意见。

④ 群聊里的话题要切合主题，不聊偏离主题、敏感及私密的话题。

⑤ 不应发大图和时间较长的语音。

⑥ 不应在微信群里发文字、图片、语音等刷屏信息。

小 结

通信礼仪与生活和工作越来越紧密相关，礼貌有节地接打电话、接发传真、收发邮件、使用手机和微信等即时聊天工具可增添你的职场魅力。

思考与练习

（1）打电话时应注意哪些礼仪规范？

（2）收发传真的注意事项有哪些？

活动与探索

（1）试谈谈在与他人进行电话沟通时，需要注意哪些问题。

（2）与同学们讨论"网络礼仪的现实意义"。

Chapter 13

第13章

涉外礼仪

随着世界一体化进程的加快和我国改革开放的深入，国与国之间的交往日渐频繁，国人与外宾交往的机会也越来越多。作为一名中国人，秉承礼仪之邦的传统，不仅要了解本国的优秀礼仪文化，还要了解国际通行的礼仪规范，并以礼仪为桥梁，展示中华民族的风采，维护自身形象和国家尊严。

本章介绍涉外礼仪通则，使读者能够在各种涉外场合拥有恰当的言行举止。

💡 名言警句

海内存知己，天涯若比邻。

——【唐】王勃

13.1 🤝 涉外礼仪的基本原则与规范

涉外礼仪是涉外交际礼仪的简称，即在对外交际中，用以维护自身形象、对交往对象表示尊敬与友好的约定俗成的习惯做法。

与外国人交往，必须了解和掌握涉外交往的基本原则，它既是对国际交往惯例的基本概括，又对参与涉外交际的中国人具有普遍的指导意义。了解

涉外礼仪的基本原则与规范

这些基础礼仪是涉外交往修养的集中体现。

1. 维护形象

在国际交往之中，人们普遍对交往对象的个人形象备加关注，并且都遵照规范、得体的方式塑造、维护自己的个人形象。因为个人形象不仅仅代表个人，同时还代表着国家和民族。

个人形象主要由6个方面构成，它们也称个人形象六要素。

（1）仪容

仪容是指个人形体的基本外观。在正常情况下，仪容中的面部容貌更为引人注目。要注重仪容，就要力争做到仪容美，并且为此进行必要的美化和修饰。在国际交往中，通常要求男子不蓄须，不使鼻毛、耳毛外露，不留长发；女子则不剃光头，不剃眉毛，不宜暴露腋毛，不宜化过浓的妆；任何人不能刺字、文身等，这些实际上都是有关个人仪容的约定俗成的规范。人们要时刻注意自己的仪容，必要时对之进行整理。

（2）表情

表情，通常主要是指一个人的面部表情。它包括眼神、笑容及其面部肌肉的综合运动等。每个人的表情从本质上讲，都是其内心思想、情感的真实、自然的流露。与语言相比，一个人的表情往往会"此时无声胜有声"，能够更准确地传达出其真情实感。在国际交往中，最适当的表情应当是亲切、热情、友好、自然的。不论是表情过度夸张，还是表情过于沉重，抑或面无表情，都是不应该的。

（3）举止

举止，指的是人们的肢体动作。在心理学上，人的举止动作称为"形体语言"，它被认为能够同样真实、准确地反映人的心理活动。因此，在涉外交往中，每个人都要有意识地对自己的举止动作多加检点。要坚决改正剔牙齿、抠脚丫等一类不文明的举止动作，要认真纠正诸如对人指指点点、对着他人抖动等失敬于人的举止动作，更要努力学习那些文明、优雅的举止动作，真正做到"站有站相，坐有坐相"。

（4）服饰

服饰，是对人们穿着的服装和佩戴的首饰的统称。一个人在服饰方面所做出的选择，不仅表现着他个人的审美品位，而且也充分反映出其个人修养。在涉外交往中，对服饰不加以重视，将会影响自己的个人形象。因此，人们要经常整理服饰，使之整洁。

（5）谈吐

谈吐，即一个人的言谈话语。常言道"言为心声"，在人际交往中，一个人的谈吐除了可以传达其思想、情感之外，还具有表达对待交往对象的态度的作用。因此，在对外交往中，对于谈吐尤其需要加以注意。比方说，与外国朋友进行交谈时，一定要遵照国际惯例，自觉地调低音量。同时，还应使用规范的尊称、谦词、敬语与礼貌用语。另外，还应尊重外国人普遍有的不喜欢谈论个人隐私、不喜欢评判他人的所作所为、不喜欢在自己讲话时被别人打断的习惯。

（6）待人接物

所谓待人接物，是指与他人相处时的表现，亦即为人处世的态度。它体现着一个人的精神境界，并表现于人际交往的各个方面。一个人即使个人修养再好，但如果不懂得待人接物，那么也将难以在人际交往中获得成功。重视待人接物，不光要善于运用常规的技巧，最重要的是要善于理解人、体谅人、关心人、尊重人。"礼者，敬人也"，可见敬人是礼仪的核心，也是待人接物的主旨之所在。

2．不卑不亢

不卑不亢是涉外礼仪的一项基本原则。它的主要要求是：每一个人在参与国际交往时，都必须意识到自己在外国人的眼里代表着自己的国家，代表着自己的民族，代表着自己的所在单位，因此，其言行应当从容得体，堂堂正正。在外国人面前既不应该表现得畏惧自卑、低三下四，也不应该表现得自大狂傲、放肆嚣张。

不卑不亢首先表现为尊重自己。在涉外交往中，应以自尊、自爱、自信为基础，在外国人面前表现得豁达开朗、乐观坦诚、从容不迫、落落大方、理直气壮、气宇轩昂。要谨慎但不拘谨，要主动但又不盲动，既要自我约束但又不畏首畏尾。在任何情况下，都要坚持自立、自强，努力以本人的实际行动在外国人面前充分展现中华民族的精神风貌。另外，在坚持自尊的同时，必须注意尊重他人，即尊重一切平等待我的外国友人。这主要表现为以礼待人、平等待人、友善待人，尊重对方的风俗习惯，虚心学习对方的一切长处等方面。

3．求同存异

所谓"求同存异"，是指在涉外交往中，为了减少不必要的麻烦，避免误会，要对交往对象所在国家的礼仪与习俗有所了解并予以尊重，又要对于国际上所通行的礼仪惯例认真地加以遵守。

对于中外礼仪与习俗的差异性，我们应当予以承认。在涉外交往中，对于类似的差异性，最重要的是了解，而不是评判是非、鉴定优劣。具体的做法是涉外交往中基本上采用本国礼仪的同时，适当地采用一些交往对象所在国家现行的礼仪。

4．入乡随俗

入乡随俗是涉外礼仪的基本原则之一，要真正做到尊重交往对象，首先就必须尊重对方所独有的风俗习惯。

世界上的不同国家、不同地区的各个民族，在其历史发展的进程中，形成了各自的宗教、语言、文化、风俗和习惯，并且存在着不同程度的差异。这种"十里不同风，百里不同俗"的局面，是不以人的主观意志为转移的，也是世间任何人都难以强求统一的。因此，在涉外交往中注意尊重外国友人所特有的习俗，以增进中外双方之间的理解和沟通，有助于更好地、恰如其分地向外国友人表达我方的亲善友好之意。

5. 信守时约

在国际社会里，人们十分重视交往对象的信誉，讲究"言必信，行必果"，信守约定就是与此相关的一条重要的国际惯例。它的含义是人们在国际交往中，必须严肃而认真地遵守自己的所有正式承诺，说话必须算数，承诺必须兑现，约会必须如约而至。在一切与时间有关的约定中，必须一丝不苟。唯有如此，方能取信于人。

这就要求我们在涉外交往中，必须谨慎承诺；对自己已经做出的约定，务必要认真地加以遵守。确实因难以抗拒的因素致使自己单方面失约或是有约难行的，应尽早向有关各方通报，如实地解释，并且还要郑重其事地向对方致以歉意，并且按照规定和惯例，主动承担因此而给对方造成的损失。

6. 热情有度

在涉外交往时，务必要做到热情有度。它的含义是不仅待人要热情而友好，更要把握好待人热情友好的具体分寸。否则就会事与愿违，过犹不及。

（1）关心有度

与中国人彼此之间所倡导的"关心他人比关心自己为重"有别，外国人一般都不希望外人对其过于关心，否则便会视之为碍手碍脚、多管闲事。

（2）批评有度

简单地讲，批评有度就是不提倡对外国人"犯言直谏"，亦即对其日常行为"不纠正"。外国人大都讲究独善其身，反对外人干涉自己的私生活。加之各国习俗不同，对同一事物的判断大相径庭，所以在涉外活动中没有必要对外国人的所作所为加以判断，并当面指出其对错。只要对方的所作所为不危及人身安全，不触犯法律，不有悖伦理道德，不有辱我方的国格人格，一般均可听其自便。

（3）交往有度

外国人大都认为"君子之交淡如水"，不习惯与交往对象走动得过勤、过多。在涉及钱财之时，尤其讲究划清界限，即便家人、至交也泾渭分明，提倡亲兄弟明算账。

（4）距离有度

在涉外交往中，人与人之间的正常距离大致可以划分为以下 4 种，它们各自适用于不同的情况（见图 13-1）。

其一是私人距离，其距离小于 0.5 米。它仅适用于家人、恋人与至交，因此也称为"亲密距离"。

其二是社交距离，其距离为大于 0.5 米、小于 1.5 米，它适合于一般性的交际应酬，故亦称"常规距离"。

其三是礼仪距离。其距离为大于 1.5 米、小于 3 米，它适用于会议、演讲、庆典、仪式及接见，意在向交往对象表示敬意，所以又称"敬人距离"。

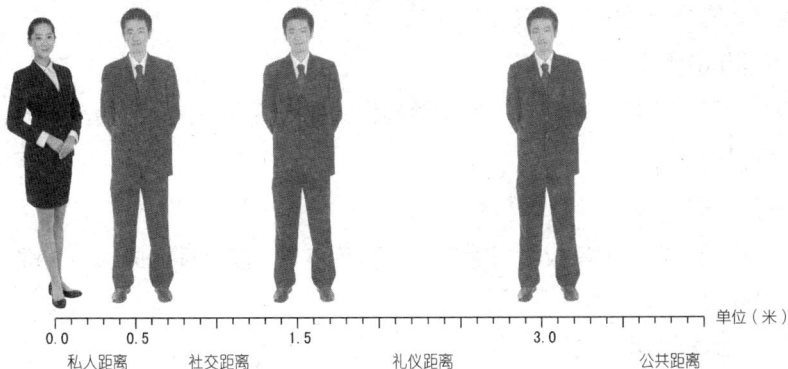

单位（米）

| 0.0 | 0.5 | 1.5 | 3.0 |
| 私人距离 | 社交距离 | 礼仪距离 | 公共距离 |

图 13-1 4 种距离

其四是公共距离。其距离在 3 米开外，适用于在公共场所同陌生人相处。它也被叫作"有距离的距离"。

（5）举止有度

要在涉外交往中真正做到"举止有度"，就需注意以下两点：一是不要随便采用某些意在显示热情的动作；二是不要采用不文明、不礼貌的动作。

7. 谦虚适当

谦虚适当原则的基本含义是在国际交往中涉及自我评价时，虽然不应该自吹自擂，自我标榜，一味地抬高自己，但是也绝对没有必要妄自菲薄、自我贬低、自轻自贱，过度地对外国人谦虚、客套是不合适的。

案例分析

表 扬

一位英国老妇人到中国旅游，对接待她的导游小姐评价极好，认为她服务态度好，口语水平也很高，便夸奖导游小姐说："你的英语讲得好极了！"导游小姐按照中国人的习惯，谦虚地回应道："我的英语说得不好！"老妇听了很生气，心想："英语是我的母语，难道我都不知道英语该怎么讲？"她越想越气，第二天坚决要求旅行社给她换导游。

分析：导游小姐的回答合适吗？如果是你该怎样处理？

8. 尊重隐私

所谓尊重隐私，主要是提倡在国际交往中主动尊重每一位交往对象的个人隐私，不询问其个人秘密，不打探其不愿公开的私人事宜。目前，在国际社会里，尊重隐私与否，已被公认为一个人在待人接物方面有无个人教养的基本标志。在涉外交往中，尊重隐私具体表现为下述的"八不问"。

（1）不问收入支出

收入与支出问题，实际上与个人的能力相关，事关个人颜面。交谈时一旦涉及这一点，便涉及交谈之人的尊严问题。

（2）不问年龄大小

在国际社会里，人们普遍将本人的年龄视为"核心机密"，并且讳言年老。西方的白领丽人们特别讲究这一点。

（3）不问恋爱婚姻

谈论婚恋问题，在国外不仅被视为无聊，而且还有可能被视为成心令人难堪，或是对交谈对象进行骚扰。

（4）不问身体健康

每个人的身体状况与健康状况均为其立足于社会的重要"资本"，所以轻易不会将实情告之于人。

（5）不问家庭住址

家庭被外国人看作私人领地，故对此不轻易公开，即便私宅电话的号码，也通常不会对外界公开。

（6）不问个人经历

外国人主张"英雄莫问出处"，询问个人经历往往会被看作居心不良，或缺少教养。

（7）不问信仰、政见

在国际社会里，国与国、人与人之间都提倡"超意识形态合作"，所以对交往对象的信仰、政见不应冒昧地打探。

（8）不问所忙何事

"所忙何事"在外国人心中绝对属于个人自由，向其询问此类问题，肯定会被视为"没话找话"。

9. 女士优先

女士优先，是国际社会尤其是西方国家里所通行的交际惯例之一。它是指在一切社会场合里，每一名有教养的成年男子都要积极主动地用实际行动去表示自己对妇女的尊敬之意，并应想方设法在具体行动上为妇女排忧解难。外国人普遍认为，一名男子如果不对"女士优先"身体力行，便是没有教养的粗汉莽夫。女士优先主要表现在以下方面：尊重女士、照顾女士、关心女士和保护女士。

（1）尊重女士

在与女士交谈时，一律要使用尊称。涉及具体内容时，谈话亦不应令在场的妇女难堪。排定礼仪序列时，应将女士列在男子之前。

（2）照顾女士

在一切社交活动中，男子均应细心地照顾女士：就座时，应请其选择上座；用餐时，应优先考虑其口味。

（3）关心女士

外出之际，男子要为女士携带重物。出入房间时，男子要为女士开门、关门。在女士面前，任何时候男士都不可以吸烟。

（4）保护女士

在一切艰难、危险的条件下，男子均应竭尽其全力保护妇女。通过危险路段时，男子应走在前列。在马路上行走时，男子则应行走于外侧。遇到任何危险之事，男子均应主动承担。

10．以右为尊

在正式的国际交往中，依照国际惯例，将多人进行并排排列时，最基本的规则是右高左低，即以右为上，以左为下；以右为尊，以左为卑。大到政治磋商、商务往来、文化交流，小到私人接触、社交应酬，但凡有必要确定并排列具体位置的主次尊卑时，"以右为尊"都是普遍适用的。

13.2 西方风俗

西方国家与中国在文化背景、礼仪传统和行为习惯等方面存在较大的差异，在涉外交往中，我们必须对其有所了解和掌握，才能入乡随俗，为双方建立起良好的关系。

西方风俗

1．西方的称谓

在涉外交往中，应严格遵循国际上通行的称谓习惯，不能疏忽大意。涉外称呼一定要符合礼仪要求，否则容易伤害对方感情，或者被对方认为缺乏礼貌。

（1）社会称谓

在非正式的情况下，人们一般会以名字相称，有时候长辈甚至允许年轻人喊他们的名字。不过大部分的正式场合里，人们会采用适当的称谓，如先生、女士、博士、教授再加上姓来称呼人。经过介绍之后，对方可能会说："请叫我 Jim 就好了。"否则，还是以他的姓称呼他最为合适。

美国人会使用一些很正式的称谓来反映出他们欧洲背景的传统。英国人称呼他们的国王和王后为殿下，美国人则称呼法官为阁下；而很多教会提到教会的领导者时，则以牧师尊称。在日常生活中，先生或是夫人这样礼貌的称谓，表现出相当的尊重。但是美国人一般不会用职业或是职位的名称来称呼人。学生们可能会称呼他们的老师为哈德森先生（或女士），而不是哈德森老师。

（2）亲属称谓

英语的亲属以家庭为中心，一代人为一个称谓板块，只区别男性、女性，却忽视配偶双方因性别不同而出现的称谓差异，从而显得男女平等。

2. 西方常用见面礼节

（1）握手礼

握手礼起源于欧洲，现已流行于世界各国（见图 13-2）。行握手礼时，一般由客人先伸手，双方有一人是女性时，女方先伸手。握手礼一般不戴手套，但十分尊贵的人和女性可以戴手套。

（2）鞠躬礼

鞠躬礼为下级对上级或同级之间的礼节。行鞠躬礼一般要脱帽，上身前倾 15°，两眼注视受礼者，同时表示问候。

（3）点头礼

点头礼为同级和平辈之间的礼节。一般是在路上相遇时，很随意地边行进边行礼。

（4）举手注目礼

举手注目礼为军人的礼节。行礼时举右手，五指并拢，指尖接触帽檐右侧。手上臂与肩平齐。两眼注视受礼者，待对方答礼后将手放下。

（5）吻手礼

吻手礼为欧美上层社会的礼节。和贵族妇女见面时，如果女方伸出手做下垂式，则要将手掌轻轻托起吻一下手背（见图 13-3）。如果女方不伸手，则不行吻手礼。

图 13-2　握手礼

图 13-3　吻手礼

（6）亲吻礼

亲吻礼为上级对下级、长辈对晚辈、朋友之间、夫妻之间表示亲昵和爱抚的礼节。通常是在受礼者的脸上或面额上亲吻（见图 13-4）。

（7）拥抱礼

拥抱礼是朋友、熟人表示亲密感情的礼节（见图 13-5）。拥抱一般和亲吻礼同时进行。

图 13-4　亲吻礼

图 13-5　拥抱礼

13.3 出国礼仪

随着信息社会的快速发展和我国改革开放的深入，国与国之间的公务访问、商务活动、学术交流、观光旅游已越来越频繁。如何通过训练有素的礼仪行为，展现自己的良好修养及国家形象，是每个人都应认真思考的问题。了解出国礼仪，并用行动很好地诠释，才能使出国行程更加顺畅。

出国礼仪

1. 出国手续办理

办理出国手续，不仅要遵循一般的礼仪规范，还要遵守必要的出境规矩及国际惯例。

（1）护照

凡出国人员必须持有护照，以便接受检查，证明其国籍和身份。中国公民出入境所持护照分为外交护照、公务护照、因公普通护照、因私普通护照等。外交护照、公务护照、因公普通护照由外交部或者外交部授权的地方外事部门颁发。因私普通护照、中华人民共和国出入境通行证等由公安部或者公安部授权的地方公安机关颁发。

（2）签证

签证是一个主权国家官方机构对本国和外国公民出入国境或在本国停留、居住的许可证明。

护照办好后，还应申请所去国家和中途经停国家的签证。签证一般可做在护照上，也有的做在其他身份证件上。如前往未建交国家，往往做另纸签证（另纸签证是签证的一种形式，它和一般签注在护照上的签证具有同样的作用。所不同的是，在护照以外单独签注在一张专用纸上，但必须和护照同时使用）。签证的等级分为外交、公务和普通签证。入出国境的签证分为入境、入出境、出入境、过境签证。

申请前往国签证，一般应向该国驻我国的使领馆申请办理。各国对我国公民进入该国，根据理由不同，有提交各种证件的不同规定，所以，出国人员拿到护照后，还要认真、实事求是地准备必要的申请材料，提交前往国使领馆办理签证。

（3）体检

走出国门，到一个水土气候跟自己生长生活完全不同的国度，身体健康极为重要，所以出国前要对自己的身体做一次全面检查，有针对性地加强体力锻炼，养精蓄锐，做好启程准备。另外，体检的目的还在于领取黄皮书。

（4）置装

出国之前，应根据季节、前往国家的气候和自己出国的任务性质购置衣服。一般来说，凡出国人员都担负着公务活动任务，所以要携带适合对外活动穿着的西装，同时，要适当带一些适合旅游的便装。

（5）机票

购买机票是出国成行的另一件大事。如果确定了出国日期，在护照、签证尚未办好前，为了按时出国，可预先到航空公司订票。订票前，首先要选择好出国路线和航班，为了节省费用、省时和安全，避免中转换飞机，要尽可能选择最近的路线和直航班机，或尽可能减少中转次数，必须中转换乘飞机时，要选好中转地点安排好衔接航班。中转地点要尽可能选择过往飞机较多的城市，这会给出行人提供较多的改乘其他航班的机会。一般来说，合适的衔接时间，以 2 ~ 4 小时为宜，以便有足够的时间去办理中转手续或误机后办理更改航班的手续。

（6）换汇

人民币是一种不能自由兑换成其他国家货币的货币。我国出国人员一般均携带自由外汇，如美元、日元、英镑。很多国家对外汇的管理很严格，有时限制外汇现钞的携带数量，入境时要登记，出境时要检查核对。在各国市场上，除某些国家有少数的外汇商店可直接使用自由外汇外，一般均使用本国货币。国际机场、大型酒店均设有外汇兑换处，可将自由外汇兑换为当地通用货币，兑换时应根据实际需要，用多少就换多少，回国时已兑换的当地货币未用完，则应尽可能换回自由外汇。

（7）保密

防止失密、泄密是出国人员应该遵守的纪律，任何人不得擅自携带国家机密文件、资料和其他物品出国。在公共场合或住室内不随便谈论国家秘密事项；写信、打电话、发电报不能涉及国家机密的内容，重要情况、保密程度高的事项需要向国内传递时，可通过我国的大使馆、领事馆保密途径向国内报告。在境外，常会遇到一些陌生人主动与我方人员接触，这便存在着套取秘密情报或危害人身安全方面的可能性。因此，遇有身份不明的陌生人主动搭讪时，不要有问必答，不要透露工作单位、出国任务、政治面貌、下榻地址及外交往单位、人员名称等情况。

（8）边检

在许多国家，边防检查是由移民局或外侨警察局负责，我国则由公安部主管。出入境人员接受边防检查前应自行填写出入境登记卡。登记卡的项目包括班机号、来自何处、姓名、出生日期和地点、职业、国籍、护照号码等，过境时将此卡连同本人的护照证件、签证等一并交边检站检验后方可通行，边防检查对旅客及所携带的行李物品一般不进行检查，但在特殊情况下，也可进行人身检查和行李物品的重点检查。

2. 出国礼仪常识

一般来说，出国都有相关组织或旅行社统一安排食宿和旅行事宜，但有一些礼仪常识需要出行者了解和掌握。

（1）住宿

在国外停留期间需要住宿，最好事先预订好房间，国外各航空公司都可以办理预订酒店手续。国外酒店一般不供应开水，有的酒店房间设有冰箱，放有酒水等各种饮料，如果饮用则需付款，而且价格很高，有的酒店饮料一拿出冰箱后则无法放回，自动记账。最好根据出访目的国的电压，自带电热杯。酒店一般不允许在房间里洗大量衣物，送洗衣房洗衣物要填好洗衣单，将要洗的衣物装入专门的洗衣袋，由服务员送洗衣房；如自己洗小件衣物，可在卫生间晾干。

（2）用餐

国外饭店、饮食店的种类很多，可供选择。在东南亚及欧美各国，中国餐馆很多物美价廉菜肴，比较适合我国人员口味。小吃店供应各种饮料及三明治、热狗之类的小吃，有的还供应各种简单的冷、热菜，这种店经济方便，适合于简便午餐。熟食店出售烤鸡、烤牛羊肉、炸鱼虾等食物，顾客也可以在店内用餐。

（3）乘车

国外出租汽车一般都有特殊标志，如有"Taxi"或"T"的牌子，有的则是车身使用特殊的颜色等。在机场、车站、酒店及街道上均可乘出租汽车，出租汽车都有自动计费里程表，可按表上的价格付款，并付一定的小费。

（4）小费

在国外，无论在机场、酒店，还是乘出租汽车，在饭店吃饭，都要付小费。付小费要注意场合，讲究方法，做到顺其自然，千万不要大呼小叫地说"喂喂，给您小费"，这样做会把服务生吓跑。

（5）安全

出国人员必须保管好自己的护照，为防被盗或丢失，事前应把护照的号码、签发日期记下来，以备补发时申报，材料齐全可以缩短等待补发的时间。此外，出国时还应携带备用的照片若干张。遗失机票，就不能及时登机，延误行程，因此，要像保管护照一样保管好机票，万一遗失或被窃时，应立即到机票航班所属的航空公司办事处报告登记，说明机票遗失情况及机票的号码、班机、行程、日期等，请予补发。

3. 细节

注意细节，可以提升个人的品位。在博物馆随意拍照、随地丢弃废物、过人行横道闯红灯、在公共场所大声喧哗，都是令人侧目的行为。守时是跟团旅行的第一要求，不要为了个人而耽误大家的时间；也要注意，不应毫无节制地吃酒店的免费小食品或水果。

小 结

本章开篇介绍了 10 项涉外礼仪基本原则与规范，然后重点介绍了西方风俗，包括西方称谓、常用见面礼两部分。出国礼仪方面，介绍了出国手续办理及出国礼仪常识。

通过本章的学习，读者应了解涉外礼仪的相关规范、迎送接待礼仪，并了解西方常见的风俗。因此，在与外国人交往时，需要遵循不同国家的风俗习惯，用正确的方式同外国人进行交流沟通。

？ 思考与练习

（1）与外国朋友交往中，如何适当地称呼他们？
（2）涉外交往中的基本原则有哪些？

活动与探索

假如你要代表学校接待美国来访的 30 人高校学生代表团，请拟定一份接待方案。